东北往事30年　商战风云录

商道正义

董玉哲　著

上海文艺出版社

图书在版编目（CIP）数据

商道正义 / 董玉哲著. —上海：上海文艺出版社，2023
ISBN 978-7-5321-8727-0

Ⅰ．①商… Ⅱ．①董… Ⅲ．①董玉哲—回忆录 Ⅳ．①K825.38

中国版本图书馆CIP数据核字（2023）第062767号

责任编辑　冯　凌
特约编辑　长　岛
　　　　　沈　芩
装帧设计　长　岛

商道正义

董玉哲　著

上海世纪出版集团　上海文艺出版社
上海市闵行区号景路159弄A座2楼　201101
上海文艺出版社发行中心发行
上海市闵行区号景路159弄A座2楼206室　201101　www.ewen.co
苏州市越洋印刷有限公司印刷
开本787×1092　1/16　印张19.5　插页20　字数315,000
2023年4月第1版　2023年4月第1次印刷
ISBN 978-7-5321-8727-0/I·6875　定价：68.00元

告读者　如发现本书有质量问题请与印刷厂质量科联系
T:0512-68180638

与从小到大的同学赵忠伟在长春电影制片厂合影

电大学生干部在伍凤斌书记（前排左二）家中的聚会

大学期间对我影响最大的两本书

1992年，我光荣入党，与校领导合影

回馈母校，与电大校领导合影

商道正义 003

房产局实习时认识的崔大哥，在我创业时期给予我巨大的帮助

海融集团资助辽宁大学优秀学生

因为《商道正义》，于三十年后和学长吴迪再次相逢

因《商道正义》一书，三十年后与沈阳电大校领导及同学相聚于沈阳

合作银行证券部总经理李殿明

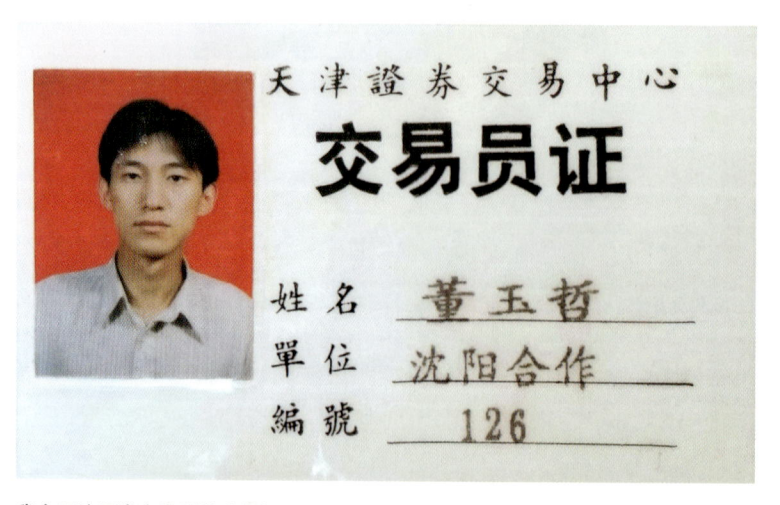

我在天津证券交易所的交易证

马钢股票申请认购表

1994 年第二期国债

1994年游览西安兵马俑

合肥国债业务期间，与当地交易员合影

008　商道正义

1995年创办的华山典当行是后来海融集团的重要盈利企业

1995年，我在华山典当行办公室

商道正义 009

海融集团最初的团队

位于沈阳市和平区南八马路的海融集团办公原址

赔了13万的凌志跑车

车毅典当给华山典当行的凯迪拉克

创作间隙浇浇花

疫情期间的北戴河海边空无一人

五十岁后我信奉的人生哲学：止滑、脱俗、大化

在北戴河 1898 公共艺术馆 VIP 会客厅写作

在北戴河 1898 公共艺术馆古董展厅写作

5月14日生日那天召开《商道正义》新书发布会

《商道正义》新书线上发布会现场

商道正义 015

与 1898 公共艺术馆馆长吴玕杰先生合影

著名书法家卢俊先生为我书写"心性光明"

目录
contents

序一 .... 丁　暄 *001*
序二 .... 高　鹏 *004*
序三 .... 伍凤斌 *006*
序四 .... 黄　煜 *009*

第一章　大学生活 *001*
　1. 入学电大 *003*
　2. 小卖部 *005*
　3. 置办卡拉OK机 *008*
　4. 学长吴迪 *012*
　5. 货卖用家 *014*
　6. 鞍山骑行 *017*
　7. 兴城磨难 *019*
　8. 弹尽粮绝 *022*
　9. 承包女鞋 *024*
　10. 城管扫荡 *028*
　11. 给局长的一封信 *030*
　12. 房产局实习生 *033*

- 13. 工作抉择 035
- 14. 经济好望角 038
- 15. 组团炒基金认购证 041
- 16. 父亲借"巨款" 043

第二章　入职银行 047

- 1. 入行培训 049
- 2. 烤鸭大餐 051
- 3. 崭露头角 052
- 4. 集资炒股 055
- 5. 论文大赛 057
- 6. 北京任务 060
- 7. 走进央行 062
- 8. 入行证券 065
- 9. 我与师傅刘兴宏的故事（一） 068
- 10. 我与师傅刘兴宏的故事（二） 072
- 11. 我与师傅刘兴宏的故事（三） 076

第三章　证券风云（上） 079

- 1. 证券风云·序 081
- 2. 红马甲 083
- 3. 锁定马钢 085
- 4. 惊险补票 089
- 5. 超级战果 092
- 6. 上海取券 096
- 7. 合肥坎坷取券 101
- 8. 轻车熟路 104
- 9. 结识华银大佬 106
- 10. 广深之行 110

是高度提纯的，用近乎白描般的叙事手法，来演绎平凡中的不平凡的"炫"。

我还要来说一说《商道正义》的思想性和社会性。作者除了会"炫"，还要有作者自身的责任感和使命感，一定要明确为什么而写作和为什么人写作的问题，这也是衡量一个作者或一部作品的实际价值所在。玉哲这本书从书名上看就一目了然，他是为正义而写，是给那些崇尚正义感的人而写，尤其是为那些继往开来的更加年轻的商战斗士而写。一本好书，可能会改变一个人的命运，这部《商道正义》，恰恰是用改变作者自身命运的亲历亲为，不急不缓，娓娓道来，以身示范，或许可以成为改变另一个人命运的好书。

思想性，是一部文学的精神产品。关于对正义与非正义的正向引导，对于国家及民族的未来尤其重要，切不可掉以轻心，无关痛痒。古训云：君子爱财，取之有道，有道为正义，反之则为邪恶。道理总是说起来简单，做起来便是天壤之别，不可同日而语。如赖小民之流这样的巨贪，张着血盆大口，无休止地饕餮财富，连最基本的做人之道都丧失殆尽，更不用提还曾是身为共产党员的"红顶商人"。《商道正义》从开篇的大学生初涉商场的"小卖部"开始，跟上的"炒卖基金"，接续而行的"刘兴宏，我与师傅的故事"，直到"总部搬兵""另有谋算"……始终秉持一个以德经商、以理经商、以法经商的原则，在正义与邪恶的分界领上，"足下无过雷池一步也"，为那些年轻的、即将踏入商战的商道新俊们树立起一个榜样，使其思想性在整个作品中间跃然纸上，熠熠生辉。

常听有人说"无商不奸"，其实这要从两个方面来看，一方面是野蛮扩张、杠杆金融、资本买办的"奸"，掏空百姓兜里的每一分铜板，扰乱国家金融政策和体制，以小集团和个人最终营利为目的，以"富豪榜"的排名先后为荣辱的标准。反之，还有一种"奸"，是伴随着国家经济发展而发展，敏锐地嗅觉出各种突发的商机，充满大智慧地回避各式各样的风险，打造共同富裕的平台与大多数人共享，心兹念兹回报社会、回报国家的初心和梦想。在《商道正义》中，我们看到玉哲所书所写的这样的实例好似大珠小珠落玉盘，晶莹夺目，生动鲜活，令人长考。

玉哲经商三十年，其间赞助了一百多个贫困学生，如今这些学生里有相当一

序一

丁 暄

我是个电影导演,对于商战应该说是个外行。经常讲,内行看门道,外行看热闹,我自然应该是属于看热闹那一伙的。从我的职业感觉来看,玉哲这部小说体的《商道正义》,即便是外行看了,也多会手不释卷,从头至尾,一气呵成。

小说体的《商道正义》,我无非是从两个方面来读,前面说过商战我不懂、或懂之不多,所以我主要是从它自身的文学性、可读性和思想性、社会性来读。我更提倡好的作品是应该从生活中来,抓取生活中最直接的感受,这样才能发挥艺术的真正魅力——首先是感动自己,然后去感动别人。《商道正义》与当前那些仙侠体、魔幻体有本质的不同,有如浊流横溢中的一股清泉,给看厌了那些天马行空般的胡编乱造的"几乎窒息"的读者,送来一股久违的新鲜的空气,让憋闷的胸膛重新舒张起来,使其大呼"过瘾"。

我提倡,文学作品本身一定要有艺术的夸张,既所谓"源于生活,高于生活",高于生活就是我们理解的"炫"。谨论《商道正义》,应该说是既取材于生活、同时又炫得很是精彩,增加了作品内在的观赏价值。要想"炫"得好看,一定要深植于现实生活这片沃土,只有依循这样一条创作路径,才能开掘出引人入胜的真情实感,同时那些叫读者拍案惊奇的桥段亦会信手拈来,比比皆是。这一胜负手,怕是玉哲的强项,最能撷取平时看似平淡无奇的生活中的一些细节,真实的、又

8. 连环骗局 210
　　9. 原形毕露 213

第六章　华山论剑（二） 217
　　10. 枫林公司 219
　　11. 遇上黑道 223
　　12. 智斗吕老大 225
　　13. 老炮雷爷 230
　　14. 寻机要账 234
　　15. 顶房清债 237

第七章　华山论剑（三） 241
　　16. 章铁军办业务 243
　　17. 章铁军的手段 246
　　18. 章铁军跑路 248
　　19. 艰难取胜 252
　　20. 益华贷款 256
　　21. 新闻视点 261
　　22. 神秘白厅长 264
　　23. 初识车毅 271
　　24. 凯迪拉克弗雷特伍德 275
　　25. 多元化投资失败 278
　　26. 洛杉矶相遇 283
　　27. 典当行大会 287
　　28. 震撼发言 292
　　29. 退出典当行业 295

跋 297

11. 重要情报 *114*
　　12. 押运四千万 *117*
　　13. 胜利回京 *121*

第四章　证券风云（下） *127*
　　14. 发现新商机 *129*
　　15. 总部搬兵 *132*
　　16. 京津之行 *138*
　　17. 金县信托的重生 *140*
　　18. 秋江的生日 *143*
　　19. 另有谋算 *147*
　　20. 引路人德伟 *151*
　　21. 小试牛刀 *154*
　　22. 征服白行长 *157*
　　23. 张辉发迹 *160*
　　24. "327"大终局 *163*
　　25. "327"魔咒，大赢家？ *168*
　　26. "327"魔咒，大输家？ *171*
　　27. "518"赢下一台公爵王 *174*
　　28. 股市，再见 *180*

第五章　华山论剑（一） *183*
　　1. 选择典当行 *185*
　　2. 新兵上阵 *188*
　　3. 右舵凌志跑车 *191*
　　4. 到九江镇取经 *196*
　　5. 程云发借款（一） *201*
　　6. 程云发借款（二） *204*
　　7. 假日本人出现 *206*

部人已经初露锋芒，接过《商道正义》这个精神接力棒赓续竞驰，让我们足以确信未来的商战必定是正义战胜邪恶！

热望《商道正义》与读者们见面的一天！

（作者系中国著名电影导演）

序二

高　鹏

说心里话，我认识董总玉哲，也有好几年了，期间见面不少，认知不多。

每次见面，只觉得他待人友善，言谈有趣；同时，应该是一个以 B 端生意为主的企业家，有底、有料，有压箱货！但是，到底有多少，心里并不知道！

好在我们俩有一些交集，一年里也时不时地，不期而遇在各种社群活动中，微信上，也常常有些互动。

2021 年 12 月初，玉哲在微信上有个问候，我便问他是否有写作计划？他告诉我他已经写了十年，也出了八本书了。

我有些惊讶，请他赠书与我。三天后收到他最新出版的书。我仔细看去，原来，主要是他在 2008—2018 年十年期间，拜了台湾的大师，创办双溪书院。期间，遍访世界先贤，所著的感想！应时应景，感悟鲜活、真切，但是，略显凌乱，缺乏深度挖掘和系统性。而且，最大的不足，这些书籍都是自己刊印的内部资料，远没有达到与他的经商能力和成就相匹配的专业水准。

2022 年 1 月 6 日，一个周四的上午，我约了玉哲详谈选题。一个上午，我听他眉飞色舞、滔滔不绝地讲述他从中学开始的三十年经商史，从最简单的小买卖开始，到国库券交易、典当行、日本啤酒辽宁总代理、房地产二十三次谈判，净赚七千万，一战成名，成为长江商学院第一个付费学员，从此，江湖人称"长江一号"。

  我和玉哲的从商历史，前后相近，所以在整个深聊的过程中，我们互有唱和。他对于三十年历程中的各个重大节点的时间、数字和人物，了了分明；再加上同样有他最出名的辽宁老乡"本山大叔"活灵活现的叙事能力，我们时不时忍不住开怀大笑，内心敞亮！

  在玉哲读过的上千本以商业为主题的专业书籍中，他最为推崇的是韩国崔仁浩所著的《商道》。2022年春节期间，他又重新温习了由《商道》改变的系列韩剧，他最早给自己定的书名是《商战风云》，期间，最希望传递的商道精髓是"正义"！

  午夜梦回，我暗暗思忖，就帮他改了一个书名《商道正义》，这个"正义"、既是名词，也是动词！

  《商道正义》一书，即高度真实地还原了玉哲三十年的经商史和相应的心路历程，同时，还契合了我国从改革开放以来，整个社会和经济的各个重大历史阶段，绝对可以称之为宏大场景中的微观叙事，一叶知秋！

（作者系"订阅式出版"总出品人，《双创有道》作者，T型加速器创始人）

序三

伍凤斌

忽逢百年未有之大变局，主要指的是：三年疫情情况下，国家间政治经济联系达到百年未有之紧密；新兴国家群体性崛起，南北国家实力对比发生巨大变化；西方主导的国际体系与全球治理格局发生了巨大改变；国际关系内涵发生深刻变化。

百年未有之大变局，我们该如何应对？

强调出版更多一些，对年轻人的学习有辅助作用的书，是一种方向和义务。玉哲《商道正义》一书，可以很好地引导年轻人面对未来之变局，大胆地干事、创业，更自主地择业。

1978年，中国提出改革开放，当时的经济发展很一般，经济工作基本上是摸着石头过河。进入1990年后，中国提出社会主义市场经济理念，申请加入世贸组织；跨入21世纪，中国加入世贸组织，汽车、化工等几乎所有行业逐步全面开放市场，降低关税。到2020年前后，中国经济发展飞速，在世界的经济地位发生巨大变化，这个时候中美关系出现一定冲突，是必然的，也是不可避免的。

经济稳定发展，保障促进全民就业，是当前的大事。国家近年来一直强调扩大内需，全面拓展国内市场，更加全面地扩大对外开放，中国的开放只能越来越大。

那么，中国的年轻人该如何面对当前之变局？《商道正义》一书，在这方面有着很好的借鉴和引导作用。

1.《商道正义》一书，强调了学习的重要性。当代青年要努力学习科学技术知识，中国古人强调"活到老学到老"，既要重视学校的教育，也要强调社会大学的教育。在美国，我看到了美国人种植葡萄的例子，他们对每块土地的酸碱性等进行分析，土壤成分分析得非常透彻，都有详细的报告；吴嘉林讲的"日本人的严谨，对螺丝精度差零点一毫米的，全都报废"，"德国人对工作中出现问题的（检测）报告必须留着，作为做好今后工作的借鉴和教训"，都值得我们学习。

2.《商道正义》一书，强调了重视实践历练。玉哲的大学生活过程中，社会实践是最大亮点，大学生不要等到毕业才去接触社会，更不要一切按照家长的安排。大学生毕业设计和实习，主要是锻炼学生，学习独立的设计，独立地去完成一件工作。玉哲在学习期间，开小卖部、买胶卷、购买证券等一切活动，都是在独立地完成一件又一件小的工作，由小逐渐做大，这也是各个用人单位最需要的。作为教师，我们在大学学习的时候，所做的毕业设计，就是结合实际"某单位费用账管理软件"，在1990年前，财务管理刚刚进行电子化编程设计。所以，现在的大学生在进入社会前，学会对一项工作从"计划、组织实施、总结"，循环往复，必须进行认真的实践，真正锻炼自己独立工作的能力。

3.《商道正义》一书，也对教师提出了更高的要求。面对学生的成长需求，要求"双师型"教师：教师不仅仅是理论上的教师，更要是创新、创业、科研的领路人。我们的教师一定要会办公司，会经营，自己讲课的领域，自己最好要有实践。我和玉哲有相应的相互触动，他是一个商人，老师要想理解他，了解他，也必须是参与创业的实践者，才可能有共同语言。有些事业成功人士，不一定看得起老师，往往就是对老师在创业方面的参与，表示怀疑。玉哲对老师参与社会经济建设持正面观点，他相信自己的老师，不仅在网络技术上是全国好的老师，在办公司、建厂等方面也是优秀的，这就是师生的互动。所以，高校教师参与社会经营，非常必要。我的女儿放弃保送北大研究生，以全额奖学金去美国学习，学成后，独自做起了中美贸易，用行动告诉父母，只要努力，做什么都能够成功。做贸易实际上很容易，从孩子身上，我看到了中国年轻人的奋斗和努力。

4.大学生适合在国内学习还是在国外学习？主要看学生自己的情况，只要有条件出去学习，而且认真学习，学习到真正的本事，都可以出去学习。听到有个学生，去国外学习都是家长的安排，学生一切听家长的，后来自己也出现了问题，很是难过。外出学习的学生，家长一定要听取孩子的意见，千万别逼孩子出去学习，更不要逼孩子按照自己意愿给予安排工作，不要抹煞孩子的个性。

现在国内学习条件相对好了，在国内好的大学学习也是不错的选择，但一定要教育孩子学习真本事，少学习虚的东西，今后社会的就业主要还是看真正的本领。建议现在的大学生，学习一些与人交往的知识，如何与人交往，比如说话的技巧等，需要掌握的原则"视其所矜，减其所耻"，说话注意"时间、地点、场合"三要素，还要学会写一般的公文，如各种通知、简单报告、情况说明等，既要领会领导意图，又要有自己的观点（观点强调在领导的提示下），学会应付简单的突发事件，面对一些问题有处理的能力，学会两首拿手的歌曲，关键时候必须上，如果五音不全，那就学习一些有特点的歌曲，学会基本的舞蹈，学会一些体育健身项目，等等。这些，都是年轻人在日后就业时所需要的。

至于道德方面、文明礼貌方面，这都是国家大众层面的教育，随着国家经济建设发达后，会逐渐地改善。

5.《商道正义》一书，还引导年轻人要认真研究市场，研究国家政策，从而找准自己的位置。国家发展到2035年、2049年两个阶段，一个重点是中国农村，彻底改变农村面貌，此后的重点是城镇化建设。研究发现，现在农民舍得花钱，城里人喜欢存钱。所以，当下的年轻人，应将自己的关注点在农村，建设新农村，让农村逐渐发展到与城市基本相同，投资农村，让中国农民有发展，激发更多的挣钱渠道。

《商道正义》一书，使我看到了沈阳的希望。书是沈阳人写的，沈阳年轻人应该认真阅读此书，教育青年人，路在自己脚下，只要努力，就一定会成功。

鲁迅先生讲了一句话："知耻者奋进，麻木者沉沦。"沈阳应该开新局，大发展了，不能再沉寂了。

（作者系原沈阳广播电视大学团委书记）

序四

黄 煜

玉哲兄给我发来《商道正义》手稿的时候，我几乎是一口气把书读完。该书以写实的手法把作者过去三十几年的人生经历做了一个小结，生动有趣又给人予许多的思考。

玉哲兄长我几月，我们因"柒壹会"而结缘，相识至今也十几年了，为人儒雅不失兄长的风范，尤其他在沈阳所做的国学市民公益大讲堂更令我钦佩不已。因为同龄的关系我们都有着许多相似的经历，都是中国改革开放的见证者、亲历者和受益者。连职业经历和兴趣也有着许多相似之处，比如在校经商、在校炒股等；再比如书中谈到的关于走私汽车的话题，我在深圳有着他不同的视觉和感受。无论是汽车走私还是价格双轨制，都是那个阶段中国市场经济秩序形成过程中的混乱阶段。该书是从1989年上大学开始叙事，而那时正是中国的资本市场开始起步阶段，从柜台交易所到证监会的成立，从认购表到"327事件"等，其中的精彩程度非笔墨可以形容，如今中国的资本市场已经发展成为全球第二大市场，总市值超过七十五万亿，是中国市场经济的重要组成部分。而作者在天津的经历更是那一代人不断实践和摸索的写照，试想连国债都可以在柜台卖空的年代如果没有足够的定力和底线是不可能走到今天的，我想这不正是作者在书中尝试想表达的意思？所以我们这一代人对改革开放有着同样的感受。

抚今追昔，曾经的我们也迷茫，摸着石头过河，也经历许多的起伏。正如当下的世界充满了地缘政治的不确定性，逆全球化的挑战，而三年的疫情也在重塑整个世界的价值观和经济秩序。借用习总书记的一句话就是：百年未有之大变局。如何更好地接受挑战，把握未来的机会，《商道正义》透过历史给出了很好的答案，值得我们阅读和思考。

最后祝愿玉哲兄能继续讲好中国故事的下半场，这是我们这一代人的荣光也是使命。是为序。

2022 年 8 月于深圳

（作者系深圳融煜资本创始人、本书作者好友）

哲天天往饭店跑,还学得很社会的样子,学习成绩也上不去,考不上大学你今后一定会后悔的,你这是把你儿子的一生都给毁了!我看他还有一些基础,赶紧悬崖勒马还来得及,你快点做个决定吧!"班主任谴责性的言辞,加上六十多位同学犀利的目光,令父亲深受刺激,他再也坐不住了,站起身就表态:"我回去就把饭店关了!"自那以后,我被父母看得死死的,周末也关在家里不许出门。因而,这回看到我终于上了大学,他们就别提多高兴了。

去电大那天,老爸兴奋地说要陪我骑自行车一起去,说看看多长时间能到,其实,我知道他就是想和儿子一起分享自己的快乐。我们一路从家里出发,有说有笑,初秋的微风习习,心中无比欢快,不过二十五分钟的时间就到了沈阳广播电视大学,这里是沈阳较为中心的好地段,学校离着繁华的太原街、马路湾很近,隔壁则是水利厅和鲁迅儿童公园。我和老爸走进不大的校园转了转,找到了报到的经济系,它位于主教学楼的三、四、五层,一共三个楼层,是一个大系。沈阳电大在当时有经济系、机电系、化工系、中文系、外语系,从1986年开始招收普通班大学生,至我入学时已有三届,我们是第四届,当时有在校生两千多人。

我考入了经济系金融专业,正是当时很热门的系科,金融专业更是如钻石般的金贵。当年,辽宁大学的国际金融和国际贸易专业,录取分数几乎能考上北大。电大最好的专业也是金融专业,同样也是经济系分数最高的。我报金融,很大原因是因为我姑姑和姑父,他俩都是省里国有银行的干部,从上高中时候起,每逢来家里走动,就不厌其烦地说他们单位待遇如何好、地位如何重要、工作环境又如何高大上,让我今后一定要去银行上班。从小我就听得心生向往,走过姑姑和姑父工作的神秘大楼就常常引起我的好奇,金融到底是什么呢?这天天数钱的感觉一定非常爽吧?相比我爸那公安局的工作我是一万个不喜欢。

我们这届经济系89级入学的有四个班:金融、外贸各一个班,财会两个班,共有一百七十名学生,一名辅导员,学校86级的留校老师庞城是我们四个班级的辅导员。开学那天,各个班看完电视直播听取开学准备事项,听完校领导讲话班里就要选干部了。庞导跟全体说:"高中阶段当过班长、团支书的学生集中到外贸班来,其他人解散!"我在高三时当过团支部书记,就随

1. 入学电大

1989年秋天，我走进了沈阳广播电视大学的校园，在这里即将开始我三年的大学生活。那个时代的学子们，很少去本市以外的地方，加上平时父母管教严厉，家里居住环境又拥挤，因此都希望能考上远方的大学，远离父母的管束，远离熟悉的环境，到更远的地方去看看。我也是这样想，填志愿时，报考了北京、上海等地的好大学，只可惜最后高考成绩不理想，只能走进本市这座录取分数垫底的大学，好在究竟还是所大学，满足了我最后的一点虚荣心。

沈阳电大的名气在成人教育领域很是响亮，那时，兴起补文凭热，社会各界40岁以下的职工干部需要大专文凭的，上电大是个直接途径。所以以至于后来我在上班、创业途中，发现沈阳电大的毕业生数量竟然位居各单位之首，去哪里办个事儿，提电大毕业的特别好使。

但是电大在大多数人眼里终究不如沈阳大学、沈阳财经学院那样有名，我上下几届的电大校友，有些在社会上混得不错的，都不说电大毕业，只说是沈阳大学的，或者只提自己后来进修的一些名牌学校。可我却一直以电大毕业生为傲，因为在这所学校的三年是我人生进步最快的三年，在这里，我遇到许多好老师、好学长，他们都是我人生中的贵人。而学校与学历终究是隐藏不了的，并且真正的实力也不在于毕业的学校，记得大学时我就读过了《东南亚富豪传记》，那里面几乎所有的富豪都没有上过正经学校，更别说读什么大学了。

考上电大，我父母非常高兴，他们差点儿以为高中以后我肯定没学上了。因为高二时，我根本无心上学，一直在家里开的饭店里忙前忙后，也经常不参加晚自习，为此，班主任王贞兰老师特意举办了一次别开生面的家长会，会上就专门批评我父亲，她语重心长地说："老董，你要把你儿子废了吗？这玉

第一章

大学生活

着各班的干部到了外贸班，大家分成班级坐好，庞导说："现在各班选举临时班长和支书，新学期大家还都不熟悉，我就直接点吧！"说完，他就先对着我们问道："你们是金融班的？谁做过班长？"离他最近的一个女生举手了，"好，就是你吧！""谁做过班支书？"我举手了，"好，就是你了。"如此这般，四个班的临时班头选完了，四个班的干部名单写在了黑板上，每个班的班长支书再开小会，把剩余的同学委以副班长、学委、生活委员……

这样，我就成了一名大学的学生干部，这虽然看似只是一次普通的点名任命干部的事件，却无意中成为了我未来腾飞的起点。

当了团支书，班级的情况系里的情况掌握得就多，87、88级的学哥学姐们也常来与我们交流心得，还常与系里大领导党支部书记、系主任、系副主任沟通交流，我这个团支书很快就忙碌起来。

一个月后，一切妥当，我那颗被压抑很久的"财迷"的心就开始蠢蠢欲动了。

2. 小卖部

我开始观察这个学校，我们白天上课的教室，晚上会交给夜大的同学们使用，使用时间是每晚 17:30—19:30，学生都是周边各个大单位的职工，他们下了班就会来上课，一般情况下，三年就能拿到大专文凭。每晚，我们学校至少要来一千人，三十多个班，整个操场变成了自行车的停车场，密密麻麻的蔚为壮观。我是班干部，放学后走得晚，经常看见如潮水般的夜大同学们从单位急匆匆赶来，直到晚上 8 点多钟离开，中间时间都在学校，很多人连饭也来不及吃，水也顾不上喝，可校内却连一个小卖部都没有。我开始琢磨，是不是可以开个小卖部呢？

不久，我把这个想法跟庞导说了，他当即引荐我去见系主任王焕儒当面谈谈想法，王主任听完了便说："你很有想法啊，这样吧，我们回头开个会，研究一下，你回去听信吧！"我答应一声就回去等消息了。

没两天，系主任还真来找我了，他说："我们开会决定，可以让你尝试一下，你去写个方案，看看卖什么？怎么经营？谁参加？启动资金谁出？地点在哪里？

写好了，再来找我吧！"我一听，兴奋地直点头："太好了！主任，三天后我就把计划交给您。"

回到班级，我立刻组织班里的学生干部开会，然后在同学中征询，愿意和我干的立刻报名。最后结果是，只有副班长老信和一名普通同学杨小强同意加入。

一个小卖部，三个人足够了。人定下来了，我们就开始研究夜大的同学想吃什么，去哪里进货的问题。很快，我们打听到了一个地方，叫沈阳食品批发城，听说开小卖店的都去那里进货。于是，我们找了个星期天，一行三人去往食品批发城。一上午，我们就在几百个摊床里来回穿梭，这里什么小食品都有，看得人眼花缭乱，因为价位极低，所以商品都极受欢迎，人来人往的，很是热闹。我们最终选择了一款面包、一款香肠和两款巧克力，买了一些样品，留了摊位地址就往回走。

回到学校附近，又打听到一个汽水批发站，到了那里问好了批零差价，这样，货源就全部落实了。

接下来，我们根据夜校生的活动规律，把卖货地点选在了主楼三层的休闲平台，每天的卖货时间为17:00—20:00，当天剩下的饮料和食品可以送至系办公室保管。我计算了一下，所有加在一起，启动资金不到一百元，我们仨一商量，由我出大部分钱，剩下的由他俩出。我将上述安排手写了一份开店方案先交给庞导过目，再一起向系里几位领导汇报，领导们看完十分赞同，同意先干一个月试试。

就这样，上夜大的同学在某一天，突然在三楼发现了一个小卖部，有两张课桌和两把椅子，桌上摆放着面包、汽水、香肠和巧克力。我们仨一人收款，一人售卖，一人理货，安排得妥妥当当。前两天，生意还比较清淡，原因是很多夜大学生自带了干粮，后几天，大家一看，我们出售的食品价格便宜又新鲜，比他们自己带的好多了，就都改为在小卖部买了。于是，我们每天的流水开始增加，隔一天就得去食品批发城进货，生意越来越好，到最后忙的时候，都排上了队，我们三个人手脚不停才能跟上速度。很快高年级的学生干部都听说了，不免心生嫉妒。可是，我却还不满足，心想，全校夜校生这么多，还得扩大规模才能挣更多钱啊！我便又去鼓动庞导，想在其他教学楼里再开两家小卖部。庞导看我干得确实出色,便去说服了系里领导可以继续扩大规模。这回,我们把小卖部开到了别系的地界上,这样一来,每晚三个地方,个个都生意兴隆。

然而,天有不测风云,我们正干得欢实呢,其他系里的同学不干了,说经济系的同学越界了,竟然上咱们系赚钱来了!这显然是不务正业嘛!各路反对意见纷纷扬扬地传到了团委、学生处,甚至学校大领导处。

一日,校团委书记找到我,详细了解了事情的经过后,提醒我说:"你这是初生牛犊不怕虎啊,咱虽然是学校,但是各方面关系也很复杂,你们做这件事本来是好事,但是,流言蜚语太多了,各方的利益摆不平,谁也不敢担责任啊,你们还是做好收摊的准备吧!"

书记一番话就像一盆冷水浇了下来,我的热乎劲儿一下就被浇没了。良久,心灰意冷的我才缓过神,心想,还好,系里领导还没有找我,还是赶紧甩货吧,争取关门前减少损失。

那时候,跟我一起干的同学已经有十几人,每晚干活的都有免费的汽水和面包可以吃,说实在的,那可真是一种令人十分羡慕的待遇啊!小卖部要是关门,大家肯定是舍不得的。

果然,三天后,庞导通知我,小卖部必须在本周关门,原因是我们的经营干扰了夜大的教学秩序。好在我早已有了准备,只是可惜了跟我一起干的同学们,他们刚刚开始的好日子就这么结束了,心里难免沮丧。我们迅速处理完剩余食品,出本金的除了还回本金,分得一些利润,每人还分得一大包小食品。

我开始盘算这一个月的经营,总共盈利四百余元,还有一批剩余食品。我决定将这些利润,除了扣除我们自己的一百元本金,剩下的都捐给系里做活动经费,毕竟我们占用了学校的资源,况且没有系里领导的支持,小卖部也开不起来。我带着一个装有三百元钱的信封交给庞导并把这个想法告诉了他。庞导很惊讶地看着比他小五岁的我,说道:"这也是你们学生的劳动所得,你还是拿回去吧!"那时,我的导员一个月的工资也才六十元,三百元绝对是一笔不小的数字了。

"庞导,本金是我们三个同学集资的,我已经扣除了,还送了每人一包食品。其他帮忙的同学们属于义务不拿钱，免费提供汽水面包，偶尔还送一块巧克力，大家都很开心。我想，学校给了我们实习生意的机会，你们几位领导和老师一直很关注，也帮了很多忙，所以，这些盈余我们一致同意应该捐给经济系，您就收下吧。"我恳切地对庞导说。

"好，那我就代表系里收下了！"庞导不再拒绝，赞许地点点头，送我走出办公室。

这一来，我可就在经济系出了名，在团委挂了个"荣誉"号，董同学的经商才能也开始崭露头角，而最后的捐钱行为更是为大家津津乐道，更重要的是，这一切似乎为我后来的行事方式打下了深深的烙印。

一个纷纷扰扰的小卖部就这么收场了，虽然只有一个月的时间，我们却觉得相当漫长。那个月里，我们每天放学后就充满激情地卖货、算账、备货……到家都得晚上 9 点多，半夜才能睡觉。一个月的时间，我们相当于忙了两个月的事情，可是心里却始终热乎乎的。

那年年底，校级学生会成立社会实践部，我被团委书记推荐成为委员，通常情况下新生得先到系里任职，大二才能参加校级学生会选拔，我却半年不到就走进了校级学生会。此后，每年改选，我在社会实践部稳步高升，副部长、部长，毕业那年我已经是全校学生会副主席兼社会实践部部长。后来很多年后再次遇见团委领导时，他对我说，你毕业后，这个社会实践部再也没有超过你的干部了。

3. 置办卡拉 OK 机

小的时候我就讨厌唱歌，对五线谱什么的完全学不进去，所以一直以来从不在众人面前单独唱歌。但是，后来因为一件让自己出丑的事情，让我对此发生了变化。我在大学里当上团支部书记后，学校每周三下午有个政治学习，各班统一先看电视直播由校领导讲党课，然后是各班级支部书记带领大家自由活动。有一次政治学习，学校号召学唱共青团团歌，我要带领大家一起唱，这下可好，我这个五音不全全露馅了，我自顾自满怀自信地用跑调的声音唱了一遍团歌，引得同学们哄堂大笑，气氛是上来了，我却恨不得找个地洞钻进去。从那以后，我就想，这个短板肯定会让我在同学中失去很多魅力，必须得想办法弥补。

我平时喜欢读报纸，这个习惯源于初中时候，那时我每天放学回家都要先去我母亲单位写作业，在她办公室里订阅了七八份报纸，有《人民日报》《光明日报》等，我总是急急忙忙写完作业，就开始看报纸和剪报，乐此不疲的，常常会到晚上9点多才飞奔回家。而到了大学，我也保持了这个习惯，系里的报纸我也常在放学后借回家读，次日才还回去。

有一天，我在《沈阳日报》上看到了一则大幅的拍卖广告——"沈阳市第五届罚没物资拍卖大会即将于一周后召开"，里面介绍了上百种琳琅满目的拍品，其中有一台卡拉OK机吸引了我的注意。那时，能在家里唱歌是一件十分奢侈的事情，除了卡拉OK机外，还要有大彩电、录像机、音响、麦克风，哪个都需要花大价钱。好在我家过去开过饭店，有点家底，一年前就有了当时最好的彩电和录像机。我想，如果把这个卡拉OK机买回来，再配置个音响和麦克风，那我在家偷偷练歌的愿望就能达成了。

我把拍卖广告剪下来，细细收好，到了星期天那天就赶往预展地点——沈阳皇姑工人俱乐部，在那里，果真看到了各种商品，摩托车、家电、缝纫机、自行车、手表、钱币、邮票……应有尽有。很快，我就找到了那台卡拉OK机，它是一个不大的方盒子，有两个端口可以连接电视和音响，还配有两个麦克风，仔仔细细看了多时，我记下了型号，就飞车前往沈阳专卖家电的五交化大白楼，想寻找个相同型号的卡拉OK机看看价格也好做个参考。可是，找了半天却没找到，只看见有类似的其他几款OK机型，最低价格也得在四五百元以上，我心中便有了底了。

一周后的星期天上午，拍卖会正式举办了。整个剧院里人满为患，挤满了很多抽烟的人，室内十分呛人，一片烟雾朦胧。我在门口交了十元，办了个号牌，找到一个中间的位置，等待着卡拉OK机的拍卖。台上，拍卖师正在声嘶力竭地喊着价格，下面一片乌烟瘴气里，举牌者此起彼伏，最热闹的是摩托车，每台车都能引起连续多次的竞价。终于，要拍100号的卡拉OK机了，我紧张得手心里全是汗，紧紧握住那个号牌，目不转睛地盯着拍卖师，生怕有什么没听清。那时，我是头一次进入这种拍卖大厅，头一次想通过拍卖买一件商品，而我身上却只有一百元，"千万要拍到啊……"我心里默默地念叨。终于，拍卖师的声音响起来："第100号，卡拉OK机，无底价，使用完好的二手设备，请举牌！"不知是谁，还没等我喊十元，远处角落里一个大嗓门就大声叫道："五十元！"我刚跟上，"六十元！"有人就立即叫出"七十元"。拍卖声此起彼伏，"八十！""一百！""一百零五！""一百十！""一百二十！""一百三十！""一百四十！"此刻，我有点大脑缺血了，一狠心，大叫一声"一百五十"，心里想，这是最后一次加价，再高，我也不要了。正有些眩晕之际，突然，只听拍卖师大喊着："一百五十！一次、二次……"铛！"成交！"我精神一振，成交了？！我不可置信地看着拍卖师手上的拍卖槌，余光中只觉有几百道目光向我射来，我方圆一平方米内瞬间就成了焦点。我心中激动万分，却早已忘记这个价格比我计划的多出了五十元，我还需要筹款啊！当工作人员拿来单子，让我签字，并且留了一联影印件给我，要我三天内来拍卖行交钱取货，我还没有缓过神来。只是我没有了再待在这里的兴趣，这里的烟味也快把我熏迷糊了，我现在需要开始想筹款的事。走出剧院，我深深呼吸了一口新鲜空气，想着刚刚激动人心的时刻，心想：我这是哪儿来的勇气啊？

三天后，要付钱了，一百五十元机器钱，加上佣金百分之五，七点五元，共计一百五十七点五元。我手里只有结束小卖店时的一百元，还差五十七点五元。我不想向父母伸手，于是，一个同学的名字瞬间出现在我眼前，他叫力勇，他逢人就会炫耀说自己兜里有五十块钱，应该是班级同学中最有钱的财主了，对，明天上学，就去找他。

星期一中午，我找到力勇，告诉他我拍了一台卡拉OK机，现在急需筹钱把机器取回来，他睁大了眼睛，说什么也不相信有这回事，我将拍卖单拿出来放在他眼前，他还是半信半疑。"那这样吧，"我说，"星期三下午政治学习，3点整，你跟我一起去拍卖行，我带一百零七点五元，你拿五十元，算咱俩合买的，以后你随时可以来我家唱歌，怎样？我争取一个月内就把五十元还你。"力勇觉得这个办法好，另外，这件事他也觉得很是有趣，便一口答应了。后来，力勇在大学期间一直参加我组织的"经济好望角"小组的活动，表现出了出色的经商才能。

就这样，那个周三下午，我们交割了卡拉 OK 机，宝贝似的捧回了家。家里突然添了这么个大东西，我还得跟父母说，这是同学家里没地儿搁，放我们家的。

机器是买回来了，可还缺少一个音响，可是手里一分钱也没有了，只能再想办法。一个偶然的机会，我听说机电系有个动手能力非常强的张雨，他会自己组装音响，我就想办法找到了他。找了个周末，我请他到家里看看，他一看我这设备一应俱全唯独缺了个音响，便大大方方地说："我先借你一个音响吧，可以先玩起来，等你有钱买了新的再还回来。""你太仗义了，"我高兴坏了，"我只要有钱买了新的，就马上还给你！"我连连表示感谢，并让他也随时来家唱歌。

整套设备都连接好了，卡拉录像带也借来了，一试验，效果爆棚！我们这两个出钱，一个出音响的三个人拿着麦克风进行了首次试唱，那心情别提多开心了。

以后的每周日和周三，这哥俩都来苦练唱歌本领，要知道，那时候会唱卡拉 OK 可是件超级时髦的事情啊。我选择了一首适合我的歌曲，齐秦的《原来的我》，练习了上百次，才终于不跑调了，也逐渐掌握了音乐节拍和情感表达。

会唱歌，给我今后的经商、旅行、商学院学习与生活带来了无穷乐趣，后来想想，这个当时负债买的设备真是价值连城。

不久，我买卡拉 OK 机的事情就被班级同学们知道了，接着被系里的同学们知道了，最后校学生会的干部也都知道了，从此以后的半年里，我家一到星期天，同学们就成群结队地来，星期三班级自由活动日也是人满为患，我家住城市西边，大东边的同学骑车得一个多小时也照来不误。我家成了今天的网红打卡地，而我常常连一首歌都唱不上，只剩下端茶倒水的活了。

可是设备还有借款，需要还钱，而我还要买个新音响，一共得一百元左右，我又开动了脑筋，由于之前有在学校开小卖店的经验，本校不让干了，我决定去我家附近的沈阳化工学院试试。每晚 8 点整，我就出发前往化工学院宿舍楼，手里拎一筐巧克力、饼干、小食品挨个寝室推销，一开始，各寝室同学并不友好，常常把我呵斥出门，我也不恼，这家不行就去下家，渐渐地，我的小买卖开始顺畅了，每晚一个小时的时间，我能获利五元。有一次，化工学院要举办运动会，有个班长来找我买一批小食品，总价五十元，清单给了我，我顺利完成了任务，他们宿舍全体也对我越来越友好，接下来又介绍了其他班级来我这里订货，就这样我赚到了足够买音响和还债的钱。

用来唱歌的卡拉OK录像带也是一笔不小的开支，为了追求高品质，就得买原版带，再要配上好一点的麦克风，这些钱又是个问题。怎么办？我很快将目标锁定了我家附近稍远的另一所大学——沈阳工业大学，我利用星期天的时间，早上先到电子市场批发了十个耳机，然后到工大学生宿舍门前出售，这生意比挨个敲门好，一个下午就卖了五个，二十多块到手了，连去了五个星期，录像带和麦克风的钱就有了。这下，我心里终于踏实了，而我家的卡拉OK活动也越发吸引了熟悉的和不熟悉的同学们，我在学校的人缘也更好了。

4. 学长吴迪

由于在校学生会工作，我经常会去校团委办公室，那是个对普通同学来说十分神秘的地方。当时的团委书记是伍凤斌，团干部马波。伍书记三十岁左右，为人睿智而精干，对人对事见解非凡，他很愿意分享些人生经验给学生干部们。马波则是留校毕业生，为人随和，与学生们打成一片，很受大家欢迎。因而，学生干部们有事没事地就都往团委屋里钻。这里，也就成为了各级学生干部们交流信息的地方。

一天，86级的毕业生吴迪回校看望伍书记，凑巧，我也去团委办事，伍书记便介绍我们认识。他说："吴迪是86级经济系，当年校学生会的风云人物，在校期间各项工作非常突出，现在在沈阳工业品贸易中心当团委书记，是你们学习的榜样啊！"我一抬眼，只见吴迪中等身材，微胖，看上去开朗而真诚。他主动过来与我握手后，就开始聊起他上班的一些趣事，我认真听着，听到他说，公司有大量物资交易，是个大型批发企业，便问道："吴哥，我目前负责学生会的社会实践工作，能否让我们实践部组织同学们去您的工贸公司走访一次，算作同学们的校外活动？""当然可以啊！能为母校做点事情，真是太好了，我非常愿意！"吴迪立刻就答应了。于是，我和吴迪约定了某个下午，由我带领十几个热衷社会实践的同学们去访问工贸公司。

沈阳工业品贸易公司位于沈阳北站附近，是一栋高耸的大楼外加一座漂亮的裙楼，高楼为涉外的天涯宾馆，裙楼则是海角商场，是当时北站地区的地标性建筑；而沈阳北站也是当时东北地区最大的火车站，刚建成不久，同样宏伟壮观。我带领小伙伴们走进二十多层的工贸中心，参观富丽堂皇的海角商场，这让生活几乎是两点一线的同学们惊艳不已。随后是参观工贸公司的仓库，琳琅满目的商品顿时吸引了我，这么多从未见过的奇奇怪怪的东西堆放在一起，蔚为壮观。吴迪一边介绍着商品，一边告诉我们他们团委也经常组织青年团员处理一些有用的过期商品，这也是他们的重要的任务。说者无意，听者有心，我默默地将此事记下了。参观活动结束，大家合影留念，同学们各自回家。

自从那次参观工贸活动后，我一直想再去一次吴迪学长那里，看看有哪些产品我也能参与销售。终于有一天，我用系里的电话机联系上了吴迪，说明了我的想法，他约我下午4点见面。走进他办公室，他拿了两样东西给我看，一件是日本产的精美文具盒，有好几种花色，令人爱不释手；还有一件是两大包胶卷，里面有两款型号，一款是富士120黑白，一款是富士135黑白。他拿起胶卷让我看底部的生产日期，已经是过期半年的产品。他说："这些过期胶卷我们商场必须得下架，但是，它的使用功能还在，尤其懂摄影的人都知道，过期的胶卷，拍出来的效果更好。这个文具盒，我给你八毛一个，120胶卷五毛一个，135胶卷八毛一个，绝对低于我们工贸批发来的进价，你看你能卖吗？"我拿着两样东西，心中不免迟疑起来，东西倒是不错，只是我还不知道该怎么卖。吴迪看我面有难色便说道："你也不要着急，这些样品你先带回去，如果有办法了，再来我这里取货，我可以给你两百元的赊账额度，先拿货，后付款。"我走出工贸大楼，心中很是感激学长的关照，暗下决心一定要把这第一脚踢开。

取回样品有几天了，我分别去了化工学院和工业大学校园推销，可惜效果并不理想。玩具盒是看的人多，买的人少，几天里只有几个女生买走了几个，就这速度，堆积如山的库存啥时候能够清理掉呢？至于胶卷，这两所大学都是工科生，比较穷，相机都没有，何谈买胶卷呢？

好在天无绝人之路，一位在化工学院曾经向我订购过班级运动会食品的同学看我愁眉苦脸的，便建议道："你应该去鲁迅美术学院，我的一个高中同学，考上了鲁美的摄影专业，他们会需要胶卷的。"我听了眼睛一亮，"能把你的同学名字告诉我吗？我去找他。""行，你记下！"

第二天晚上，我骑车到了鲁美，这所国内著名的艺术大学离我的学校只有十分钟的路程。我打听到学生宿舍楼的位置，到了宿舍又打听到那位同学的宿舍号，几经辗转来到那位同学的宿舍楼边，站在门口大叫他的名字。只见一人答应着，从宿舍里跑了出来，"谁找我？"我跟他说是化工学院张雷让我来找他的，他笑着把我迎了进去。进了房间，我迫不及待地拿出了两包胶卷，"我这里有胶卷可以卖给你们，很便宜，120款的一元一盒、135款的一点五元一盒。"他一听，眼睛刹那就亮了，对学摄影的学生来说，这种好胶卷都是宝贝呀，过期也没事，效果更好，价钱还合适。他兴奋地说："你等会儿，我去喊摄影班的同学们过来。"时间不长，有六七个同学就陆续走了进来，看着我拿着的两大盒胶卷，共有二十个，你几个他几个的就给分掉了。只是看上去，他们也不富裕，能买五个的都是很牛的。大家付了钱就七嘴八舌地问起我来，"你还有多少啊？"我说有很多，并说出了原委，说这是我上级学长对我的考验，我必须卖出这批胶卷，完成任务。其中一个同学听了便对我说："我们都是没收入的穷学生，最多买个三五个的，我知道有一帮有钱的人在我们学校上成人班，他们都是大企业宣传部的人，每个星期天来，在后院的大礼堂上课，你到那里去卖吧，人傻！钱多！""好嘞！"我兴奋地记下了这条信息，决定周日去碰碰运气，临走时还告诉他们，如果交易成功了，一定回来感谢他们。

5. 货卖用家

为了星期天的交易，我得先去工贸中心找吴迪备货，要了四十个胶卷，120与135各二十个。到了星期天，我9点钟就到了大礼堂，里面正在上摄影课，密密麻麻地坐了一百多人，看上去都是有工作的成年人。我坐在后排，耐心等待着机会。到了休息时间，我轻轻走过去与几位抽烟的学员搭话，问他们："要胶卷吗？"他们疑惑地瞅瞅我，随即就把我往外赶，"哪儿来的小子，哪儿凉快哪儿待着去。"首战没有成功，又上课了，我只能退回到后排，脑子里却在飞快地转动，我决不能错过这次机会，否则，背来的胶卷又退回去也太丢人了！再说，如果这些人不买，估计我再也找不到这么合适的买家了。一不做二不休，只有大胆行动了。

不久，机会就来了，摄影老师宣布上午的课程结束，我立刻从最后一排边喊边跑向主席台："大家注意了，我是沈阳电大的学生干部，我们的社会实践活动是帮助大企业清理库存，我这里有你们需要的胶卷，价格非常优惠，有需要的来找我啊！"我左手举着一包120，右手举一包135，它们特有的商标颜色早已经勾动了爱摄影人的心，他们迅速向我围拢过来，开始询问价格。可是摄影老师不干了，他大声呵斥我："谁让你到班上卖东西的？马上给我走！"我灵机一动，"是你们学校团委让我来卖的"。当时沈阳高校大学生都是互相串连的，常常举办各类体育比赛、跳舞、文艺汇演，我是学生会干部，更是与各高校联系紧密。虽是随口说的，却也有些底气。老师一看同学们已将我围得水泄不通，也没法儿多问，便不再理会，拿起饭盒，向食堂走去。

这里的需求确实旺盛，我只卖了三个人，胶卷就被抢光了，没买到的还很着急。我拍拍空空的口袋说："别着急，下周日你们要是还在这里上课，我就带更多的胶卷来。"他们一听非常高兴，纷纷留下要的型号与数量，还有需要发票的，我都一一记下来。

关于要发票，该怎么办呢？我一边想着，一边走出鲁美校园，就看到一家摄影器材商店，走进去，我发现这里卖的胶卷比我可贵了不少，为什么人家卖得贵，还能卖出去呢？我观察了一会儿，看着有顾客交易了几笔，明白了，这样的商店有信誉，可以退换货，最主要的是有发票。

我找到经理，问道："我有一些过期胶卷出售，你们能够帮我代开一些发票吗？"顺便提了一下鲁美团委书记的名字，说他介绍我来的。

"可以，要开多少呢？"他问道。

"最多两百元，得分几家单位开，能行吗？"我又问道。

"行倒是行，但是需要交给店里百分之五的税点，这是规定。"那经理回答道。

"可以，那就定了啊？"

"那你随时来吧。"他爽快地答应了。

一切办妥,我再一次来到工业品贸易中心找吴迪,谁知他却对我说,前几天上面领导派人取走了一批胶卷,不知还剩多少了,得去仓库看看。我心中一凛,心想,可给我多剩点吧,这种"发财"的机会可太难得了!

还好,当我们走到仓库,发现还剩下了好几大包,我这心里才终于踏实了,二话不说,整包的,零散的,我全包了。

从第一次的两盒样品,第二次的四大盒,到第三次的十大盒,加上零散的五六个,最后,我与吴迪学长算了一个账,120款六盒,六十个,每个五毛,共三十元;135款十盒,一百个,每个八毛,共计八十元,总共大数一百十元,外加一些零的,他向我要了一百十元,然后做了一份完整的清库单,我和他在上面签了字。他说:"希望你星期天的生意成功啊!"我跟他握了握手,说:"没问题!"

货品再次备足,卖胶卷的星期天来到了。这回,我不像第一次那样来得太早,临近中午时我才出现在礼堂后面,有几个人闻声回头看看,发现是我便点头示意,又回过头去听课。我这次背了一个双肩大包,手里还拎个大兜子,里面装满了胶卷,一副信心十足的样子。

中午下课,我还是坐在最后一排,买胶卷的学员们一哄而上,纷纷交钱取货,生怕又卖没了。我让他们别急,我得先把上周预定的卖完,再把新客户交易好。十几分钟后,所有货品全部销售一空。我拍拍空空的袋子,站起身,招呼需要发票的同学和我一起去校外的摄影商店开具发票。来到商店,找到经理,说明几个人需要的发票抬头、数量、金额,请他填好,又回头交代要发票的同志们将发票额的百分之五交给店里,一切井井有条。

后来,这经理告诉我,这些买胶卷人的单位,都是赫赫有名的大国企,我这胶卷是卖低了。

当天中午,交易结束了,我又返回到曾经给我提供信息的鲁美同学宿舍,我买了两瓶西凤酒和一些下酒菜,还有剩余的五六个零散胶卷一同送给了这些纯朴的兄弟们,他们高兴坏了,说没想到仅仅两周我成交了这么大一单。

胶卷一战,筹划两周,行动两周,我赢得了一百元的利润,当我把这个事情完整地向吴迪说完,他面上露出了赞许的目光。

卖完胶卷，下一步就是要卖文具盒了。一开始，我每天都在书包里装上几个文具盒，到哪里都展示给别人看，可还是喜欢的人多，买的人太少。有一天，我和同样爱做生意的老信决定到市政府广场摆摊，看看情况。

说走就走，我们迅速就在广场摆好摊位，此时，正好是下班时间，人来人往的，十分热闹，漂亮的文具盒在我们手上吸引着行人的目光，引得不少人驻足观望。那天，我们成交了十几个，是几天来最好的成绩。尝到了甜头，我们便在每天放学之后5点多钟去那里摆摊，一晃几天的功夫竟也卖了一百来个。

可惜好景不长，城管来扫荡了，我们吓得拿起货品就跑，慌忙中，老信重重地摔倒了，城管看着满地的文具盒，又看看摔得腿上直流血的老信，大概也有些不忍，跟我们说："行了，看你们还是学生就先警告一下，下次再看到你俩，罚没东西还得罚款。"

就这样，我们的文具盒是保住了，老信的腿却摔坏了，一个月以后才恢复。无奈之下，这种卖货方式看来只好暂停了，等待暑假的到来再想办法吧。

6. 鞍山骑行

时间走到了1990年的暑假，北方大学生最期待的美好时光又来临了，因为整个暑期长达五十天，大家可以有很多有趣的事情去做，学校团委与学生会也会在这个时候组织若干项社会实践活动。

今年，我参加的是骑车体验鞍山军营与鞍钢考察活动。各个班级选拔了二十名同学，清一色都是男生，活动前一天要求大家回去把自行车都检修好，第二天凌晨6点在学校集合，统一出发。

次日，我们全都穿着印有沈阳电大社会实践考察团的T恤衫准备出发，学校给我们配了一辆金杯，校团委伍凤斌书记、学生处赫荣良干事、外语系徐君华老师、电教部王二刚与吴敏两位全程录像，队医等一行人就坐在车上。

集合完毕，队伍浩浩荡荡地出发了。沈阳到鞍山的骑行距离大约一百一十公里，我们这群正值青春年华的毛头小伙子一出校门就飙起车来，你追我赶玩儿得不亦乐乎，吓得面包车加速拦截了好几次，司机使劲按喇叭，警告我们要控制车速。尽管如此，原本打算需要一天时间到达目的地的，一来因为出发早，二来因为加快了速度，结果提前两个小时就到达了鞍山军分区某团部，而我们将在这里过上两天的军营生活。

外语系徐君华老师是这个团的老兵，也因为这个关系，我们才能在这里体验军营生活。军队的日子很无聊，每天就是打靶、训练走步、学军史，学生还不给酒喝，看到老师们和军官们每天推杯换盏的，我们十分眼馋。终于，一个同学半夜里偷偷去放酒桶的屋子里灌回了两个军水壶的老白干，二十个人轮流喝上了一口。

回程的路上我们访问了鞍山钢铁公司。一进鞍钢，进入眼帘的是全国劳动模范孟泰和的塑像，那时，鞍钢算是个巨无霸企业，员工就有三十万人，在厂区院子里行走，人和车在高炉的对比下显得十分渺小。

我走近炼钢炉，细细打量一个送碳的炼钢工人，只见他穿着厚厚的隔热服，离两千度高温的钢炉只有几米，热浪袭来，我瞬间出了一身汗，脸也热得发烫，他却若无其事地干着手里的活。我想起在高考前，长辈就说，如果你考不上大学，可能就得去钢厂当工人了。原来，炼钢工人的工作是这样的，不禁心中暗自庆幸："还好啊，我是大学生，不会来炼钢了。"

参观完鞍钢，我们往回骑，一路无话，都有些郁闷。这次出门，每个人都跟家长要了钱，想好好消费一下，没想到却没地方花，还连一顿聚会的酒都没喝上，实在不过瘾。傍晚时分，我们回到学校，结束了这次社会实践活动。我正准备和同学们告别，一个同学神秘兮兮地走过来说："一会儿谁都别走啊，到化工班集合！"我一听就来了劲儿，这是想喝顿酒才分手啊！

大家陆续来到化工班教室，张鹏表达了意见，大致意思是说这次行程太不尽兴了，既然都和家里请假一周，这不才四天，身上的钱还一分没花呢，怎么有脸回去？愿意留下来的大家讨论一下，必须再玩几天。大家一商量，有几个同学家里有事退出了，剩下九人决定跟张鹏一起继续玩。张鹏拿出个大胆的计划，"我们晚上9点坐火车去兴城，我一发小在那里的海边给人打工看场子，我们去海边游泳、吃海鲜，玩两天再回家如何？"我们纷纷表示赞同："好主意，就这么定了！"

于是，一场别开生面的旅行就此拉开了帷幕。

我们一致同意，为了旅行方便，集中管理钱财，大家把身上所有的钱交由张鹏管理。我摸了摸口袋，里面躺着三十元，刚想交出去，又一想，这万一和同学分离或者有什么大事，我手上一分钱没有怎么办？何况即便是二十元也比每人的平均数还要多，留一点在身上也不为过吧。想着，我悄悄在口袋里留下十元，抽出二十元交了上去。最后，张鹏一数总共一百六十元，这是大家所有的旅费了。张鹏把钱往短裤里一塞，对我们说，"现在是下午5点，够时间回家的取一些衣服，半夜海边会很凉，7点钟咱们沈阳站隔壁的邮政局集合。"大家点头答应，便分头行动。我急冲冲跑回家去取衣服。到了家，跟父母说，学校还要去兴城实践，父母没说什么。

我拿了两件防风夹克，草草地吃了口饭，临出门顺手拿了老爸的五盒石林烟，就出门坐公交车往沈阳站赶去。

来到沈阳站，因为暑期是旅游的旺季，车站内外人山人海，天又热，空气中弥漫着浓郁的汗臭味。我捂着鼻子挤到邮政局门前，很快，九个人就齐了。张鹏找到了他舅舅——当时负责邮政的领导，他安排我们从这里进站。我们几个人平生第一次，从邮政货物进站口大摇大摆地进了站台，我左右一看，这不对啊，我们什么票也没有，这，是要逃票啊？内心开始不安起来……

7. 兴城磨难

正想着，一列绿皮火车驶进站台。这是一列从长春南下的火车，我们就是搭乘这趟快车去兴城。火车刚一停稳，我们就往车上挤去，人实在是太多了，我根本就挤不上去。眼看他们都已经上去了，我一着急，就抓住了窗沿，准备从窗户往里爬，刚进去半个身子，就觉得双腿被一双手紧紧抓住，一下就给拽回到地上。一个路管反手使劲扣着我一只手，厉声责问："你的票呢？"我心里一抖，声音都颤抖了，"在，在我同学那里，他上车了。""不行，让他下来！"我回头一看，所有的同学都上车了，有两个也正焦急地看着我，慌忙中我灵机一动，迅速用另一只手从书包里拿了两盒石林烟塞给后面，小声说："大哥，这点小意思您收下，人多，同学也下不来，您就放我上去呗。"突然，我觉得被抓住的那只手松动了，后背也被推了一把，一个声音响起来："快点上吧，车都要开了！"我一看，车门旁已经没有人了，我紧跑几步，随后一个箭步跨上列车，这才大大地松了一口气。

我们九个人陆续来到了一个车厢，彼此的眼神里都透着掩饰不住的兴奋。那时候的绿皮火车，时速只有六十公里，去兴城得后半夜才能到，我们便在拥挤的车厢中分别安顿下来。刚喘口气，就见列车员开始检票了，他们两头一堵，正往中间走着，我的心一下子又提到了嗓子眼，眼看着两边的列车员越来越靠近，我们九个人被夹在了中间，个个心中惴惴不安。很快，张鹏就第一个被列车员逮到了，他不战而退，立刻举起手说，"我去补票！"我们在车厢不同位置互相看看，那眼神不亚于在说，这要在战争年代，绝对是个叛徒！

另一个列车员也发现了我们一个穿电大T恤的同学，同样没票，便问道，"你们几个穿白背心的是不是一伙的？都跟我走，补票！"不得已，加上我一共六人穿着校服的同学不情不愿地来到餐车，张鹏恳求说："我们是学生，参加社会实践，没钱了，能不能通融一下？"列车员死活不同意，最后还是列车长来了，同意我们从沈阳补票到锦州，到锦州下车再换车去兴城。六个人，补票花了六十元，其他三人因为换了衣服没被捉到，侥幸逃脱。

午夜11点，我们一行九人在锦州被赶下火车，站在清冷的站台上等待下一班过路的火车，夜里开始凉起来，我将多带的一件夹克给了一位还穿着背心裤衩的同学！四十分钟后，又一列火车进站了，这回人不多，我们顺利登上了列车，我心里却嘀咕着"可别再碰上查票的了"。好在一个小时后，我们顺利地在兴城下了车，已是午夜1点钟了。下了车，张鹏召集我们说，必须趁着人多赶紧溜出站，以免被抓。我们立刻一拥而上，与其他旅客一起乱哄哄地往门口挤，一个同学还拿着上一段补的票使劲挥舞着……

我是第一次来兴城，这座有温泉和海滨的小城远离沈阳，在辽宁西边靠近山海关的地方，地方口音特别有趣。我们正往外挤，检票员大姐却非常有经验，一看情形不对，就大声喊人来帮忙，这一下，出口就被封住了。大家只得排好队，一个一个仔细验票过闸。我们这一行人跑出去三个机灵的，还剩六人，看到我们的票只到锦州，大姐立刻就变了脸，将我们全部带到了办公室。张鹏也进来了，他过去跑过这条线，有逃票经验，可惜这次人数太多，队伍不好带啊。他上前与民警商量,一口一个大哥,一口一个大姐的,对方不仅丝毫不为所动还威胁道:"如果不拿钱出来,就要一个一个拉到隔壁挨揍!"正说着,隔壁就传来了打人的号叫声,说是正在打一个小偷,我们几个吓得心里直打鼓。张鹏还在软磨硬泡,只想保住剩得不多的款项。双方持续了一个多小时,还是补了六人从锦州到兴城的票款,加上罚金,共计四十多元。临走时,检票大姐似乎突然"良心发现"般地说:"你们以后多带点钱出来,这么穷玩哪是社会实践呢?后天如果你们从这里走的话,我正好是下午3点的班,到时候我放你们进去,但是上车查不查票就看运气了。"我们千恩万谢地从车站出来,外面等待的三个同学也正忐忑不安地翘首看着里面,他们担心我们被拘留,然后再通知学校那就全完了。

此时,东方已经泛起了鱼肚白,我们一行九人打了两辆摩的,一路向海边疾驰而去。到了海滨浴场,张鹏去找他的发小,不过一会儿工夫两人就回来了,他带我们去街边吃了一顿饱饭,大家狼吞虎咽地吃着,一晚上的恐惧与惊惧才算压了下去。再看到海上冉冉升起的旭日,听着海浪翻滚的声音,感觉刚才一切的经历都是值得的。

一晚上的折腾,我们却不觉得累,决定不休息,直接去游玩。上午的气温升高奇快,很快就到了三十多摄氏度,我们穿上游泳裤,纷纷跳到海里游起来。张鹏发小平日里就在这片海滩帮人出租帐篷、泳圈、气垫子,我们九人上了岸,占领一处大帐篷,买来酒菜,边喝边玩,只是,剩下的六十多块钱得算着花了。

转眼,愉快的一天过去了,太阳快要下山了,张鹏发小过来叫我们一人拿个气垫子晒干准备睡觉,因为我们没有余钱住旅馆,只能把这气垫子当床了。我们丝毫没当回事,心想,在海边睡觉,以天为被,以地为床,那不是很酷吗?

晚上,每个人吃了份盒饭,饭后在海边夜市闲逛,终于,都累了,我们拖着疲惫的身躯准备睡觉。半夜的海风很凉,我们把能穿的衣服都盖上,连书包都摞在身上,每个人蜷缩成一团睡在气垫子上。困意袭来,也顾不上寒冷,迷迷糊糊地刚要进入梦乡,海边的蚊子大军就铺天盖地地向我们袭来了。这些海蚊子与城市里的同类不同,体量大到几乎用手都能随时抓住。我的脸上带个反扣的太阳帽,只听见嗡嗡声作响,叮不到脸,但是大腿上可就开锅了,隔着厚厚的裤子都感觉被咬了上百个包。我抓来抓去,疼痛瘙痒难忍,困意也没了,挣扎着爬起来,心想:"这可不行啊,再待下去,蚊子非把我吃了不可。"再看看身边的同学,一个个也都在睡梦中下意识地拍打着蚊子,一会儿,也都陆续爬起来了,全被咬得哇哇乱叫,脸上青一块红一块的,只有两个同学十分奇怪,大约蚊子不喜欢他俩的味道,愣是不叮他们,这会儿睡得真香,蚊子神奇地绕着他俩走。我们一看表才半夜两点,但是谁也不敢睡了,一个同学提议说:"不如我们去借手电,去抓螃蟹吧。""好!"六个人齐声说好,手电拿来,我们就在海边的石头堆里开始摸索起来,不久,抓到了几只比手指盖还小的螃蟹,收获虽小也没办法,只能熬到天亮再睡了。正低头摸索着,突然身旁一个同学大叫一声:"快看!"我猛一抬头,只见东边的海上一轮红日正在跃出海面,霞光尽染,美丽非凡。同学们都抬起身,看着朝阳,眼眸中映衬着灿烂的光芒,一切疲累都烟消云散了……

张鹏是和他的发小挤在海边的蚊帐里睡了一晚,因此没有参与这项蚊子大战,两个困得不行的同学见状,跑进去就把他俩撵了出来,倒头就睡。转眼天已大亮,蚊子们走了,我们终于可以重新入睡了,只是大腿上厚厚的肿块还在隐隐作痛……

8. 弹尽粮绝

等大家都醒来,发现张鹏的手里只剩下十块钱了,好吧,早饭不吃了,挺挺!最后,张鹏买了两包最便宜的香烟分给大家。中午,我们聚在一起开会决定,由张鹏带几人去弄点吃的,下午两点坐火车回沈阳。他们走到大街上,一家家打听盒饭的价钱,此时正是旅游旺季,盒饭都是三元起,九个人得二十七元,钱不够。他们转了半天,看到一位看上去慈眉善目的老太太,几个人上去就包围了她,张鹏恳求她:"我们现在非常饿,可身上只有五元钱,您能不能便宜卖给我们几个盒饭?"老太太看了看张鹏,指着地上一堆准备扔掉的盒饭说:"倒是有几盒有点坏了的饭,你们要吗?一元一盒。"张鹏看看身边几人,咬咬牙,用最后的五元买了五盒馊饭。眼见着张鹏拿着盒饭回来了,我迫不及待地走上前去，还没到跟前，一股馊味就扑面而来，我皱着眉，怎奈肚子里咕咕直叫，只得接过一盒，勉强吃了两口，实在吃不下去了，扔在一边。另外几个同学，挑着看上去没坏的部分吃掉了，张鹏估计是饿急了，也不挑拣，三口两口就把一盒饭都吃完了。吃完饭，我们准备去火车站，没走几步，一个同学就叫开了："不好，我肚子疼，要拉稀！"我一看，坏了，是食物中毒了，赶紧叫张鹏发小去取拉肚子药，一面搀扶着他去厕所。谁知这个刚进厕所，另一个也肚子疼了，半个小时，六个人轮番往厕所跑，最严重的是张鹏，这会儿已经跑了三四趟了。

眼看着都拉得走不动路了，张鹏发小只得帮我们借了一辆面包车送我们去火车站，来到车站，我们派一位熟悉大姐的同学去找她，正好她在检票口值班，同学说明来意，大姐问道：

"是六个同学吗？"

"不是，九个人！"

"怎么多了三个？"

"那晚，他们仨先跑了。"

"你们可真行啊！算了，快过来吧！"

我们搀扶着走过来，大姐一个个数，九个，没错！我们终于顺利地进了站台，刚进去，张鹏又急着找厕所，他已经拉得腰都直不起来了。

火车来了，这回我们突然从容起来，虽身无分文，却不怕了，心想，还能不让我们回家吗？几个同学拿张报纸直接钻凳子底下睡觉去了，张鹏和另外两个坏肚子严重的同学却守着一个洗手间轮番进出，整趟车除了他们，这洗手间谁也进不去。眼看着张鹏已经拉脱水了，怎么办？我突然想起口袋里的十元钱，"哎呀，"我一拍大腿，"我怎么把它给忘了？"我迅速拿出钱，跑去餐车买了几瓶八王寺盐汽水，张鹏看见了，一把抓过来，猛力喝了几口，那情形如同久旱逢甘霖一般，那几个同学也都喝了汽水，总算是缓过神来了。

列车一路行进，我们已经做好了再次被巡查抓住的准备，谁知居然一路畅通。掌灯时分，我们顺利地在沈阳站下车了，还是走邮政的通道，当重新回到沈阳的大街上，我们每一个人都不由自主地露出了笑容，回家真好啊，三天如此波折的经历，真是永生难忘！

这一次，我们来自不同班级的九人一起经历了一场患难与共的旅行，从那以后，我们几个的友谊便是比别人要更加深厚了。

我看一眼张鹏，他还是很虚弱，我招手叫了一辆出租车，把张鹏搀扶进车，把手里攥着的五元钱塞进他手里，那时候能坐出租车可是十分奢侈的事情，张鹏感激地看我一眼，出租车扬长而去。

大家挥手告别，我拿着最后的几毛钱坐公交车回家了，跨进家门，老妈看到我晒得黝黑，一脸疲倦，问我："咋啦？怎么出趟门变这样了？"我一甩夹克，大喊一声："妈！快，做饭！我快要饿昏过去了……"

9. 承包女鞋

转眼已是 1991 年的暑假，又到了我这个学校社会实践部部长大显身手的好时节。利用好这个假期，多做些社会工作，多赚钱，是我给自己定下的目标。

那时，跟我一起赚钱的有铁粉老信、王旭、嘉林、伦子、老吴、老祁、逸涛……我们除了参加各班级、学校的一些必要活动外，就经常在一起研究生意经。

这个假期，我们干点什么呢？

我想到了在工贸的学长吴迪，自从上次卖胶卷事件以后，我就在他心目中留下了能干、聪明的印象。这次，他一定能再次帮助我。

我找到吴迪，他就把我领到了鞋帽批发科科长的办公室，分别给我俩做了个介绍："玉哲，我给你介绍一下，这是胡科长，我胡大哥！"

"大哥，这位是我的学弟董玉哲，玉哲现在在电大负责社会实践的学生干部，想利用假期找点商品做销售。作为社会实践活动，您看咱这里有什么可以给他们卖的东西没？"

说完，吴迪又把我在鲁美卖胶卷的事情讲了一遍。我目光看向胡科长，这是一位三十左右，十分精干的年轻人，他看看我，露出一丝赞许之色，低头想了想，说道："既然吴迪书记都说了，看来你还有点真本事，我这里刚好有一批温州女鞋需要处理，你看能卖掉吗？"

我想都不想就回答说："行！我可以带领同学们试试。"

"那好，走，跟我去仓库！"胡科长说完站起来就走，我连忙跟上前去。

走进仓库，我看到了堆积如小山一样的鞋子，但只有一个款式，也没有包装。"这些都是从各地商店返回来的鞋子，如果你们能卖，按五元一双给你们，交钱取货。"胡科长说道。

"那我明天先带同学来理货。"我忙不迭地应承下来。

次日，我带着老信和王旭来到仓库，对着地上一堆女鞋就开始整理，左脚的放一边、右脚的放另一边，最后，再把相同鞋码的找出来配对。我们三人忙了大半天，总算理出三百十双成品，坏鞋四十双，单只配不成对的十来只，我们快速手写了个报告，去找胡科长。胡科长正在和人说话，他看到我们头发湿湿地沾在脑门上，衣服上满是灰尘，满头大汗地跑进来，不禁有些动容，"仓库很热吧？辛苦你们了！"他迅速瞅了一眼我们递上的报告，"嗨，还挺细致，那就准备钱提货吧，这些鞋正品要卖到十五元一双呢！"

老信上前一步，说："哥，这些鞋质量不行啊，脱胶很严重，那些坏的也是因为鞋跟脱胶了，我们要卖之前必须得重新再上一次胶，不然，客户不干，肯定会退货的。"

胡科长心里其实很清楚这批鞋为什么卖不掉，他看看我们说："那这样吧，作价给你们四元一双，你们自己买胶加固一下。"

"好嘞！"我们满口答应。我心里盘算了一下，这一来，成本降了三百十元，这就是我们的利润了。接下来是付款问题，如果这批货一次性拿走，必须支付一千二百四十元，那对我们来说无疑是个天文数字，如果能分期付款就好了。想到这里，我有些不好意思地上前说道："胡哥，我们是穷学生，大家凑不出这么多的本金，您看怎么办？"

"那可不行啊，公司规定不付款不能提货，而且已经够便宜了。要不，你们再商量一下？"胡科长为难地说道。

"行，那我们出去商量一下。"我招呼老信和王旭走出房门，走廊上，我拿给王旭二十元钱，让他出去买条石林准备送给胡科长，王旭答应一声走了，剩下我和老信找个角落开始算计我们能筹集到多少钱。这算下来一看，我们最多能出三百元，再多就筹不出来了，看来只能找胡科长问问能否用三百元提货一百双，欠一百元以后再给。

打定主意，我们再次走进胡科长办公室，王旭则将一条用报纸包好的石林烟放在胡科长桌子上。我说了分期付款的想法，这一次，胡科长很爽快地答应了，他拿起电话，对吴迪说："吴书记啊，你校友社会实践的事情已经办好了，他们订购了一批女鞋去市场上卖，我给的价格非常优惠，他们一定会赚点钱，另外，我还让他们赊销了一百元的货物，你给担保一下啊！"

电话那边传来吴迪的声音，"行，我担保，谢谢胡哥，有空请你吃饭啊。"从胡科长办公室出来，我们就去见吴迪，一来二去，也没那么拘谨了，我介绍了老信和王旭，说这是我的铁杆同学。

吴迪跟他俩打了个招呼，随即问我们，"你们准备去哪里卖鞋呢？"我说："还没有想好，不行就去热闹的地方摆摊吧。"

"你们可以去楼下的海角商场试试，面向北站的方向门口，过去商场搞促销活动都在那里，现在不知什么原因，很少看到商城的促销活动了。"吴迪提示到。

"那敢情好，我们马上下去看看。"

说完，我们三人"蹬蹬蹬"地就跑下楼去。

转到隔壁的海角商场，这里朝北站方向是友好大街，大街上人来人往，行人川流不息，大都是从车站往来的。海角商场这一面，大门加上橱窗延展开来有五十余米长，空间十分开阔，很适合放一排户外柜台，但是，为什么商场不干了呢？我们不得其解，便再到商场里转悠，走到货物运输的通道，路口贴着"顾客止步"的字样，我们往里一看，很多摊床在这里堆砌着，样式美观大方，还印着海角商场的标识，看那灰尘堆积的厚度，就知道已经很久没用了。我们欣喜若狂，这些摊床要拿来给我们放在海角商场门前卖鞋，这可太完美了！

我们再次返回吴迪的办公室，把刚才看到的状况一说，吴迪就拨通了海角商场团总支部书记的电话，"你好，李书记吗？我母校学生会社会实践准备为工贸处理一些积压产品，他们想利用海角商场门前摆摊卖货，你们那里有现成的摊床吧？借他们用几天，暑假过完，就还给你们，你看能行不？"

只听那边李书记说："吴书记，摊床没问题，大力支持。只是要提醒一下，海角商场门外摆摊归北站城管，得问问他们。"

"好的好的，谢谢你啦，借摊床给他们就行，你也和商场张总汇报一下，城管的事情我找人。"

撂下电话，吴迪对我们说："你们去海角商场找李书记借摊床，先干着，如果城管来问，你们再来找我，我帮你们协调。"我心中十分感激，直到多年以后，我始终认为吴迪无疑是我学生时代的一个贵人，他那时也只是一个毕业两年多刚上班的年轻人，做事已经这么成熟，为人如此热情，给校友帮了忙也分文不要！

翌日，我和老信、王旭带着挤牙缝挤出来的三百元钱来找胡科长，他签了出库单，我们拿到了没有包装的第一批一百双温州女鞋，在仓库装了三个大纸箱才装下，当每人抬着一个大箱子吃力地走出仓库，就犯愁了，"放在哪里呢？"我灵机一动，是了，还得找吴迪。果然，找到吴迪，他一口答应，让我们在他办公室寄存下这批货，剩下的，就是去借摊床了。这一下倒是一切顺利，一张满是灰尘的摊床被我们三人抬出了商场，几个售货员好奇地看着我们这通忙乎，七嘴八舌地议论着。

我们在商场门前找到一处地方安放好摊床，又找到商场的保洁员，借来盆、拖布、抹布，开始洗刷摊床，不大功夫，一切就看起来干干净净了。整理好周围环境，老信和王旭搬来一批鞋，开始卖货了。我们给鞋子定价一双十元、两双十七元、三双二十二元，单双最低九元。因为沈阳是东北最大的城市，而这里是去北站的交通要道，海角商场又是附近最好的商场，很多经过沈阳站的旅客都会顺便买些东西带给家人，像这种时髦款式的女鞋，是很受欢迎的。果然，刚一开张就卖了五双，我们兴奋不已。

一连卖了三天的鞋，老信和王旭已经完全掌握了顾客心理，他俩仿佛天生就是卖货的老手，客人到他们面前基本没跑。但是我们很快又发现了问题，这款鞋穿到脚上外观是很漂亮，但是确实质量不佳。为了避免被投诉退货，我们买了强力胶，然后逐一检查每一双鞋是否有开胶的痕迹，没顾客的时候就在那里粘鞋。不到一周，我们第一批一百双鞋顺利卖完了，手上现金有八百多，我们决定一鼓作气将剩余的鞋子全部拿回来。可是找到胡科长时，他却不如一开始那么痛快了，我将钱放到桌上，他抬起眼皮看看我们，慢吞吞地说："不错啊，挺能干，不过剩下的鞋，我们部门想自己处理了。"我一想，这是看我们哥几个卖得不错，挣钱了，有点不乐意了吧？于是我赶紧上前说："胡哥，我们是社会实践，主要是锻炼锻炼，赚多少也是要回报学校的，这跟学校都汇报过了，您还是让我们继续干呗。"他听了这话，表情才有了变化，站起来收了钱，"好吧，支持你们学生也是应该的，接着干吧！"

我们顺利地从仓库取完货，再次将它们搬到了团委办公室。这几天，吴迪每天都过来看看我们，看我们一切顺利也就放心了。

10. 城管扫荡

海角商场的负责人也常常出来，在我们摊床前转悠，他一看，我们卖货这么好，就来商量把部分商场柜台商品交给我们代卖，我们自然是答应了。这样，商场门口又增加了几个摊床，商品从女鞋到男士皮鞋、锅碗瓢盆、录像带、夹克衫……一应俱全，很快形成了一个小气候，我一看人手不够了，就从学校调集了近十人在此轮班制工作，上午一班早上 9:00—13:00，下午一班 13:00—18:00，午餐和晚餐管盒饭，每人卖货提成，每卖一件产品提一元。同学们干劲十足，挣多挣少还是次要的，大家能在一起太快乐了，暑假也过得很有意义。吴迪对我越发欣赏了，又帮忙给我们对接了一些积压商品，一时间，海角商场门前已是人潮涌动，热闹非凡。

然而，此时，危机已经开始孕育了，我却一点儿也不知晓。每天，我们起早贪黑地卖货，在工贸中心和海角商场各色经理中周旋，他们认为，我们这帮学生给他们带来了一股新风。但是北站城市管理大队的眼睛也盯着我们很久了，在他们看来，我们这帮子学生不懂事、不申请、不守规矩，没把他们放在眼里，得好好教训一下。一日上午 10 点，我们刚把商品摆好，准备一天的销售，就见路边一下子来了三辆大卡车，车子一停，上面就下来一帮民工，不由分说就往车上装我们的货物，连带着摊床风卷残云般都给装上车走了。我们一下子傻了眼，纷纷急着上去解释，要夺回我们的商品，就见一辆小车在我们面前停下，一名城管员走了下来，他面色不善地对我们说："谁让你们在这摆摊的？全部没收，你们谁是负责人，下午到城管大队来接受处理。"

说完不等我们回答就上车扬长而去。

早上刚刚开张的十个摊床，瞬间全没了，十个同学都看向了我，我也十分懊恼，平复了一下情绪后，我在空地上来回走着，思索着对策，我想起了吴迪，对，还是和老信先去找吴迪大哥吧。

我们走进吴迪办公室，把经过一说，他皱着眉说："这个部门我没有直接认识的，我来找找伍凤斌书记吧，看看电大的校友谁在那里工作。"他拨通了电话。伍凤斌正在学校值班，接到电话，问明情况，答应马上去找人问问。十分钟后电话就打回来了："吴迪，你们那届机电系的马义不是在北站城管吗？你可能不太熟悉，他毕业后回过学校，日子过得挺滋润。我刚给他打电话了，查收你们货物的就是他们单位。我跟他说呀，那是我们电大学生组织的社会实践活动，帮忙工贸中心卖积压产品的，你给没收了，他们哪有钱赔偿？马义回复说，抱歉这是弄到自家人了，让校友去找他，他给处理，也认识一下校友。"

吴迪一听，立刻说道："是校友就好办啊，我马上就和玉哲过去。"

"好，你去吧，办不好再找我。"那边挂了电话。

吴迪拍拍我肩膀，"走，我们去外面吃午饭，吃完再去找马义。"

下午1点，吴迪带着我和老信来到了城市管理大队，找到了马义。马义个子不高，黝黑皮肤，很瘦却很精干，他手里夹着烟，看人目光像刀子一般，一看就是个厉害角色。我们一进来，他就猜到我们是海角商场门前摆摊的同学，上下打量着我们，问道："是不是电大的同学？"

吴迪看着他有点眼熟，"我是86级经济系吴迪，你是机电系的马义吧？"

"哎哟，见过见过，吴迪，你在学校是大名鼎鼎啊！怎么回事，海角商场占道经营与你有关？"马义绽开了笑容。

吴迪把事情经过一说，还介绍了我和老信，对马义说："这帮学弟比我们那时候还能干，真是长江后浪推前浪啊！""是啊是啊！"马义应和着。大家又聊了一会儿当年在学校的旧事，我也介绍了这两年学校领导的一些变化。

聊了大约半个小时，马义站起身，跟我们打了个招呼，就去了隔壁领导办公室。不多一会儿，他就回来了，"这样吧，我跟领导也汇报了，东西这就给你们拉回去，再允许你们干十天，下个月即将开始市容大检查活动，市领导会重点查看我们区域，咱们部门也不能掉链子呀，你们看，行不？"

"太好了！"我和老信高兴地跳了起来，上前和马义握手言谢，出门告别了吴迪，就回去准备了。

下午2点，三辆大卡车又开回来了，同学们一边卸货继续摆摊，一边问："玉哲，老信，你们到底怎么办到的，这事儿也能搞定啊？"我俩相视一笑，也不多说，心里那股得意劲儿可别提了。

还有十天的时间，我们必须全力以赴把剩下的温州女鞋清仓，把文具盒抛售出去，把其他不好卖、占人手的商品都退回去。我们还研究了产品搭售策略，比如买一件夹克，送一个文具盒；买两双女鞋，任选一个文具盒……最后十天，我们六个同学顺利完成了既定任务，一盘点，这个暑期，我们销售商品总值近五千元，获利两千多元。参与的同学最少也分得了一百元，这在当时已经相当于一个公务员一个月的工资。我和老信、王旭因为女鞋一单就一人赚了三百元，真是皆大欢喜。

不久，因为我校学生暑期在沈阳北站帮助企业消化库存商品业绩卓著，有照片有录像，还有工贸中心团委的好评信，这次大学生社会实践活动成为沈阳团市委的经典案例，我们所有参与的同学们在不经意间竟然"名利双收"了。

11. 给局长的一封信

秋天，大学又开学了，由于暑期我在海角商场的社会实践活动中表现突出，受到了团市委的表彰，我也在校学生会改选中成为了副主席。我们电大的校学生会主席是一正两副，机电系房建是主席，他平时说话做事就一本正经的，一看就是当官的料，我和中文系的吕飞则是副主席。对于我是否能当副主席，学校学生处、团委、经济系甚至校办都是有不同意见的，因为我在学校不是好好学习的模范，整天就想着去社会实践，研究怎么赚钱。团委伍书记替我说了不少好话，他说，我们电大学生相比辽大、东北大学和沈阳大学的学生多少会有些自卑感，如果在学校期间早些参与社会实践工作，积累经验，无疑会增强学生自信，今后走向社会也能脱颖而出。董玉哲同学带领同学们探索了一条新路,而且很有领导和组织能力,应该受到表扬,也应该推到领导岗位带动大家一起进步。

伍书记的话还是起到了作用,我在争议中被加入了推荐名单,并在后来由各系班长、团支书、系学生会干部参与的投票选举中,高票当选。

日子过得飞快,转眼已是大三。大学最后一年,我要开始思考毕业方向了。我们是包分配的最后一届,我是学金融的,应该会分到银行,可是我却觉得应该去房产局实习,因为在我所学的《国际金融》科目中,提及了国外银行业中房地产业务是重要业务与收入来源。我在大学时期还买过一本书《世界50大银行》,书后有个1990年世界银行大排名表,除了美国银行外,有特别多的日本银行上榜,甚至它们的城市银行都挤进百大。我想知道是否是80年代日本的房地产热带动了银行业的发展?

我们电大有世界银行贷款援助,我们上课的电视、录音机、摄像设备、计算机都比沈阳其他高校先进,我们的图书馆也有很多来自香港和台湾的原版书籍和杂志,通过查阅这些原版资料,我初步肯定,房地产业务在香港和日本都是银行业主要的收入来源,那么,我们国家的房地产到底与银行业务如何相关呢?未来,中国房地产的发展是什么样子?能否引进香港按揭买房模式?这一系列问题,我身边的人包括经济系老师,我在银行工作多年的姑姑、姑父都无法回答,我只能去房产局试试寻找答案了。而我也决定把有关房地产金融的内容作为我毕业论文的研究方向。

可是,怎么才能让沈阳市房产局同意我去实习呢?一打听,我知道了市房产局局长叫于志杰,五十多岁,为人随和,喜爱人才,也许我可以给局长写一封信试试。

我想起邻居王哥常常开一辆挂有沈阳市房产局标识的白色日本尼桑面包车,停在小区里很是扎眼,心想他一定是房产局的人,就跟他打听一下吧。我找到王哥,"王哥好,您能帮忙代送一封信给你们局长吗?我想让他同意我去局里当实习生。"王哥上下打量着我,"这不太行吧?""我很自信地说:"肯定行!况且由王哥你送去,局长肯定给面子!"一句话说得王哥不由自主地挺了挺腰,他答应了:"好,那你写吧,我试试!"

我立刻飞奔回去开始写信。为了写这封信,我下足了功夫,介绍自己、介绍实习想法、介绍远大理想，感恩、感谢说了一大堆，前后誊写了五遍才完成。

信送出以后，我天天翘首盼着却杳无音讯，学期就快结束了，心里不免着急。突然有一天，我们正在自习，就见系里一位老师跑到我们教室喊我，"董玉哲，快来办公室接电话，有急事！"我一听，一下子就从座位上蹦了起来，一路小跑来到系办，拿起电话，就听一个嗓音洪亮的男子说："你是董玉哲同学？你给我们局长写信了？""是，我是董玉哲，写了。"我答应着，心里怦怦直跳，他接着说："你下午来一趟房产局，到后院小楼找我，我是住房改革办公室吴主任，我会负责安排你实习的事情。"我长长吐出一口气，心里那个高兴啊，原来那封信起作用了！"好好，我下午就到，太感谢您了！谢谢、谢谢！"

下午2点，我如约来到位于沈阳市和平区八卦街的沈阳市房产局大院，绕过主楼找到一个二层小楼，门前牌子挂着沈阳市住房制度改革办公室，找到主任室，我敲了敲门，"进来！"还是那个洪亮的声音。我怯生生地走进去，抬眼看到一位脸色黝黑、两眼放光、精力充沛的中年汉子，他就是副主任吴拴禄，他叫我坐下，给我倒了一杯水，开起玩笑来了，"你之前认识于局长啊？"

"不认识！"

"呵，胆子不小啊？为什么想来这儿啊？"

"想在这里实习，写好毕业论文。"

"你不是学金融的吗？是什么论文要来房产局？"

"我认为中国的银行业务今后会和房地产有很大的往来，比如香港地产商包玉刚收购九龙仓、李嘉诚收购和记黄埔，都离不开汇丰银行的帮助。"我不禁侃侃而谈起来，"再有，今天的日本银行业很发达，很多城市银行都成为了世界实力排名靠前的银行，它们的扩张都离不开房地产业的发展。而且，买房按揭肯定会在不远的将来从香港引入内地。我觉得我在房地产方面的知识十分欠缺，所以想补上这些缺失，写一篇有关银行按揭与房地产发展的毕业论文。"我滔滔不绝地把之前的想法一股脑儿地倒了出来。

吴拴禄听得愣住了，大概是没想到我一个没毕业的电大学生还有这样的思想。"小董，你很不错啊，你就在我这里实习吧，我这里是全沈阳市房产政策的热点，老百姓最关注的就是住房问题，怎么改革，这关乎社会稳定与发展。我还请了两位年长的房产政策专家在这里上班,沈阳市从建国后的房产政策他们都参与了,你可以向他们请教!还有什么要求吗?"

"能让我再带一名同学一起实习吗?"我问道,"学校规定毕业实习需要两个人一组;我又是学生会副主席,学校常常会有一些工作需要我去做,如果再来一个同学,学校有事儿的时候,这边也有人在,不耽误工作,您看行吗?"

吴拴禄赞许地看着我:"小伙子挺有出息啊!这个不难,不过,我得先向局长报告一下,你来上班时告诉你结果吧。"我高兴地直点头,告别吴拴禄就回了学校。

12. 房产局实习生

实习的事情落实下来,我盘算着得向团委伍书记汇报一下,让他给我点指导。

我来到团委办公室,跟书记说了到房产局做实习生的来龙去脉,他嘱咐到:"一个学生走出校门,去到社会单位,就得勤快,不怕脏不怕累,少说多做,不参与领导们的纷争,做好自己分内工作,知道不?"有了高参的指导,我知道该怎么做了。

寒假过后,我就开始了实习,全身心投入到房产局的工作中。每天最早第一个到岗,从里到外打扫卫生,然后叠报纸、收信件、送文件、做记录,中午和大家一起在食堂吃饭。因为房产局是个大院子,各个科室年轻人往来频繁,有中午下棋的,有班后打扑克的,有一起在院子里健身的,我在这个其乐融融的院子里结识了后来对我事业有巨大帮助的崔昆和王伟斌,以及当时房产局的明星人物、我的主管领导吴拴禄。

在房产局实习,房产方面的书籍很多,我可以到局内图书室阅览,查阅资料。办公室订阅了《中国房地产报》《中国建设报》,还有很多专业杂志。当时,市房产局的规模很小,主要负责盖房子、维修房子、供热供暖、房产交易,商业地产的概念也才刚刚有;还成立了住宅一公司、住宅二公司、房产经营公司等几家对外的单位,定向给机关、团体、大企业盖房子。我想象中的房地产市场化趋势在当时的房产局还没有人研究。我选的论文题目是《房地产按揭购买的可行性分析》。就以当时的沈阳市场为例，假定买一个五万元的单间住房，如果用按揭的形式购买，租金是否能还得起贷款利息？论文涉及房产改革、土地市场化、房产商品化、银行房地产业务的开办、个人征信评估、利率市场化等相关内容。我实习的单位正好对口，它对我了解房产改革、土地市场化、商品房交易提供了极大的便利性。

1992年的4月1日，沈阳市公布了住房制度改革方案（草案），一石激起千层浪，我们单位作为解释部门，几部电话都被打爆了。开始，主任、科员还耐心地接听，十天以后，谁都躲着电话走，实在受不了了。这时，我和同学蒋述就接上了这个工作，一人接听半个工作日，最后接电话接得头昏脑胀，累得饭都不想吃了。又过了十天，电话才消停下来。而我对当时的房地产业却有了更充分的了解。

这份实习工作，让我的房产行业常识获得突飞猛进的增长，领导和科员们也对我十分赞许。本来，实习生是没有任何收入的，但是，因为在不到一个月的时间里，我起早贪黑地上下班，打扫卫生，主动接受任何任务，内勤赵姐见状便悄悄向领导给我争取了一点补助，一个月五十元，那个时候普通科员们的收入才一百元，我这实习生拿得实在不低。

办公室里有两位退休返聘的老专家，他们是起草《沈阳市住房制度改革方案》的成员，我时常向他们请教问题，他们十分严谨，对整个沈阳市房产方面的历史沿革与政策如数家珍，他们对我的问题回答总是耐心而细致，生怕我听不懂。有一次，马专家还特意回家写了一份我提出的问题资料，因为，没有一本书能够完整表述那个问题，令我十分感动。

在房产局的岁月是极其开心的，我的努力工作得到了大家的认可，当有一天，我提出了我即将离开这待了四个月的房产局时，一把手滕主任、二把手吴主任就把我叫到了主任室，滕主任说："你来这里四个月了，工作表现大家都看到了，我们十分满意，你毕业后怎么打算的？"

"我准备听从学校分配，应该是去银行工作。"（那时，我已经知道以我毕业的综合分和学校职务的加分，我会去沈阳合作银行。）

"你没有想过留在房产局工作吗？留在我这个办公室上班？"吴主任亲切地说，"小董，我和滕主任都看好你，科员们也不愿意让你走，我和老滕给你申请了公务员指标，如果你愿意留下来，我们就是一家人了。"

听罢，我激动万分，自己的努力获得别人的认可无疑是最大的奖赏，可是我却不知如何回应，想了想，说："感谢领导和同志们认可，但是这么大的事情能让我回家和父母商量一下吗？"

"好的，这是人生的大事情，需要和父母商量，你尽快给我回信，指标很紧张。"滕主任补充说。

我走出房产局，回身在大院外注视着，这座曾经看上去十分神秘的大院子，今天竟如此亲切，在里面我认识了很多可爱的人，学习到了我想要的房地产知识，增长了工作技能，如今还有这么好的别人求之不得的机会，我将何去何从？

13. 工作抉择

回到电大团委我就去找伍书记商量，也找到了学生处负责分配的孟处长，在我心目中，这两位是智慧型的领导。他们给我分析了利弊，最后说："从专业讲，银行是你对口单位，你学金融的，还是应该去银行上班。况且，现在大学生能够找到对口的单位很少，今年沈阳合作银行给我们学校十几个指标，你肯定能去。"

回到家，父母找来姑姑一起帮我分析，姑姑说："小哲，你读金融班，不就是想去银行工作吗？怎么又想去房产局了？荒废了专业多可惜，另外，我和你姑父都在省行工作，你表姐在交行工作，去了银行，我们都能关照你啊。"

的确，相对于房地产来说，金融行业对我的吸引力更大，于是，我决定还是去银行，只是就得辜负房产局两位领导的期望了。

磨蹭了好几天，我终于下定决心去房产局正式向主任和科员们辞行。那一天，我独自来到房改办，说明来意，吴拴禄听到我谢绝了他们的好意，神情有些黯然，随即他对全体成员宣布："今晚下班都留下，咱们给小董践行！"当晚，办公室两辆车出动，一起前往一家大酒店，大家推杯换盏喝得不亦乐乎，正喝得热闹，一个科员说："小董啊，拿到公务员指标多不容易啊，还是留下吧，看咱们多开心。"其他人也纷纷响应，我忍不住留下了眼泪，这里的

第一章 大学生活 035

同事们都是像亲兄弟那样待我,从未因为我是个乳臭未干的外人而为难我。两位主任也喝多了,握着我的手说:"小董啊,以后得常来看我们啊!"那晚,我喝得酩酊大醉,不省人事,被司机小张送回家。一年后,见到他,他还开玩笑说,你可是欠我一次洗车费啊,那晚吐了我一车啊。

四个月后,1992年的10月,我正在银行上班,一个电话打到处里,是吴拴禄打来的,他说:"我已经离开房产局了,现在正组建南方证券房地产公司,当董事长,你愿意过来帮我吗?工资年薪五万。我在房产局就看好你,找了很多人才找到你的电话,快把传呼号给我,你考虑一下,再联系我。"那时,我刚刚上班才两个月,每个月工资一百三十元,听到这待遇不免心动,我连忙回答说:"好的,吴大哥,那我先过去看看您吧。"我们约定了一个午后,我来到了已经被称为吴董事长的办公室,这里与他原先在房产局的办公室相比,简直不可同日而语,大班台、老板椅、酒柜、长沙发,还有漂亮的女秘书,楼下则停着价值一百万的座驾——一台超豪华林肯轿车,他抽着中华烟,对我大讲他的规划,以及南方证券公司的实力。"小董,我这里刚刚组建,缺少优秀可靠的人才,你过来干吧!三年内分一套房子,三年后年薪二十万,怎么样?"我想了想,回答说:"吴大哥,您对我太好了,只是,我还是一个刚刚毕业的学生,啥也不会,肯定会耽误事儿的,要不您等我在银行再锻炼一年,到时候如果您还需要我,我再来帮忙。"吴拴禄听明白了,这是推辞啊,哈哈一笑,"错过了这个村,可没这个店了啊!"我还是坚持了我的决定,心里却也感激他对我的认可,又听他聊了会儿未来愿景,方才离开。

就这样,我和吴拴禄擦肩而过,未来路上却成了亦师亦友的存在。当年,吴拴禄在房产局就是一面风风火火的改革旗帜,他到哪里,哪里就一片欣欣向荣,因而难免招人妒忌;机关里人事斗争又十分激烈,他愤而甩袖离去,开创了新的事业。他对我的影响很大,曾经数次和我聊起他的朋友圈,聊起如何在全国大城市的房产局中构建庞大的关系网。记得在房产局实习时,我就从司机小张的口中,听到很多关于全国各地房产界的人与吴哥打交道的故事,他是个赫赫有名的人物啊,而他对我这个实习生又批准五十元补助,又要来公务员指标,又让全办公室为我举办欢送酒会,人离开了,又不忘记给年轻人机会,这样的领导和大哥实属难得,难怪他的朋友遍天下。后来,他有饭局就喊我过去，他一直很看好我，说有机会一起大干一场。再后来就没了音信，我听房产局的朋友说，吴大哥从南方证券房地产公司离开了，南方证券破产重组，再往后，我们失去了联系。

而我的论文也因为在房产局实习的缘故，获取的一线资料是最齐全的，而同时经济系副主任王大义老师也给我帮了大忙，大义主任是宏观经济研究生毕业，是货真价实的很有理论水平的教授。我在房产局四个月里，先后手写了五万字的资料，又用了一个月写成了毕业论文。6月的毕业论文答辩时，我的论文成了经济系的范文，由王大义教授亲自主持，还让我在大礼堂向全体经济系毕业生宣读了部分章节，同学们都赞叹不已。

我的大学生活即将完美谢幕的时候，另外一场关于我入党的争议正在激烈的讨论中，我这样的学生是电大培养的目标吗？参与太多的社会实践活动是不是影响学业和学校荣誉？关于我的问题已经到了组织部长、党委副书记和校长的层面，直到离开学校前夜，组织部长谭惠玲老师才找到我，向我做了通报，我开始履行各种手续，加入了中国共产党，这是我校在89风波后的第一批学生党员，名额极其珍贵，所幸校领导们在激烈的争议中最后肯定了我在电大是做出巨大贡献的。

毕业后八年，2000年9月，沈阳电大四十周年校庆大会上，我有幸代表普通班的毕业学生发言。2005年，学校成立普通班第一届校友会，我被光荣推举为首届校友会会长。我也在2004—2006年成立了电大海融奖学金项目，由我们海融集团出资五十万元，资助五十名大学生完成学业。

我因电大而成长，那里是我人生的起点，我也希望这些学生也能在我的母校茁壮成长。我喜欢赚钱，不是因为钱本身，而是利用赚钱的能力每每可以获得成功的喜悦，实现自己的人生理想。而能用赚来的钱帮助我的学弟学妹，助他们达成愿望，更是我内心最大的开心。许多年以后，这些同学里不少人事业有成，也有的人来找我，要与我一起打拼，当叫我一声"师傅"的时候，我内心感慨万千，仿佛又回到了那个激情燃烧的大学时代。

14. 经济好望角

大学期间，为了进一步深入理解金融专业各项课程，我组建了一个兴趣小组"经济好望角"。我们分工明确，主要是搜集当下的经济资料进行分析，每周活动一次，活动内容包括读剪报、走访校外单位和拜访毕业的电大校友。我记得我们去了我姑父的单位辽宁省外汇管理局，还去了辽宁省科协、沈阳电子产品市场三好街、服装集散地五爱市场……考察学习回来还要写分析报告。小组还要求每名同学每月读一本商业书籍并写出读后感再相互交流。如此这般，由于学生时期对国内外经济情况的持续热情，毕业后兴趣小组的组员们都很快在工作岗位上成绩斐然，而在我后来的经济生活中，他们也都起到了重要的作用。

组员一共六人，组员吴勇，毕业后到了外贸信托证券公司上班，我们一起合作过国库券现货交易，我经商多年他始终是我鼎力支持的益友。

组员伦子，家境条件艰苦，为人实在又好学，一直是我的得力干将。毕业后分到住房公积金中心，我创业之时，他停薪留职助我一年，介绍我认识了他中心的领导于清河，于清河曾经是沈阳驻澳洲办事处主任，他又介绍了我感恩一生的地产引路人李文革。自1998年认识李文革后，我开始从事房地产行业，一路干到2013年，成就了我真正的人生辉煌。

李文革又给我引见了李景波，原主管外经贸副省长的秘书，后来在国家开发银行辽宁省分行当行长，我经常去他的单位向其讨教金融问题，每每聊完都仿佛世界给我打开了一扇大门。

组员李力勇，大一曾经怀揣"五十元巨款"，在我拍卖买卡拉OK机时，毫不犹豫地借我五十元，完成了那次交易。

组员蒋述，一起与我在房产局实习，话不多，活儿漂亮，毕业后分到东北制药厂工作。

组员杨文军，鬼马精灵，总有些奇特的想法，是我社会实践的积极分子，毕业后一直从事保险行业。

在20世纪90年代初期，很多地方开始发行内部股票，"经济好望角"的组员们开始有了用武之地，我们分头搜集相关情报，准备一试身手。

1989年，沈阳发行了金杯股票，却没人买，因为这些没有上市的股票不能交易所以并不值钱，相当于企业债券。股票持有人想换钱就得找银行门前的证券炒爷。

1991年12月上海与深圳分别成立了证券交易所，其中著名的上海八只、深圳五只股票终于可以交易了。而诸如沈阳这样的大城市就只能从发行基金开始。辽宁省内，工农中建省级银行分别成立各自的信托投资公司，省政府也成立了辽宁省国际信托投资公司，到沈阳市层面则分别成立沈阳字头的信托类、证券类公司，一时间，各大信托、各大证券如雨后春笋般建立起来，其主要工作就是发行基金、开办股票交易营业部，对接上海、深圳交易所，办理股票经纪业务。

而实力雄厚的信托投资公司陆续发行自己的基金，扩充资本实力，如通发、富民、兴沈、农信基金。同时，发行单位参照股票模式，每股一元，但是还得先花十元买一张认购证，一张认购证允许认购基金一千股。人们要炒基金就得先买认购证，可是额度有限，人们便又开始炒认购证。我们兴趣小组的金融实践活动就从这里开始了。

从1991年的年底，到1992年7月我毕业离开学校的时间里，沈阳当地有五家信托公司发行了基金，每次发行时间间隔一个月，并在沈阳的太原街金城胡同形成了一条炒股街，我们小组就总在那里活动。

第一次发行基金，我们没赶上，听说十元的认购证已被炒到了一百元，第二次发行基金，听说深圳回来一批大户，在深圳赚了一笔，要炒认购证，我们小组商量后，决定去排队买认购证，每张十元，每人买两张。在太原街排了两个小时后，我们终于买到了人生第一份金融产品，拿到认购证的时候，我们都非常激动。看见我们买到了认购证，当场就有人立刻出价要五十至六十元收购。我们决定不卖，等明天去金城胡同看看再说。

次日，金城胡同，人满为患，昨天的认购证在这里的交易金额已经是一百元以上了，我拿出一张昨天买的认购证，假装很熟稔的样子去问旁边转悠着的庄家，"我有认购证，要吗？"那人将信将疑地看着我，"你有？要啊！""多少钱收？""一百！""好，成交！"我说完，小心翼翼地从内衣口袋里拿出一张认购证递给他，他认真看了看，随即从挎包里掏出一个塑料袋，我瞥了一眼，里面都是十元和五元的大票子。他很熟练地点了十张大团结给我，我接过来，内心掩饰不住的喜悦，就这样结束了？我不敢相信地将十张大团结塞进内衣口袋，一边三步并作两步逃一般地挤出人群，一边琢磨，没想到，这么容易就赚了九十块，这可比我挨家挨户卖零食、摆摊儿卖鞋可挣得快多了啊！如果可以再多买些认购证，不就发财了吗？

第二天，我像着了迷似的来到金城胡同，今天，这里的人更多了。我一打听，昨天卖的认购证今天已经叫到一百五十元收，一百六十元卖了，看来我卖早了，相当于损失了五十元！真是太刺激了！说明还是经验不足，我们得继续研究这里面的门道。

那时候，整条街都在卖证券方面的书籍和报纸，上面登载着很多上海、深圳方面的最新信息，那些炒家几乎人手一份。我也买了几本书和一份报纸回家苦读，平时没事就去市场观察，渐渐地我就找到了一些规律。比如，市场人气旺盛的时候，无论股票、基金还是认购证价格都很高，一旦市场传来整顿、打击倒买倒卖的声音，人流稀少，各类证券产品的价格就低……

又一日，我看到1992年1月登载在《华商时报》的两则股市妙法：

> 我行我素法——股市行情千变万化，股市信息真真假假。不妨当别人为买股票疲于奔命时，你静观其变；当别人大量抛售，避之若祸时，你又收进一点，这凡是股市中有建树人的做法。不变应万变法——股市行情走势往往"此起彼伏"，追涨者疲于奔命，却常常无利可得。投资者不如选择涨幅小、或者尚未调整价位的股票持有，等到其他股票涨高了，自然会有主力发现这种未动股票的潜力。

这不就是炒股的秘笈嘛？我如获至宝，迫不及待地将这两句话小心翼翼地从报纸上剪下来，压在我写字台的玻璃板底下。事实证明，当时我这个举动是多么英明，在后来从1991年12月购买二十元的认购证开始，一直到1995年从股市、债券上获利一百万元全身而退，这张字条，就是我成功背后的秘密。

15. 组团炒基金认购证

1992年3月，春暖花开的时候，又传来一家信托公司要卖认购证，这次，我十分熟练地带领十个同学半夜就去排队。那时，两张认购证已经可以卖到三百元了。我分给排队的每个同学二十元买认购证，第二天只要买到证的，每人支付五十元的报酬。有这么好的事谁不干呢？所以经济系的同学都十分踊跃。

这次，我感受到了比一个月前更加汹涌的抢购热潮。那天，从凌晨开始就陆续有人排队了，早上6点，人潮涌动，警察都不得不出动来维持治安，8点开卖的时候，证券公司门前已经被挤得水泄不通了。好在我们是半夜就进场的，属于队伍的前一百人之列，不管怎么拥挤，我们还是稳住了阵脚。不到9点，我们就都买到了认购证，一共二十张，花了两百元。经过半宿的紧张、挨冻、挨饿，大家都疲惫不堪了，同学们把证交给我就回家睡觉去了。

这些证，每张成本是十元加五十元劳务费一共六十元，我预计至少可以在一百元的价位上卖掉，每张我可以挣四十元，但是我还要等几天看看行情。

后面的几天，我每天在金城胡同走动，陆续以一百元、一百一十元、一百二十元的价钱卖掉一批，支付了同学们的排队报酬。那时，五十元也是一笔大钱，我们平时在校外饭店聚餐喝酒，四个人能花二十元，就已经是很奢侈的饭菜了。这件事很快就在学校里传开了，越来越多人来找我，希望带他们一起干。

当年5月，沈阳市最后一次发行认购证，我决定大干一场。我把想法说给伍书记听，并十分肯定地说，这次应该是最后一次发行认购证了，这个买卖只能赚钱，不会亏钱，我想发动电大同学，尤其是学生会干部们干一把。伍书记哈哈一笑，"电大同学都和你排队炒股票去了，你觉得校长能干吗？就算是赚钱的好事，对学校的名声也不好听啊！你还是小规模找一些毕业班的同学去，不能大张旗鼓地说是学校活动，否则好事变坏事，你就干不成了！"

听了伍书记的话，我只好秘密挑选了三十人，通知他们集中到班里开会。等人齐了，我开始宣布排队策略："所有人前一天晚上7点到交行证券公司售券窗口集合；带军大衣、面包、水壶、巧克力、板凳、风油精、手纸……每四个人一个小队，互相照应，绝不能被挤出队伍；第二天早上，由文军负责将半夜用的军大衣、板凳、水壶等东西收走；6点，给每人送一袋包子和一瓶水，7点前不能再上厕所。"接下来，又宣布了买卖规则："如果你们自己出钱二十元，最后利润归自己，但是，当天不管黄牛收购多少钱，决不能私自交易，三天后我带领大家去金城胡同统一卖；没有钱的，到我这里领取二十元，参加排队并且买到的给五十元劳务费。大家听懂了就散场！"这当中，有人愿意出本钱，赌个大的；有人不愿冒险，只赚看得见的钱，这都无可厚非，这也是金融市场不同人对钱的不同认知。

激动人心的时候到来了，我们三十人晚上7点陆续集合到指定地点，大家四人一组排好队形。我看见现场中，我们还不是最早的，有下午就来的、也有雇佣民工排队的、也有全家上阵的、也有单位集体来的，很多金城胡同的大炒家每个人都雇佣了十多个民工排队。

当晚8点，这里已经聚集了五百人，我们前面估计有两百人，如果正常排队，肯定是能够买到的，就怕队形乱了发生挤踏事件，那就全完了，我一再嘱咐大家不要慌，稳住！

夜里，我们迷迷糊糊地也不敢睡着，穿着军大衣还感觉冷，没带棉帽子是失策了。这时，卖面包和水的小贩上来了，我定睛一看，他们中竟还有出租羽绒服的！

第二天早上6点，队伍已经排出了几条街，最少也在一千人以上，早上才想到来排队的人看到这个阵势，后悔得直跳脚，摇摇头走了。大批的警察和保安开始上来维持秩序，每十米一个警察加一个保安，防止插队和打架。我们负责服务的文军开始给大家送包子，并取走军大衣、板凳这些东西，他跑了十来个来回才算干完，旁边排队的人都羡慕不已，问我们："你们是哪儿的？怎么来这么多人？"我说："我们是附近广播电视大学的应届毕业生，到这里体验生活的。"对方又说："这体验生活还能赚大钱，你们学校领导太厉害了！"我笑笑并不作答。

8点，窗口准时打开了，队伍骚动起来，人群中有人大喊："别插队！""别挤了！""保持队形，紧紧抱住前面人的腰……"我也喊道。警察们挥舞着警棍在队伍前后警告那些想浑水摸鱼的加塞者。

我感受到人们对于财富的渴望是那样的急切啊，因为大家都知道，只要买到一张，立刻会有人出价一百元收走，两张认购证就净赚一百八十元，这在当时也算是很大一笔财富了。我发现维持秩序的警察、保安们看我们的眼神也都有些矛盾而怪异，是啊，他们累死累活的，看着这些人发财，心里一定不是滋味吧。

终于，电大的队伍接近了窗口，我看到第一个买完证的张伟手里举起蓝色的卡片向我示意，我冲他点点头。紧接着是伦子，再后面都是我们的人，我悬着的心一直到我最后买完才总算放下来。我们一起集合到不远处一棵大树下，个个如打赢一场战役般喜气洋洋。我让大家都回家休息，三天后回89金融班开会，研究卖证事宜。

买完这批证的第二天我去看望了在省农行信托公司工作的姑姑，她是副总，我知道每张认购证可以认购一千元基金，那么，我要继续买基金吗？这个问题可以咨询她。我姑姑一见我就说："我听你爸说，你带领一帮同学排一宿队买认购证，怎么不跟姑姑说呢？"说着她就从抽屉里拿出两张她公司的认购证给我，我知道这两张证在黑市上每张价值两百元，但在她眼中，这两张证只值二十元，由于职位的关系，姑姑有五十张认购证，是行里给她用于和金融界同行交换打点关系的，所以给我两张对她来说是很轻松的事儿。同样的，发行基金的公司都有一批给关系户的认购证，但是，当时基金的价值还不被众多所谓金融机构的上层人士认可，他们更看不起像我这种炒作认购证的小商小贩。但是，恰恰是我们这批先知先觉的人，后来都成为了最先赚到股票第一桶金的那拨人。

我姑姑又说："你要是认购基金呢，买工行、建行、农行的，本金肯定没有风险，利息也比银行高不少。"

"好的，谢谢姑姑，我回去了。"

16. 父亲借"巨款"

从姑姑这里离开，我就去实习的房产局上班去了，中午的时候我和同事们讲了带领同学们买认购证的事情，他们像看外星人一样看着我，"没想到你还有这么大本事？"这时，办公室王哥插嘴说，"吴主任昨天说别人送给他十张交行的认购证，是不是你排队买的那种？"我一惊，难道我们费尽心血购买的证，领导们这么轻而易举就拿到了吗？我得问问吴拴禄。

下午，我敲响了吴拴禄的办公室的门，他一见我诧异地问道："找我有事吗？""主任，我听王哥说，昨天有人送你十张交行认购证，对吗？"我上来就问。

"是啊，有什么用吗？听说，还得拿一万元认购基金这十张证才管用，是不是银行拉存款呢？你还知道有什么信息吗？"

"主任啊，我讲讲这段时间炒认购证的经历吧，这可是宝贝，您可得重视。"随后我讲了一下目前市场的认购证价值，也讲了如何整夜排队付出巨大心血才可以一人认购两张的事情。

他大吃一惊，"我上午还送了别人五张呢，根本没当回事呀。我现在就打电话再要十张。"说完他就拿起电话，"张行长，你再给我弄十张你行的认购证行吗？我这边有人跟我要啊。"

只听电话那头说，"哪还有了啊，现在黑市两百元一张，我都后悔自己没留，全给朋友了。"

"这么抢手？嘿！我也是刚知道！"

吴主任打开抽屉拿出剩下的五张证，取出一张递给我，"这是送你的，感谢今天告诉我这个信息，剩下的我都认购基金，尝试一下玩股票的滋味。"我没有拒绝，因为我太知道每一张认购证在金城胡同的价值了。

三天后，买证的同学们就聚集到我们班上，大家好像都已经发财的样子，异常兴奋。确实，他们每个人手里攥着的认购证就是一笔大钱，只等我发布号令，就能变成真正的人民币。我还知道其实很多人可能连想怎么花这笔钱都计划好了。我跟大家说，这段时间的市场价位是一百五十元，愿意卖的可以卖一张，也可以都卖，我预计十天后价位会到二百元，也可能会跌到一百五十元，大家自己决定。

接着，我们一大群人骑着车浩浩荡荡地来到金城胡同，我找到一位熟悉的庄家，一次性将一批认购证卖给了他，同学们都各自拿钱走了。

后来，我听说，"发了财"的同学们喝酒、买新衣服、带对象去玩耍、买电子产品，都着实潇洒了一番。

我则在此次炒证中获利千元，在金城胡同也混个脸熟。然而，认购证的寿命只有一个月，到期必须认购基金，我手里还有五张，如果要买基金就需要五千元巨款，怎么办？经过深思熟虑，我决定向老爸借款，我要体会一下完整的股票交易过程。老爸知道我最近除了在房产局实习，就是跑黑市买卖券，还迷恋各种股票书籍看到半夜。当晚，我说了自己的想法，老爸非常支持。

第二天，他取出五千元交给我，慎重地说："这是给你炒股票的本钱，我攒了很久的，不过你这事儿我必须支持，要是赔光了，就当是一笔昂贵的学费吧。"我安慰他说："不会的，我肯定会赚回来的。"

手里有了自己的盈利一千元和老爸的五千元，我又开始了炒作基金的征程。当时，在那批和我一起买证的同学里，继续认购基金的只有我一个。我只用了一个星期，用五千元分别认购不同公司的基金，并逐渐掌握了价格起落的规律，我把一张工行的一千元基金，以一千九百元的价格卖掉，然后一千二百元再买回来，盈利七百元，我发现这可比炒认购证过瘾多了。小试牛刀后，我又反复试了两次，五张证还在手上，通过炒基金盈利了两千余元。到七月底的一天，上海股市创了新高，沈阳金城胡同市场人气也最旺之时，我将手中五张认购证的基金以两倍的价格全部抛掉，一次性获利五千元，这可把陪我去当保镖的李建吓坏了，一万元现金，都是十元的票子，就是数也得数一段时间啊。我们在胡同里来回操作，这里三层外三层的人也不知道有谁会注意我们，我心惊胆战的，生怕被坏人打劫了。拿到所有钱款，我们跟逃犯似的迅速"逃离现场"，出了胡同拦了一辆出租车就扬长而去。

现在，我手里有一万三千元，扣除老爸的五千元本钱，我自己有了八千多元炒股所得。这笔巨款让我成为了电大学生中的首富了。

接下来就是花钱了，我一直为炒股时信息沟通不畅而烦恼，现在我可以为自己家里安部电话了。那时候电话普及率非常低，我班四十六名同学，家里有电话的只有五人，都是单位给领导干部家安的。我和老爸商量，花了两千五百元，找了电话局关系很快就装好了一部电话。同时，我一直喜欢音响，一到电器商场，看到那些日本音响就走不动道了，于是，我兴高采烈地花了五千五百元巨款买了一台日本爱娃音响，一到周末的晚上，就邀请同学来我家享受音乐带来的无穷魅力。

完成了这两件花钱的大事，炒股的利润也变成了一部电话和一台音响。我跟老爸说："您的五千元还在这里呢，您拿去吧！"老爸却笑了，"不用还了，我再给你五千元，凑个一万，你就继续折腾吧！"

第二章

入职银行

1. 入行培训

　　1992年的夏天对毕业班的同学们来说是一段令人焦虑的时光，决定个人命运的毕业分配正在紧锣密鼓地进行着。分配的方向有三条路：一是毕业包分配，学校学生处根据指标将工作岗位分给各班，各班根据三年大学生活分数大排名，由高分同学先选好单位，这样，后面的同学就几乎没什么好地方了。第二种，是用人单位到学校招聘，看中哪个同学，双方谈条件，都同意的话，就可以到学生处办理交接手续。第三种，自己找工作，这类同学一般家里都有比较硬的关系，早在一年前都有了目标单位，对学校的分配视而不见。

　　我属于各方面都非常优秀的学生干部，班级排名第一，尽管很多来校招聘的单位都找过我，但我还是属意由沈阳市政府管辖的沈阳合作银行，虽然这是在当时工农中建交五大国有行之外的一个地方小银行，1987年从工商银行十八家信用社合并而来的，主要服务私营与个体企业，在银行系统内也不受重视，但它毕竟是金融机构，对口的专业。

　　那年，合作银行给我校十五个名额，我们班就拿到八个，我如愿以偿地被分到了这家银行。离开奋斗三年的大学生活，我有些恋恋不舍，然而心中对外面的世界却充满憧憬，我迫不及待地想看看，我在学生时代的所学所做，能否在更广阔的天地里一展身手。

　　1992年9月，我二十一岁，与四十多名毕业新生到了沈阳合作银行报到。沈阳合作银行总部位于和平区十一纬路，与区委区政府紧邻，这里离我母校非常近，离我实习的市房产局更近，都是自行车十分钟路程。

　　我们电大十五名同学聚在一起，一片欢声笑语，其他学校的人数少，他们看上去略微有些紧张。新员工在四楼会议室集合，由人事处于军处长讲话，介绍银行情况，然后委派人事处文杰干事作为总负责人，她将带领我们进行一个月的岗前培训。她点完名，又指定了两个班长，一个是大我三岁的王哲军，毕业于沈阳大学，另一个就是我，据说之所以选择我和哲军是因为在这批新员工中，只有我俩是预备党员。

接下来的一个月，是我们既快乐又忧虑的一个时期。我们这批新员工除了电大，还有沈阳大学、沈阳财经学院、辽宁大学以及外地大学回来的毕业生，我们被安排在沈河区一家支行里，四十多人每天在一起学习点钞、打算盘、记账本、写支票等业务，大家都是年轻人，很快就熟悉起来，说说笑笑十分快乐。

忧虑的是，培训结束将面临岗位分配，这又是决定前程的事。银行里面的工作有出纳、会计、结算、信贷、计划、稽核、人事、办公室、团委、党办、工会、后勤等，层级上还有总行、支行、储蓄所。分到哪里去，这太重要了。有关系的人早已经开始运筹了，最好是留总行，干信贷与计划，谁也不愿意去柜台当出纳与会计。

培训班结业，决定前程的一天到来了，总行四楼会议室拥挤不堪，用人单位坐后面，前面是我们等待分配的内心惴惴不安的新员工。人事处于处长亲自宣读人员去向名单，然后各用人单位派人到前面领人。留在总行信贷处的四个同学一听到自己的名字就高兴地从椅子上蹦起来，脸上那个神气劲头就别提了。派到各个支行的员工还不知道自己会分到什么岗位，后面还得由支行行长分派。

会议室里的人越来越少，王哲军和我电大同班的唐迪被办公室汪阳副主任领走了，最后就剩下我一个人，于军处长收起名册，走到后面和一位来领人的支行行长聊着什么事情，我一个人呆呆地坐着，心里忐忑不安，脑袋里像过电影一样快速检索这个月自己的表现，暗自思忖，"没什么大问题啊！文杰干事对我评价很高，这什么情况啊？"不一会儿，下面的支行行长走了，于军处长和文杰干事相视一笑，走过来，"担心了吧？董玉哲同学？之前啊，我让文杰好好为人事处物色一位大学生，她推荐了你，走吧，你被分到人事处了。""吁……"我长长吐出一口气，悬着的心终于放了下来。

那天，有十名新员工被留在了总行，其他人都派去支行工作，前途未卜。留在总行的让人羡慕不已，干信贷与计划的更被人高看一等。我虽然和王哲军、唐迪留在了非专业口，但我们工作在三楼，与总行各个分管行长同在一层，抬头不见低头见，这是当时这家有八百人的机构中最令人羡慕的地方。

人事处的于处和丛副处长都是过去沈阳市工行的干部，因为组建合作银行调过来，专业能力和人脉都很强，所以在总行与支行领导中有足够的威望，我在人事处工作也更加有底气了。

2. 烤鸭大餐

分到合作银行的与我同班的八名同学，从大学三年同班，再到一起分到同一家银行，随后去到行里各地，也算分开了，因此我们一早就约定八个人分配工作后的第一个星期天去吃顿分手饭。

我们的分手饭最终选定在总行对面的北京烤鸭店，那里是合作行总行领导们常去的地方，早就听人说，烤鸭超级好吃，但价钱也是超级贵。因为上学以来我是学校首富，于是就自告奋勇说要请客，老信便嘱咐我多带点钱备着，因为谁也没去过那家烤鸭店，谁知道要花多少钱啊！

那天中午 11:00，我们一行人聚在烤鸭店门口，老信说："玉哲，你是自己请客还是大家分摊，如果是分摊，我们就找一家便宜点的地方，我身上的钱不够。"我一拍胸脯："我请客，你们不都知道我炒股票赚了吗？"我拿出钱包，里面鼓鼓的装满了"大团结"，我拿出来递给老信数数看，他一掂量，"有一千吧？""对了，一千元，还有啥不敢吃的？"众人大笑起来，"走走，快进去，今天好好吃一顿这烤鸭。每次路过，这味道都把人馋死了！"

我们八人是同窗三年的同学，尽管我带着大家一路参加社会实践赚了些钱，但花钱还是非常节省的，平日里哪敢到这种消费昂贵的大饭店吃饭喝酒呢！

那时，我也是馋烤鸭很久了，还憋了一股子劲儿得带同学们潇洒一下，过过当"大哥"的瘾。

菜单上来了，一份烤鸭十五块，一份炒菜十几块，兜里有钱，看着这价儿，也不觉得有那么贵了。老信说："我先给大家点两份烤鸭，每个人再点一个菜，雪花啤酒上一箱。"我接上话茬："今天咱兄弟们开怀畅饮，烤鸭多吃，买单的钱我带足了，以后哥几个虽在一个银行，聚在一起也不容易，咱们得相互照应，互通有无，熬了三年大学，我们终于可以上班挣钱了啊！"

"是啊，这三年尽向家里要钱了，实在张不开嘴了。下个月，就可以发工资了，也不知道工资多少钱。"

"我的第一个月工资都想好了，给我妈买个手镯，还有我弟弟今后每月给他二十元。"同学们一边吃着，一边聊。

这烤鸭名不虚传，的确太好吃了，上来两份很快就见底了。强子身高马大的，特别能吃，看看我说："再点两份吧？""行，再上两份烤鸭！"我答应一声儿，招呼服务员上菜。众人吃得兴起，炒菜也不断增加，足吃了两个小时，我们互相看看，个个是吃得油光粉面，直打饱嗝，嘴里说着："太过瘾了！咱走吧，坐不住了啊。"

最后一结账，一百七十元！这应该是我们这些人出生以来吃得最贵的馆子，兄弟们终生难忘的一顿烤鸭大餐，后来的许多年后，每次被提起，依然是津津乐道！

而我一顿饭花了一百七十元是决不能让父母知道的，我爸绝对和我翻脸，说不定还会把他给我的一万元炒股基金收回去。

一个月后，我拿到了第一个月的工资袋，里面一张长长的工资条，有若干科目，我只有基本工资＋午餐补助两项，合计一百二十元。

我拿着十二张大团结，想着这是上了一个月的班，起早贪黑的报酬，可是我那天请吃烤鸭就花了一百七十元，这么一算简直就是一个疯狂的壮举。我暗暗决定，绝不能靠工资生存，还得重操旧业炒股票，只有在股市上才能致富，得过上吃烤鸭不眨眼的日子！

3. 崭露头角

我能到银行人事处上班，父母十分高兴，觉得那是接触领导最多的地方，今后一定会前程似锦。我从上班第一天起，就照着在房产局实习的经验，每天早上7点就从家里出发，7:30到办公室，开始打扫两个办公室和走廊，接着是整理报纸、文件、信函；再把开水给大家倒好，该沏茶的也沏好。等大家都到了，我再和办公室的张姐一起把所有饭盒送去茶水房，中午再取回来。

同事们看我腿脚麻利，习惯了，有啥事儿都叫我，于处长也连连赞叹："这小董，眼里全是活儿！"

处里给我分配了一个师傅叫崔敬，是一位三十五岁的营职军转干部，他的职务是干部科科长。师傅常常带着我和于处长一起到下面支行考评支行的行级干部，有要提拔的、有犯错误惩罚的、有班子建设的，因为于处有升降大权，因此连带各支行同事对我们都敬畏三分。我和师傅就在旁边做记录，回去再在师傅指导下写报告。我很快掌握了写考评的方法，不久各支行长的考评报告就由我一个人写了。

我还有一项工作是为银行里具备评定高级经济师职称条件的同志到市人民银行、北京央行提报材料，很快，这项业务也做得得心应手。

不久，我们处调来了一位我叫她"孟姐"的一个支行副行长，据说她是因为在工作中过于大胆创新，得罪了人，处长只能把她暂时调到总行人事处，等待再分配。

我和孟姐总是聊得特别投机，她给我讲了很多她当信贷行长时认识的贷款户的故事。那些客户大都是贫寒出身，从小就凭一己之力闯荡广东、福建等地，积累了经验和资金就去做服装、鞋帽、皮衣、电子产品这些批发生意，最后都发了大财。孟姐跟他们一起去南方考察后，回来心就活了，她大胆地放贷款给这些客户进货，这些人尝到甜头就都围拢在她身边，孟行长、孟行短，时间长了，年轻的孟姐也有些骄狂起来，行长看不惯她的趾高气昂，终于把她弄走了。

孟姐的视野开阔，分析经济形势一套一套的，我还记得她跟我说："世界上最赚钱的生意有三个：珠宝、金融和房地产。"她反复嘱咐我，"你得找机会离开人事处，这里学不到业务，你只有去做这三个行业中的任何一项，才能赚到大钱。"

四个月后，孟姐离职了，她自己谋到了刚刚成立的名叫远东证券营业部当上了总经理，后来，我抽空去她的单位交流股票信息时，看到她又如鱼得水般恢复了生机，一个风光无限的女强人形象再次出现在人们面前。她管理着一群年轻的帅哥美女们，每天巡视着大厅里黑压压的股民们，那真叫一个得意啊。

再后来到1993年6月,我调到合作行证券公司,并去了天津做国债交易员时,每次从天津回来我们都会小聚一次,说的最多的就是股票、融资的事情。而到1995年6月,我辞职创办典当行时,我已经在资金市场上玩出了经验,孟姐就开始和我做一些资金交易了,那是后话。

在人事处,我看着可怜的工资,不安分的心又开始动起来。我一边上班,一边开始琢磨重回股票基金市场,当时我手里有一点二万元,每天工作之余就将全部身心投入到炒股学习中。合作行总部楼里有个隐秘的地方,是爱好炒股的人们每天下班后的必去之处。因为我有一年的研究和炒基金的经验,我总能对当时的股票行情作出正确判断,一来二去,越来越多的人开始听我的意见炒买炒卖,我也更加努力,不仅研究股市书籍、搜寻信息,找寻其中的规律,K线图也自己画。每逢星期天,我照例去金城胡同观察企业内部股票的交易市场,和那些炒股大户交流信息,每天忙得不亦乐乎,感觉时间都不够用。

看到我在证券方面开始崭露头角,师傅崔敬对我说:"看来,我得和于处长好好说说,给你少安排些人事工作,你得去楼下证券部参与实战!"第二天,他就带着我去找于处长,一进处长办公室,便说:"这个小董很了不起,简直就是我行的'股神',只做人事工作可惜了啊!"

于处长让我们在沙发上坐下后说:"我也听信贷处的小姜说了,她说人事处新来的大学生很会炒股,原来是真的啊!"

"可不,我们这点工资,还赶不上人家小董一周的收入呢!"师傅立刻接上话茬。

"这么厉害?"处长眼睛一转,兴致勃勃地对我说,"那我们处里集资一笔钱,你给咱们炒股票得了。"

我正犹豫着,师傅拉拉我手说:"小董,赶紧表个态,这是为处里同志谋福利的好事。"

我想了想,严肃地回答:"处长,可以是可以,但是为大家炒,我压力很大,股市有风险,我自己的钱赔了可以,万一让大家也跟着赔,我就没法儿交代了!"

"没事儿,小董,你大胆干!"处长鼓励我。

"好吧，"我看处长热情高涨，便不再推辞，随即又对她提了个要求，"处长，那您得允许我上午上班时间可以去周边几个证券部多了解情况和股票信息。""好，我同意，证券是个新业务，我行目前还没有开展，你去那儿看看，顺便多学学，这对我们银行今后的发展也是有益的。"于处长爽快地答应了。

4. 集资炒股

第二天，于处长就把处里同事都召集到办公室，她说："听说最近大家都对炒股感兴趣，都开了股票账户；我还听说，我们处里有一个炒股高手小董，你们炒股有疑问都找他，是不？"大家连连点头称"是的，是的"，"那不如这样，"于处长接着说，"这炒股也不是什么坏事，但是我们都不擅长，既然小董擅长，那咱们就一起把钱给他，让他替大家炒，对小董的要求是保本，最好是能多赚钱。大家看怎么样？"

"好！好！"处里的同事本来就知道我炒股厉害，有人其实已经让我帮着炒了，处长一说更是正中下怀，大家马上开始给我转钱，次日，我的账户上就有了十万现金，其中我自己有两万，剩下八万是大家的集资。

从那天起，我的工作就被几位同事分担了，每周一到周五，上午9:00—11:00我是自由的，我游走在交行证券部、远东证券部、外贸信托证券部、人寿证券部这几个地方，因为那里都有我电大的校友和同学，办事十分方便。我白天注意打探消息，观察各个营业部的股民数量；晚上，我就研读相关书籍报刊忙到半夜。

在银行，我们的专业报纸是《金融时报》，这份报纸我一直十分喜欢，上面有很多金融知识和政策信息，可在银行却没人愿意读，因为专业文章太多，政策性太强，我倒是养成了每天必须读完这份报纸才睡觉的习惯，要知道中国股票价格的起落是始终受政策影响的。

一晃一个月过去了，一些同事开始关心我的股票业绩，我不动声色，只让他们等着。那时恰好有一波行情正在往下跌，很多人追涨杀跌，损失惨重。我一直持半仓，观察了已经一个月了，眼看着最低点即将来临，我观察到周边几个股票营业部几乎没有了股民，证券公司员工也都是垂头丧气。我一看，机会来了，当即决定立刻将剩下的五万元全额买进。我递上股票交易单，柜台的交易员也早跟我混熟了，他愣愣地瞅着我："小董，最近也没行情，股票还有进一步下跌的可能，要不要再等等？"

"我决定了，就今天买吧，这段时间我也就不过来了，你也知道我过去买的股票跌了不少，这回就平摊一下成本。"很快，我的交易完成了，比平时快了好几倍，以往股市好的时候，抢单、排队都很费劲，有时为了买只股票还得找熟人插队。

现在，我的资金全变成了股票，我也不再去证券所，只是耐心等待下一轮牛市的来临。同事们见我最近这段时间上午待在处里，对股市也不闻不问了，担心我是不是赔了，我笑笑，也不多说，让他们一个月后再看。

我又要回了同事们分走的一些工作，业余时间着手研究宏观政策与金融政策对股市的影响，我开始寻找银行内高水平的专家，当得知王永增副行长是资深的高级研究员，他的办公室正在我工作的人事处对面时，我便每周去向他请教一次关于中国金融发展的政策问题，他总能给我满意的答复。我将学到的政策解读再次比对当下股市的行情和未来走势，更加深信股票的大幅反弹马上就会到来。

终于，在顶着全处同事们的巨大压力下，股市迎来了报复性反弹，我走遍几家证券营业部，发现流失的股民又开始蜂拥而至，我在股指拉升最猛烈的几天，果断地陆续清仓了所有股票，我的账户显示出二十多万的现金余额。这场战役打赢了，同事们的集资款翻了一番，没参与集资的同事肠子都悔青了。

两个月时间，每个人的投资获益翻了一倍，于处出了两万，是最大受益者，同事们都非常开心，他们想让我继续代他们炒股，我却一再推辞，要求清退集资，我对大家说："股市嘛，见好就收，不可恋战。"众人这才作罢。而我自己最清楚原因是什么，这段时间我心里承受了巨大的压力，别人把钱交给你，想的只是赚钱，没有一个人愿意赔钱，尤其那是我国开展股票二级市场的初级阶段，人们对于股票交易的心理承受能力很差，但是股票作为金融产品的属性就决定了不可能有常胜将军，这每天的股票浮盈差不多就是我一年的工资收入，要是十万元真赔了，那我在行里肯定是待不下去了。

5. 论文大赛

我入职的沈阳合作银行自1987年成立，到1993年时已拥有员工八百多人，其中连续三年入职的大学生、中专生有四百多人，我们的一把手于文波行长只有三十八岁，极具开拓意识，加上银行年轻人占绝大多数，行里处处显得朝气蓬勃。

1993年初，我们银行成立了证券经营部，成立了海南房地产公司、成立了深圳与上海办事处，我师傅崔敬就常常跟着副行长王国夫去深圳、上海考察，他每次回来，我都会和秘书科科长马守义、马守义的徒弟王哲军一起去他家或马科长家小聚，畅谈南方的见闻，分析当时沈阳的经商机会。我们四人都有看书的爱好，每次聚会总离不开互相介绍一下最新书籍，不管谁买了新书，一定会在我们四个人中传阅。

一日，我们又聚在马科长家，酒过三巡，马科长对我和哲军说："我听说，行里马上要举办一次关于我行发展的论文大赛，这次于行长与永增行长都非常重视，想要通过这次比赛看看最近几年我行大学生的理论水平。你俩得要抓住这次机会啊。"我师傅也连连点头："是啊，你俩算是咱们行里出类拔萃的年轻人，也是我和你马哥的骄傲，赶明儿就去报名吧？""好！"我和哲军满口答应。我心中也是充满自信，觉得这是个发挥自己专长的好机会，我大学的毕业论文可是全经济系的范文啊。

很快，总行的论文大赛通告就下来了，要求参赛者十日内报名，一个月后交稿初评，两个月后评奖，最后还要开表彰大会。消息一出，全行大中专学历以上的员工全都争先恐后地报名，大家心里都明镜似的，这可是出人头地的好机会，万一被领导赏识了，那今后前程还用说吗？我自然也是毫不犹豫地报了名。

我又拿出了大学时代写论文的本事，首先是搜集资料，我将处里过期的《金融时报》和《辽宁金融》尽最大可能地往家里背；然后去书店，买下新出版的金融、银行类书籍；每晚8点，我准时开始阅读并剪报，杂志和书籍里有用的文章也做好书签标记。

我确定的论文题目是《沈阳合作银行的创新业务与未来发展》，其中包含两个层面：一是银行为什么要创新？哪些业务是新业务？它会带来多少利润？二是未来的银行是什么样子的？合作银行在社会生活中的角色是什么？

我用了十天将与上述内容有关的剪报和初筛的杂志书籍文章收集了厚厚的一沓，然后就开始了大量阅读，每晚看到凌晨两三点钟，第二天还要上班；到了星期天就整日坐在书桌前，废寝忘食地继续阅读。终于在阅读完大量的资料后，文章的轮廓出现了。我开始动笔，美国、日本的银行经验不能照抄照搬；香港的汇丰、恒生银行的做法不宜过早引入，那么能借鉴的就是深圳招行的一些创新办法，比如信用卡业务，这在当年我行还没有开展。还有就是当时崛起的浦发银行、广东发展银行、兴业银行这些股份制银行的业务亮点，像房产抵押、汽车抵押贷款。此外，我作为人事部门的工作人员，我也在论文中提及了关于人才招募与引进的方案，重点借鉴海尔企业，建议不拘一格选才用才，用人才带动新业务，让新业务创造银行的未来思路。

截稿的最后三天，我一气呵成完成了论文。期间我曾将第一稿交与师傅和马科长，他们分别提出了一些建议，最后一天的下午，我将凝聚我一个月心血的论文上交会审组。这次论文大赛，总共征集了四十五篇论文，行里各单位都指定最优秀的员工上阵，希望能为本部赢得荣誉。

一月后，总行办公室通知我第二天下午一点钟去四楼会议室参加论文答辩及表彰大会，并要我准备朗读论文，便再无其他任何信息。第二天，我来到会议室，看到了王永增副行长，他介绍了来自沈阳市人民银行政策研究部的李主任，这次评委组主要由总行行级领导和各处一把手共同组成，同时邀请了李主任对前五名的论文进行点评和担任答辩老师。我是五名答辩选手之一，轮到我了，有些紧张，但心里还是有底，毕竟这篇论文我下足了功夫的，因而，全程对答如流。

李主任问主持人，办公室的汪阳副主任，"这位小同志上班几年了？"

汪阳答道："半年。"

"哪里毕业的？"

"沈阳电大。"

李主任皱皱眉头，转问我，"这篇论文是你自己写的吗？"

我回答："是的，是我自己写的。"

"很好，你下周到人民银行来一趟，我要和你再聊聊。"我一愣，抬头看到坐在主席台的永增副行长向我点头示意，立刻明白了什么，连忙答应"好的，下周一定去"。

我一回身，只见我师傅向我竖起了大拇指，众人也是一片啧啧称叹，我心中暗喜，"这下拿第一是没跑了！"

这是个一百多人的会场，学术味道很浓，三个小时后，经过众评委的最后评定，设一等奖两名、二等奖三名、三等奖五名。我毫无争议地获得了一等奖，这下可把于处长、丛副处长、师傅崔敬还有马大哥都高兴坏了，他们纷纷上来为我祝贺，主持人汪副主任也走过来说："这回小董可是全行的明星了，于处长真是慧眼识珠啊！"于处长笑得嘴都合不拢了。

当晚，我们师徒二人和马科长、王哲军一起去好好吃了一顿，庆贺我的胜利，也纪念一下这难忘的一天。

一周后，我独自来到沈阳市人民银行政策研究室见李主任，我跟他详细聊了写论文的整个过程，和我在大学期间炒股票的事儿，表示一直非常关注宏观经济与金融政策的变化，所以写这篇论文很有基础。李主任笑着拍拍我的肩膀说："呵呵，我和永增行长是多年的老朋友了，我们常常在一起聊天，还喝点小酒，这回就是他让我去你们行参与论文评选的，他啊，是想让我以一个局外人的身份，看看你们银行大学生们的专业功底，选拔人才，这不，发现了你这个'高手'！"他喝了口水接着说，"永增说，你经常找他请教，所以，你的论文没有水分，完全是自己的本事。年轻人工作时间这么短，就有这样的见解，前途无量！我会在下个月将你的文章推荐登载到沈阳市人民银行主办的《沈阳金融》杂志上，这对一个二十二岁的年轻人是巨大的荣誉啊，希望你继续努力。"

李主任师长般的话语令我万分激动，我与他聊了许久方才离开。

就这样，一场轰轰烈烈的论文大赛以我的胜利而告终。热闹完了，日子依旧一天天地过下去，而冥冥之中，一条我梦寐以求的光明之路，似乎已经离我越来越近了。

6. 北京任务

1992年4月，小平同志的南巡，掀起了新一轮的改革开放大潮，我所在的银行也感受到了这股浪潮的涌动。总行团委书记何晓明去了海南开辟地产生意；我师傅和副行长王国夫则常跑上海与深圳；总在我们人事处来来往往的支行行长们也常常带来一些国内外的信息。看着这些，我内心便也活络起来，什么时候于处长也能派我出个差呢？那时，出差是一个福利，出国是一个待遇，能够出差的都是资深科级以上干部，能够去东南亚玩一圈的那都是支行的行长和总行的各大处长，再往上，有机会去美国、欧洲、日本等发达国家考察的则得是总行的行级领导，我这个刚上班半年的小职员，连出差北京都几乎没有可能。

在我分管的工作中有一项比较棘手的事情，是为全行具备评定高级经济师职称的老同志们上报材料，第一步是报给沈阳市人民银行人事处初审，接着统一由沈阳市人行人事处上报北京央行人事教育司审查，审查过了，国家人事部就发放高级经济师证件，这个过程一般要半年时间。本来去北京的工作原本与我行人事处无关，但后来市人行觉得我行上报的资料太多太频繁，就提议让我行派一人跟他们一同去北京，直接单独上报，避免核实情况时说不清楚。处里就一直派文杰跟着上北京。

也许是上天听到了我想去出差的心声，这事儿突然就发生了变化。

一日，于处长进到我们的大办公室，目光在我们每人身上巡视了一圈，说："明天有个任务要去北京央总行出差，文杰怀孕了，你们谁能去？"她看看我，"这个工作倒是一直是小董负责的，"我一听立刻直起腰来，目不转睛地看着她，她却又转向文杰，"但这事儿很重要，文杰你能不能克服一下，还是你去吧？"我一听就泄了气，只听对面的文杰小声对处长说："处长，我这不刚怀孕嘛，要保胎，还得定期去医院检查，出差怕是不方便！"于处点点头说："这倒也是要紧，那就好好照顾自己。"说着，她拍了拍文杰肩膀，看了眼她肚子，转身又问道："那你们看谁能去呢？"一旁的孟姐看看我，接上话道："这个工作既然是小董负责的，他对情况比较熟悉，就让他去锻炼锻炼呗。他来处里工作也半年了吧？还没出过差呢！"处长点头道："我也想过让小董去，只不过，市人行的石处长让我找个经验丰富的,他说那个央行人事教育司的领导比较厉害,不容易相处,这要把事情办砸了,出了差错,这批高职评定就得再等两年,那提交申请的同志们肯定难以接受啊!"

是的,我虽然经手行里这批职称评定工作只有两个月,却很明白,这些报高级职称的老同志年龄都五十岁以上了,都是我行资深的行级领导,他们对这个相当于大学教授头衔的职称看得比半条命还要重要,为了整理评审材料,他们往人事处都不知道跑了多少回,因为一旦评上高级经济师,他们的工资就会涨很多,退休后他们的待遇也高。

我十分理解处长的难处,让我去是有些冒险的。处长在屋子里转了几圈,沉吟片刻,最后走到我面前说:"小董,还是你去吧,你人机灵,业务也熟,我相信你会完成任务的,我这就去和石处长说,让你去!"我一听,心下禁不住一阵狂喜,努力按捺了一下情绪,站起身对处长说:"处长,我保证完成任务,您放心吧!"

天啊,我终于能去出差了,还是北京中国人民银行总行,要知道它那新落成的大厦是我们银行人心中的圣地啊!这可比去国内其他地方还让我心动。

我随即和市人行人事干事小李通了个电话,约好就坐第二天K54次沈阳—北京的火车,晚9点在车站集合。然后,我来到处长办公室,和于处长、丛副处长、文杰一起再检查一遍要往北京报送的材料,这批一共十二人,每人一个厚厚的档案袋,我们把每一份都重新打开,查看要件是否有遗漏。这时,丛副处长对我说:"央行的那些干部可不好交往,我们合作行在他们眼里就是个小芝麻。我刚调来时,也去央行办过事,你得做好心理准备!"我点点头,记下了。

中国人民银行总行,简称央行,号称银行的银行,国家货币意志的代理人,拥有极大的权利,货币政策、人民币发行、黄金储备、清算交易所、深圳、上海证券交易所,当时都是央行管理的工作。今天的银监会、证监会、保监会、外汇管理局这些响当当的部级衙门,在那时都只是人民银行总行的一个司级部门,连下到地方上,像那些平时与我打交道的沈阳市人民银行的职员你都能感到他们强大的优越感。我内心充满了期待与惶恐。

去北京的火车上,我们仨聊起天来,石处长有些忧虑地看着我说:"文杰怎么没来？丛处长怎么没来？"言下之意是说，怎么让一个毛头小孩儿来办这事？于处长太草率了。我回答道："石哥，丛处长要去接收军转干部，文杰姐怀孕了，于处长只能临时安排我来，我一定听从您的安排，认真完成工作。"石处长摆摆手，"唉，不是我的事儿，我们两家人事处的关系肯定没得说，只是央行人事司的张处长为人太严苛，鸡蛋里挑骨头，脸色难看，每次都能挑出毛病来。你们文杰是个女同志，她能见机行事，比我都强不少，这个张处长，我是打怵啊！这回就看我们运气了。"很明显，这是不看好我。我回到自己的卧铺躺下，脑子里一刻不停地设想着各种场景，想着明天上午如何应对这个"难缠的张处长"。

7. 走进央行

列车在第二天早上7点准时到达北京站，石哥和小李带着我乘坐地铁2号线，到复兴门下车，走出地铁站不远就看到了雄伟的中国人民银行总行大楼，在1993年，除了旁边的长途电话电报大楼能与之媲美外，央行的新大楼绝对是长安街上最有气魄的景观。它外形上窄下宽，勾连着圆心，从天空鸟瞰，像个元宝。

1990年以前我来过北京两次，那时，北京的城建还很落后，央行新大楼也没有落成。这次，终于可以圆一个心愿了。

时间还早，我们三人在央行附近吃过早饭才来到央行门前，正面看过去，央行大楼两侧呈现半圆形的包围形状，仿佛张开了双臂，搂着中间的圆形建筑，记得我们银行的人笑称，那是"向内搂钱"的意思。

我们走进大厅，人事司职称考评处的办事员就将我们接上电梯，径直到了张处长的办公室。一进办公室，只见一个四十五岁左右的、毫无表情的中年人坐在办公桌后面，石处和小李走上前和他握手打招呼，"张处长，好久不见啊！"那中年人表情冷淡地点头回应，抬眼看看后面跟进来的我，不冷不热地问道："这是你们沈阳哪个银行的？"

"张处长好，我是沈阳合作银行人事处的小董。"我连忙走上前。

"换人了？上次来的不是个女同志吗？"

"噢，她有事，这次换我来。"我解释道。

张处长一副爱理不理的样子，紧皱着眉头，薄薄的嘴唇紧闭着，石处和小李显得十分拘谨，我也不作声，心里揣度着下一步该怎么说话。

张处长有些费劲地拿过我们带来的材料，厚厚的一大袋子，他仔细地翻阅着卷宗，办公室里的气氛如同凝固一般。

突然，他指着一个学历证件，大声叫起来："老石，这不是明显后补的学历吗？怎么证明真假，你这不是让我跟你们一起犯错误吗？"老石吓得一屁股站起来，急忙回答："不会吧，张处，这些都是多年的老员工，表现一直不错。"

张处长并不搭理他，继续看卷宗，一边看，一边指出好几个问题，脸色也难看起来，一旁的老石掏出一包餐巾纸擦了擦汗，示意小李上去说点什么，小李会意，上前解释道："是我工作没到位，遗漏了材料，我们马上去补。"我心里也暗暗替他俩着急，尽管在人事处管理评定职称这项工作不长时间，但我知道石处长他们的难处。很多老同志想要在退休前能评个高级职称，可是那个年代缺这个少那个材料的很正常，也没地方补，一般人事处就睁一只眼闭一只眼就得了，可到了央行这里就过不了关，总是挨骂，还常常被退回材料。这还不算，回到行里，没有评上职称的老同志就不干了，"凭啥别人条件和我一样，咋他就能评上，我就不行？肯定是你们在北京没给我尽力，是不是我没有送礼！"一来二去，老石他们也实在难做。

两个小时过去了，张处长把沈阳市人民银行的资料审查完了，指出问题若干，小李都在旁边记下了，他严令他们明天过来再补交，不然就不给办。老石和小李连声应"是"，总算松了一口气，转身瞅瞅我，意思是：该你了，准备好挨训吧！我看着他们离开的背影，忐忑不安地站在办公桌旁。

张处长旁若无人地伸伸懒腰，喝口茶水，也不搭理我，径直出门去了，估计是去了洗手间。良久，他回到办公桌后坐下，斜着脑袋看我一眼，问道："小董，你多大了？"

"处长，我二十二岁。"

"什么？这么小，你们领导就这么放心，让你来北京办差？"他瞪着眼睛问道。

我说："这次能来北京是因为我获得了最近刚刚举办的全行论文大赛第一

名，我们领导说可以满足我一个心愿作为奖励。"

"那你的心愿是什么？"

"我听说中国人民银行总行新大楼落成了，这是我心中的圣地，我希望能够到这里看看。"

张处长突然露出笑容："我们的新大楼确实是长安街最棒的建筑，值得来看看。不过，你刚刚毕业，能够写什么样的论文，还拿第一名啊？你们银行没人才了啊？！"

"张处长，虽然我上班只有半年时间，"我老老实实地说，"但是，我从大学开始就一直在边读书边炒股，喜欢研究金融理论，大学毕业论文也成了范本，这次我也花了很大功夫，所以才拿到第一名。"

张处长一听，放下手里的档案，说："最近我对炒股也很感兴趣，只是没有时间研究，今天你给我说说，你是怎么炒股票的？"

"机会来了"，我心中一喜，开始滔滔不绝地说起来，从分析当下股票市场、股票品种、股民心态、炒股技巧说到了宏观政策和央行货币政策对股市的影响，张处长听得入了迷，说了近一个小时，他才想起我带来的材料，他问我："这批材料是你组织的吗？"

我连忙回答："是的，不过为了这次评审能完全通过，不给总行领导添麻烦，我们于处长、丛处长、干事文杰已经将有问题的申请材料都退回去了，像我们这样的小银行正处在蓬勃发展的上升期，领导指示，不够资格的决不能申报，以免给银行带来不好的影响。"

张处长满意地点点头，"工作就得这么干才行，那我就放心了。很多省市的报送材料都弄虚作假的，你看那边一堆，都是被筛出来不合格的，我也被司长批评了。所以，我不得不严肃对待，什么人都想搭车，那不是让国家遭受损失吗？我没想到你这个小同志倒很机灵、也很有头脑，我非常喜欢你这样的年轻人，以往你行报送的材料也没有问题，这次我也就不一一审查了，回去等批复吧。"

"好嘞，谢谢张处长！"

我愉快地从央行大楼里走出来，大口呼吸了一口新鲜空气，抬头看看，哎呀，这天怎么这么蓝啊！心下思忖，这张处长其实挺好的啊，他看上去严厉，吹毛求疵的，大家很怕他，可是要不是他，谁来把好这评定职称的最后一关呢！

回到酒店，我立刻向于处长汇报了工作，得到了在北京可以多玩一天的奖励。和石处长、小李一说，他俩目瞪口呆，从此，对我刮目相看了。

8. 入行证券

1992年年底，由原办公室主任李殿明挂帅的合作行证券部成立了，办公地点设在和平区南湖支行四楼，并在总行楼下营业部设立了一个股票交易柜台，这下我行员工炒股票就近水楼台了。当时，证券部是个热点肥缺，人人都想调过去，李总既要照顾各方利益，又要选拔精英，便将全行学历最高、专业最强的两个女员工挖到了他的旗下，她们都是大我一年，毕业于我绝对考不上的辽宁大学经济系国际金融本科专业，是学霸级的师姐，当年，考辽大国际金融专业比考北大还难。我的两个电大金融88级学哥也被选中了，这样，证券部不到二十人，专业金融毕业的四人，其他经济类专业四人，副总也是经验丰富的行里能人，剩下的柜台出纳、会计、结算等才是李总平衡的行里要员的关系户，这些人成为了行里人人羡慕的最强团队。我在人事处，看到证券部花名册在不断增加，李总也常到于处长那里要人，我这爱炒股票的人心里只能干着急。

我心想，我也算我们行里年轻一辈里干得不错的吧？1993年上半年我在全行论文大赛拿了一等奖；去北京央行办事，送上去的材料全都过审，央行领导对我十分赞许；然后又主笔起草了《沈阳合作银行全员劳动改制方案》草案，花了我两个月的时间去基层支行走访、向同业银行的取经学习、向北京人总行领导请教，最后，还得到主管副行长王守范的极大认同。就是不知道那李殿明能否看上我，啥时候能把我也给调去就好了。

大约是上天又听到了我的话，一个周末，同事们都走了，我忙完手头工作，刚走出办公室，就见李殿明就向我走来，他示意我跟他到了四楼的团委办公室，看看四下无人，小声对我说道："有人向我推荐了你，还跟我说了你们合资炒股票的事儿，你很能干啊，我们合作行证券部很需要你这样的人才，你这样的人在人事处就被埋没了，你去跟你们处长说说，主动要求调到证券部来上班如何？"

我一听，这心里简直乐开了花，这可是多少人梦寐以求的事儿啊！没想到李总竟然亲自来邀请我！可是，我哪儿敢跟处长讲呢？这不是背叛吗？两位处长都待我不薄，我不能自己提啊，还是去找我师傅。想罢，我认真地对李殿明说："李总，感谢您的厚爱，证券部是我一直想去的地方，但是我也不好直接跟我们处长说，她肯定会骂死我的。您等我几天，我想想办法吧。""好，我等你，千万别错过机会啊！"李殿明又嘱咐了我几句下楼去了。

我一回身就找到我师傅，他听完我的话就说："这个机会确实是难得的，人事处不是专业处室，处长会在一两年内放你去下面支行工作，但到那时，这个证券部的工作肯定没有了。我打听过，老李那边调过去的所谓精英员工懂股票的很少，他现在正求贤若渴，还请示过主管的王国夫行长要高薪外聘呢！"师傅接着说："这样吧，我去找老李，让他主动找于处长要人，看看于处长什么态度。"

"太好了，师傅！"我高兴地一把抓住师傅的手，"走，师傅，我请您喝酒去！"我拉着师傅就往酒馆走去。

周一上班，我就看见李殿明来找于处长，他俩说了几句，就听他在她办公室里大声嚷嚷："老于，你们人事处不就是培养人才、发现人才的地方吗？你这有人才还不让人用啊，那我到外面高薪招人你能同意吗？"

又听见于处长的声音传来："老李，换任何一个人我都同意，可小董现在是我们处的骨干，这活儿都在他手上呢！我们文杰又刚生了孩子休假去了，这去北京央行交资料过审的事儿也得指着他，还有，你看，"她拿起了手里的文件，"现在国范副行长主抓的劳动改制方案也在小董这里起草，你说，我怎么放？"

师傅崔可听闻他俩对话，连忙起身，走进处长办公室，打起圆场来："二位领导，我说两句成不？小董他毕业就跟着我，他喜欢炒股，对证券金融那是有天赋啊，平时呢也喜欢研究经济理论，我看他早晚也得去业务部门工作。处长您善识人才，也喜欢扶植年轻人，为咱们银行引进和培养了很多优秀人才，与其他将来自己走，不如您现在让他过去，那小董还不得感谢您一辈子啊？你说呢？"

一席话，说得于处长若有所思起来。李殿明见状，笑着对于处长说："老于啊，我看老崔说的有道理啊，你再想想，我等着你的好消息啊！"说完就离开了。

过了两天，还是没有于处长的消息，李殿明有些着急了，他打来电话要我自己再去找于处长，他说："我们马上要去天津培训交易员了，你必须尽快完成调动！"我一听，心里就急了，这去天津参加交易员培训那可是千载难逢的机遇啊，我做梦都想象着自己能穿上红马甲在交易所挥洒自如的样子。那时候，交易员可是证券公司的灵魂人物，在手工记账的时代，交易员就是天之骄子。没有时间犹豫了，我下定决心马上再去找于处长。

第二天是星期日，我拎着一份礼品，来到于处长家，敲门进屋，接待我的是她女儿，她说妈妈烫头去了，我问明了地址，就直奔美发店而去。出门右拐，不过五分钟，我就找到了美发店，一眼看见于处长正坐在美发椅上，美发师正在为她烫头。她看到我进来，十分诧异："你怎么来了？"我说："我想跟您聊聊调去证券部的事儿。""哎，我这会儿烫头呢，很长时间的，你要不还是回我家等我吧？"我忙说："我就在这里等您吧？"说完我坐到一边，心里忐忑不安。美发店里人来人往，空气里充斥着烫发水的味道，人们奇怪地看着一个拎着礼品坐立不安的年轻人，我却浑然不觉。这一等就是四个小时，于处长终于起身说："走吧，回家聊吧！"

我们一路往她家里走，两人都低头无语，五分钟的路突然变得十分漫长。我又一次感受到命运掌握在他人手里的煎熬，我猜想处长此时大概也很纠结。的确，我是她喜欢的得力干将，只要是交代的事情我都能圆满完成，一向说话严谨的她居然多次在各种场合表扬我……

就快走到她家的门口了，她突然停下了脚步，转头对我说道："去吧，你去证券部吧，老李也要你多次了，他那里需要优秀的人才。你的工作就先交给崔敬。我听老李说，天津那边马上要开始交易员培训了，这样的好机会我也不能耽误你，你明天就去证券部报到吧，尽快出发！"我心里一热，原来，处长早已看出我的心思，她已经答应了老李，之所以没有马上叫我去也是想看看我的决心到底有多大啊！"你一个男生，陪我在这个美发厅待了四个小时，

第二章　入职银行　067

为啥啊？你这是去意已决啊！我就不留你了。"说完，就挥挥手，让我回家去。

"谢谢处长，感谢您的理解，"我眼圈都快红了，"处长，我就是去证券部，也会常来看您的。今后您有啥盼咐，您一声令下，我肯定给您办到。""行，快回吧！去证券部也得给咱人事处争光啊！"

"好！"

夜色里，我一路哼着小曲儿往家走，我就要穿上红马甲了啊——这回，我就是做梦也会笑醒吧！

9. 我与师傅刘兴宏的故事（一）

刘兴宏，我人生的第一个师傅。说起他来，时间还得回到1986年的暑假。那一年我正上初三，我家因为动迁的原因借住在一处校办工厂的破旧院子里，生活环境就像外地来沈的民工一样，日子也很是无聊。一天，我实在忍不住就跟我妈说："妈！我一定会赚大钱的，我要搬离这个破地方，让我们家过上有钱的日子，我要成为大老板！"我妈乐了："行，'董大老板'！唉，这几年动迁是苦了你和妹妹了，咱们住的环境艰苦，上学又远，连亲戚朋友都看不上咱们家了，说我和你爸没能耐啊！"

"妈，我想学经商，你管理这么多的饭店，我想找一个老板拜师，开饭店！"我说道。

在20世纪80年代，个体户越来越多，行业包括小商品零售、服装销售、跑运输、市场卖菜、开饭馆……而开饭店是这里面最好的行业，母亲那时是铁西区防疫站食品科科长，手下管着各种大中小型饭店三百多家。

"行，儿子，反正暑假也没事，我找一个好老板介绍给你。"我妈点头答应了。

一周后，一个上午，我妈带着我来到铁西区劳动公园西门的一个不起眼的小饭店门前，门上有一牌匾，写着"牡丹饺子馆"。饭店不大，只有十五个座位，我往里一看，只见一个中等身材、壮实精干的中年人正在店里忙乎着，他身上穿着一件带补丁的厨师服，脚上一双北京布鞋，一副干净利落的模样，他一边招呼着客人，一边收拾着碗筷，一边还得回厨房包饺子、下饺子，忙得脚底冒烟，却井井有条。母亲跟我说："他就是我要给你介绍的饭店老板，叫刘兴宏，管我叫任姨！"正说着，那刘兴宏忙里偷闲，一眼看见门外站着的我俩，张口就喊："任姨，您和大小子在门外等会儿，等这拨客人走了，我们一起吃饭啊！""好，你忙你的，别着急！"我妈答应一声就带着我在门外一把长凳上坐下。不久，过了饭口，小店终于消停下来，刘老板走出来招呼我们进去，找一处饭桌让我们坐好，他麻利地擦擦桌子，也在一旁坐下，母亲给我俩分别做了个介绍，接着说："刘老板，我负责管理的个体饭店有三百多家，给我印象最深的就是你这儿了，你就给我儿子当个学习经商的老师吧？""哎呀，任姨，我就这个小买卖，哪有啥能耐啊，别耽误了咱孩子！"刘兴宏客气道。"不耽误，我就相中你了！"我妈坚定地说。"那行，"刘兴宏也不再推脱，站起来说，"咱们先吃饭吧，我和大哲也是第一次见面，我去炒几个菜，拿瓶酒，咱边吃边聊。"说罢，他转身就进了厨房。

我打量着这个不到五十平方米的小饭馆儿，心里暗暗埋怨我妈，这么小的一个饭店，能学到什么呢？为啥不给我找个大饭店的老板呢？给我找个国营的也行啊，怎么偏偏就选了这刘老板呢？

大约二十分钟时间，刘兴宏就手脚麻利地炒了四个菜端上桌，还拿了两瓶啤酒，他给我们倒上酒，招呼我们吃菜，半晌，对我说："大哲，你第一次来我这儿，是不是失望了？你看我这小店，加我才两个人，我是一级厨师资格，早上还得去买菜，中午11点开门到晚上8点关门，店里所有的活都是自己干，只请一个小帮工。"他给我碗里夹了一块排骨，继续说道："这种饭店，想赚钱自己就什么都得会，只要多找一个人，就要多花费一个人的成本，那很多天就白干了。"

接着，他如数家珍地把这个饭店的每日营业额、支出费用、客流量、客人喜好、菜品毛利率、后厨调料管理、买菜时机，甚至存钱到哪家银行，利息是多少都一股脑儿地倒给我听。他还说，不管金额多大，哪怕差那么一点点，只要乘上三百六十五天，那都是惊人的数字。我听得津津有味，连我妈也听入迷了，我不由心想，这就是我要找的师傅啊！

接着他又开始分析同行，铁西区各家有名的个体饭店现在的菜品与管理、装修与装潢如何，员工人数与店面大小怎样，还说有哪家看似高大上的饭店将在不久的将来倒闭……

最后，他还给我留了一份作业，让我一个月后再来的时候，估算出他这个牡丹饭店的月营业额和利润。

我心中后悔，真是以貌取人啊，这不起眼的小饭店里居然还有这样的精明之人，难怪我妈让我来拜师。

一个月后，我进入高中了，我完成了刘兴宏的作业，就找了一个星期天，来到了牡丹饭店。这回我直接叫师傅了，他也不推辞，答应了一声。我依据牡丹饭店的日营业额算出月利润，拿出我的笔记给他看，他看了看，抿嘴笑笑，说："你这看到的都是表面上的利润，是一盘水饺、一盘炒菜、一瓶啤酒的毛利，可是，你算过早上买菜与晚上买菜差多少吗？自己去批发部买饮料和啤酒与送到家差多少？买即将到期的物品要省多少？交房租一个月交一次，还是一个季度、一年交，其中又差多少？给房东顶一些消费卡当房租又省多少？还有工商税费、街道管理费、治安费、卫生费呢？此外，电费、水费、煤气费的管理使用又如何？节约好，都是一笔可观的收入啊！"听完他一番连珠炮般的问话，我顿时傻了眼，只得默默收起笔记，回家继续演算去。没想到，一个小小的饺子馆竟然隐藏着这么大的学问！

后来，我便常常去牡丹饭店找师傅，学习经营之道。

到了1987年，我父亲终于决定开一家饭店，我有了大显身手的机会。因为父亲平时在公安局上班，我还得上学，于是从装修开始，师傅就捎带着我处理开店的一切事宜，还帮着招聘店长、厨师、服务员，培训各项业务，我常常逃课回到饭店帮忙，满怀热情地投入到经营饭店的实战中，我对饭店经营简直入了迷，就连上课的时候，面前摊着书本，眼睛看着讲台后的老师上下嘴唇一开一合地却不知道他在说什么，心思早已回到了饭店里。

就这样，饭店在师傅的指导下，生意一直很红火。在那两年里，店里接待了形形色色的人物，我在店里时，闲来无事就喜欢和他们聊天，他们为我打开了一扇通往外面世界的窗户。

师傅刘兴宏在我眼中是个朴实无华却又精明睿智的生意人，一直以来他对我的指导只是局限于饭店的经营中，从来不谈他的过去，直到我考上大学……

大学中暑假的一个晚上，我和师傅的另一个弟子——已经考上辽宁大学法律系的遇之龙在牡丹饭店见面了。我知道这是师傅特意安排的，自从饭店因为我荒疏学业，被父亲关掉以后，我就没见过师傅。后来上了电大，我写信告诉师傅说自己考上了大学，会在今天过去看望他，所以，是师傅通知了小遇一起过来，也想让我们认识一下。

看到我和遇之龙都到了，牡丹饭店最后一拨客人也都走了，师傅让我们上了窗板门板，让服务员下饺子，他自己去炒了几个菜，又将几瓶啤酒拎上桌，我们师徒三人围坐在一起，边吃边聊，"遇之龙，是我的学生"，师傅先开了口，"辽大读书呢，比你大两岁，以后你们就兄弟相称。"说完他又指着我对遇之龙说："大哲子，她妈妈是我的贵人，在我最困难的时候，帮我办了开饭店手续，一直以来都很关照我。大哲子跟我也认识三年了，我只教了他一些开饭店的技巧，他家也开了饭店，赚钱了，我这就算对任姨有交代了。是不？大哲子？"他转头问我？"是的，师傅，我妈总夸您。"我连忙回道。

他招呼我们吃菜，我们一起举杯喝了一口。他继续说道："现在你俩是大学生了，我是没有机会读大学啊，非常羡慕你们。但是人生更多的学习是在未来的生活和事业中，今天，我就给你们讲讲我的一些生意往事吧，也许能在将来给你俩一点帮助。"

师傅抿了一口酒，问道："你们是不是总看到有几个打扮像嬉皮士、骑大铃木的人来找过我，看见他们的皮衣皮裤没？"

"有，看到！"我回忆了一下，回答道。

"那都是专业的摩托装束！还有他们的皮鞋、皮包也都是非常昂贵的名牌。你们猜他们找我干什么呢？他们为什么那么有钱呢？"我和遇之龙摇了摇头，等着师傅往下说。

"其实，他们加我一共五个人都是做废钢材生意的。我是头儿，铁西有几个大工厂的废钢材生意都在我们手里，每天有几十甚至上百吨的废钢被我们收走，然后再卖给本溪的钢厂。这种生意很少有人懂，人们都认为那是工业垃圾，没有什么用，我们收的价格都很低，但是，我们转手再卖给钢厂就赚大钱了。你们看找我那帮人的穿着打扮就知道了。我呢，过去赚了钱不小心就露了富，吃过大亏，还因此打架坐过牢，所以现在非常小心谨慎，不愿意让人知道我有多少钱，所以就猫在这里开个饭店，你们知道吗？每个月这钢材生意分得的利润可是这个饭店的十倍啊，这个饭店就是个联络点，他们有事儿就来这儿找我！"

我和小遇十分吃惊地看着师傅，原来身边竟坐着一个隐秘富豪。认识三年了，才知道师傅的实力非同小可啊。师傅看着我们震惊的样子就乐了，一边给我们往盘子里夹着饺子，一边催促着"快吃快吃，怎么都听傻了！饺子都凉了"。看着我俩听兴浓郁，师傅便说起了第二件让我们更加震撼的往事。

10. 我与师傅刘兴宏的故事（二）

"离牡丹饭店五百米的大街上有个亚洲宾馆，"师傅又说将起来，"去年和今年的上半年，住进了一伙湖南人，他们几乎每周都到我这小店里来吃饭，他们是谁？为什么老来找我？还有，我有一段时间去南方待了半个多月才回，我去干什么了呢？今天，我就告诉你们这些故事。"我俩眼睛一眨不眨地看着师傅，等着他往下说。

"住在亚洲宾馆的这伙湖南人是湖南省珠宝公司的，带队的是一个副总，他们在亚洲宾馆住这么久其实是要找一件国宝，这件国宝是一颗夜明珠，有鸡蛋大小，放在黑屋子里，亮如白昼，而这颗夜明珠就在我手里"。"啊？！"我俩眼睛瞪得老大，"天底下真有夜明珠？还在师傅手里？"

"他们不知道从哪儿打听到这个消息，就千方百计来找我，想让我把夜明珠卖给他们。去年他们给出的价格是两百万，我就一直没有搭理他们；今年，他们的总经理来了，出到了六百万。"

我和小遇大气都不敢喘，心里直嘀咕："六百万还不卖，天文数字啊？"

师傅接着说："我跟他们说，你们找错人了，我哪儿有夜明珠啊，要有还开这破饭店？无奈这下，他们就回去了。之后，我去了一趟湖南长沙，打听了一下，这些住亚洲宾馆的人还真是湖南省珠宝公司的。接着，我又去了一趟香港，听说那边一个拍卖行有个一模一样的珠子，开价四千万港币！"

我和小遇张大了嘴巴："师傅，四千万？你怎么有这么贵重的东西？"

师傅挥挥手说："我今天把这些我藏了很久的秘密告诉你们可不是来炫

富的,你俩要步入社会,又想当商人,我得跟你们说说里面的道道儿。咱先别管这夜明珠从哪儿来的,能不能卖,就说如果真要卖,怎么卖?这事儿呀,就不能着急!你们想啊,那夜明珠一开价就两百万,肯定价值不菲啊,咱绝不能轻易出手,就得等,这一等呢,对方摸不清你路数,又着急买,就有了后来的六百万;可是呢,还得沉住气,得看看市场行情,这不,香港居然卖到了四千万?即便如此,也还要继续比对,很可能美国、英国的价格更高!要知道,重要的生意,有人一生就只有一次,一定要稳住,得多方搜集信息,不到关键时刻,决不能出手!"我俩听得频频点头,"再来说这夜明珠,它虽然在我手上,但如果是国宝,那考虑的问题就更多了,比如有没有什么相关政策?国家是否想收藏?最重要的是,不管怎样都不能流传到国外去,那可是千古罪人啊……"

真是听君一席话,胜读十年书,我们听着师傅这一番话,只觉得眼前的师傅突然不再是昨天那个兢兢业业开着小饭店的师傅了,他变得高大而神秘,真不知道他还有多少神奇的故事!师傅看着我发愣的样子又看了看外面,说,"得了,太晚了,今天就说到这儿吧,你们回去可不许往外说啊!""明白了,师傅!"我俩答应着离开了牡丹饭店,至此我心里就藏了一个谜团:师傅到底是什么身份?为什么会有一颗这样价值连城的夜明珠呢?

后来,我多方打听,我妈跟我说了一些,又在断断续续与师傅聊天的过程中,我才了解了一些端倪。大概就是这样的:师傅的曾祖父是清朝在北京做大官的,到了民国时期,爷爷是东北地区的一个军阀,后来解放了,他们一家人在沈阳周边隐姓埋名,备受屈辱。师傅没见过他爷爷,是奶奶把他带大,还教他读书认字。后来,他父母离异,师傅就跟奶奶在一起生活,夜明珠是他奶奶留给他的,据说还有几件价值连城的翡翠之类的珠宝,我是一件都没有见过。在我眼里,师傅刘兴宏就是个谜,但我相信一切都是真的。

大学三年,我没事就来牡丹饺子馆,跟他聊聊我在大学赚钱的事,师傅总是不温不火地一边忙着手头的活,一边听着,在关键处简短地说几句便不多话。日子过得平凡而有趣,直到1992年我大学毕业走进了沈阳合作银行上班,我头一次向师傅张口借钱时,才又听师傅说了另一段非凡的经历。

1992年初,临近毕业的半年多时间里,我进入股市和认购证市场小赚了一笔，便开始以专家自诩；等进了合作银行工作，我就决定再赚把大的，但是需要更多资金，我手里已有老爸支援的一万元，想着再借个五千元，以一点五万的资金再杀进去，肯定大赚！我想得美美地便信心满怀地来到店里，心想，师傅是个低调的大财主，我借个五千块，他肯定能答应。

我一见师傅，就把借钱的事情说了，他先是一愣，随即说道："你在店里待会儿，等今晚客人走了，我们聊聊。"晚上，客人都走了，还是老样子，师傅给我炒了几个菜，还有一份饺子，两瓶啤酒。他说："吃吧，吃完了，我带你去我卧室。"我知道他那个卧室，他从来不让人进去，平时总是锁着门。

吃饭间，我兴高采烈地说着炒股的经历和下一步要大干一场的想法，他皱着眉听着，默不作声。

吃完饭，师傅将小饭店的大门从里面锁住，关了厅里的灯，便带我走向卧室。这是一个非常隐蔽的小屋，小屋门上挂着一张风景画，外人根本看不出那是一扇门。他掏出钥匙，在暗处摸索了一阵儿，找到锁眼，开门进去，顺手打开了灯。房间只有四平方米大，靠墙摆着一张老式的单人床，床边是一个老旧书架，最上排是两排古代的线装书，下面一层竟然摆着我在电视里才见过的那种明清的铜炉和玉石摆件，旁边地上还有一对青花的瓶子，都擦拭得非常干净，想来是经常拿来把玩的。在床尾的角落，是一个很大的旧保险柜，外皮已经斑驳。因为没有凳子，我们一起坐在床上。师傅对我说："这里小遇都没有来过，你是第一个进来的，是我每晚睡觉、看书、打坐的地方，夜深人静，就只剩孤独的自己了，我习惯了一个人独处，也很享受。大哲子，你不是很爱看书吗？你看看，我读的书是什么？"说着站起身，从书柜上拿下一叠线装书，"这些都是清末民初的古书，很有价值，现在的人读的书都太浅了。"说着他又指指书柜，"那上面所有的书我都读过了，有的还读了好几遍，你看，那些是你买给我的新书，我也都看完了。每晚9点以后，我都会阅读。"我有些无地自容，我一直认为我是一个爱读书的好学生，与师傅相比简直是小巫见大巫了。我翻了翻线装书上的内容，繁体字加竖版，实在很难阅读。

师傅又坐回床边，意味深长地说："今晚，我跟你讲讲赚钱的事吧。如果以十年计算，你知道在黄金、房产、钻石、翡翠这些品类里，我们投资哪一样最好？"我摇摇头，师傅继续说，"目前，黄金保值不增值，房产最多二至三倍，钻石至少有十倍，翡翠则会有一百倍。所以，从20世纪80年代初开始，我就经常去云南与缅甸，将我倒腾废钢和开小饭馆的钱都去那边换成了翡翠，因为我知道，随着时间的推移，我的翡翠将会是一笔巨大的财富。"师傅的话听得我心里痒痒的。

"但是翡翠生意也是刀口上舔血的生意啊，跟我们打交道的黑白两道都有，一不留神连命都没了。当年，我们一行四个人从东北去云南买翡翠，就被云南人骗到了缅甸的金三角，那里都是带有武装力量的毒枭混迹之处，内地去淘金找翡翠的人不少，但大多都有去无回。在那里我们举目无亲，身上的钱很快就被当地人抢走了，还挨了毒打。直到后来跟当地人慢慢混熟了，他们见我们并无恶意，便开始信任我们，逐渐愿意让我们卖翡翠到中国去，一来二去，我们哥几个就直接和金三角的人交易了，我们这才开始真正地做起翡翠生意来。大哲子，你见过翡翠没？那可是好东西啊！那'帝王绿'又透又亮，绿油油得跟要滴下来一样啊！"当时，我并不知道他说的"帝王绿"到底是什么，却是听得心驰神往。

"就这样，我们一干就是五六年，光那帝王绿的翡翠镯子经我们手带出来的就多了去了。直到1988年，那是我最后一次去金三角。"师傅又进入了回忆，"那一次，我们五个人买完翡翠和钻石就被缅甸其他做这档子生意的帮派盯上了，为避免冲突和伤亡，我们决定穿过原始森林回云南。我们走着走着就迷路了，一连走了三天都没走出森林，我们开始发生了争吵，最后分成了几伙，各自朝一个方向走，生死各凭运气了。我一个人朝着一个方向走，把肩上的翡翠找个地方埋了，留下个记号，因为实在是背不动了。右手上只挂了一个放珠宝的手袋，里面是一袋钻石。我一路艰难地前行，没有吃的，也没有喝的，饿了只能在森林里找各种虫子吃，渴了就舔露水喝。又经过了几天，我还是在深山老林里转悠，找不到出路。那时，我已经出现了眩晕，身体快虚脱了，意志力也没了，走着走着，腿一软就倒在地上，我趴在地上怎么也起不来，我想拿下那个珠宝袋子，却连抬起手的力气都没有了，那时我就想啊，我这是为啥啊，背井离乡到这样的地方来，我要是死了，这些珠宝还有啥用啊？真是人为财死，鸟为食亡啊！渐渐地，我觉得脑袋开始迷糊了，死亡似乎离我不远了，在闭上眼的一刹那，我看见似乎是一条眼镜蛇在我的眼前晃来晃去，然后，我就失去了知觉。"

"当我再次醒来，我发现是在一个山洞里，一个看上去像个野人一样的人正看着我，手上端着一碗味道很浓烈，不知道是什么的汤药。他看我醒了，用手比画着让我把药喝了。原来是这个'野人'救了我，他其实是个常年不下山的猎人，因为常年不见外人，已经不知道怎么说话了。我和他用手语交流，知道我被毒蛇咬了，已经昏迷了三天三夜。我看看四周，发现我的珠宝袋子就在我的枕边，里面的钻石一个也不少。休息了一周，我身体恢复了，这个'野人'送我离开了原始森林，当我看到了云南省边界的公路时，一颗悬着的心才算放了下来，总算是死里逃生了！我们五个人，最后活着回来三个。从那以后，我就再也不去金三角了，那原始森林埋着的翡翠也就留给有缘人了……"

11. 我与师傅刘兴宏的故事（三）

我听得目瞪口呆，半晌没回过神来，这还是我师傅吗？这比电影里放的还惊险啊，这要说给同学听，准保说我吹牛！可是师傅就活生生地在我身边坐着呢！

"好了，"师傅看我一脸惊诧的样子，拍了我一巴掌，"讲了我的故事，该谈谈你借钱的事情了。"我一听，连忙抖擞起精神。

"股票，我不懂，你跟我说说，是否和赌博一样？输赢概率是多少？你是否知道很多信息？你的信息渠道是什么？"不等我回答，他又接着道，"我先让你看一样东西，"他指向门后一块一米见方的黑板，上面密密麻麻地贴了很多张便签，"你过去仔细看看，然后给我念几张。"师傅吩咐道。我过去仔细一看，原来是借据，各种数目都有，少的有五元、十元、二十元，多的有三千元、五千元……有的已经是便签上贴着便签；再看年代，从1982年到1991年都有，有的纸质都已经变黄了。师傅说："这些借据都是这些年朋友借出去的钱，我是有很多朋友的，我也愿意帮助朋友，你看这些便笺就知道了。但是，因为钱，我失去了很多朋友，像上面说的翡翠的故事，我们还活着的这三个人老死不相往来了。"

师傅的神色有些黯然，许久又说道："还有借钱这件事，很多人从此就失去了联系,我去看他们,他们以为是去要债,躲我、骂我,说我是小气鬼、讨债鬼。可是我到今天,他们不来还钱我也没有张口去要过,没有去打架,也没有起诉过他们。当年的十元、二十元的,今天看来什么都不是,但是却伤害了彼此感情。所以大哲子,我一直看好你,你一定会有个前程似锦的未来,我不希望失去你这样一个徒弟啊!炒股票我是真不看好,但是,今天,我可以借钱给你,只是你要想好结果啊。"

我明白了师傅的良苦用心,一挺胸膛说:"师傅,我知道了,但是,钱我还是想借,我一定不会变成写这些便笺的人。"师傅听我这么说,不置可否地点了点头:"好吧,现在时间已经很晚了,这样吧,这个保险柜里有这几天的营业额,有多少你拿多少,不够的话,下周一我再去银行取,怎样?"

"行,师傅,有多少算多少,我只是借一下,让您体会体会有借有还的乐趣。"我说。

"好小子!"他笑着,从腰上拿下一大串钥匙走向那个大保险柜,对好密码,再用钥匙一拧,厚实的铁门被打开了,我一眼看见里面有很多房本样的本子,还有一些看上去像镯子形状的包装和小袋子,我心想,那一定是翡翠镯子和钻石。他从里面拿出一个大塑料口袋,口袋里整齐地放着一沓十元、二十元、五十元的票子,他让我数了数,一共一千五百五十元,他说:"这一千五百元你拿回去,写个借据自己粘黑板上。"我一一照做了,一张崭新的借据轻飘飘地和那些陈年借据一起粘在了黑板上,我心里却非常沉重,这次借钱,无疑是给师傅出了个难题,他不想借钱,是怕我炒股票还不上,也跟那些人一样和他不再来往啊,这一千五百元钱不多,却如千金重担,考验着我们的师徒情谊。

师傅送我出门的时候,已是半夜时分。我骑着车,两脚飞快地向家里飞奔,一路上思绪万千。

在之后的三个月中,我炒股节节顺利,达到了翻一番的目标,并且,在十二月初就收回了全部投资。和师傅约定还款的日子是十二月三十一日,我三十号就已经取出一千五百元,只等三十一号下班就赶去师傅那里还钱。

可是,没承想,一场数年未见的大雪从中午就开始下,到下班时整个城市陷入了瘫痪,我非常艰难地从银行回到家时已是晚上8点,实在到不了师傅那儿了，只能等第二天。我却一夜未合眼，心想着，今天没能去按时还钱，不知师傅会怎么想。第二天是元旦，大雪直到中午才停，我焦急地看着天空，终于，雪慢慢停下来，我立刻就取出自行车，一脚跨上就往牡丹饭店方向骑去。路上十分难骑，我几乎是半推半骑，马路上的厚雪将我小腿以下全部冻住了。这个季节的东北是最冷的，气温能到零下三十摄氏度，虽然是中午，也能把人冻成冰棍。我的帽子和口罩因为自己呼出的热气，很快就结成了冰碴子。我心里就只有一个念头，今天晚上前必须把钱还回去。

不知走了多久，我终于看到了正在饭店门前除雪的师傅，师傅远远看我像个雪人似的走来，全身都被冻僵了，一把就把我拉进店里，给我端了碗饺子汤，又跑进去，我将衣服脱下来放在地炉上烤着，师傅拿来一双他自己的棉鞋让我换上，我喝了口热饺子汤，烤着火，过了大半天才缓过神来。师傅一脸心疼地说："怎么下这么大的雪还往这儿跑？"我说："昨天就想来了，没来成，今天再不到，钱还不成，师傅您就不理我了！"

"哎呦，你是还钱来的，这傻小子，差几天不要紧的，你是炒股票发财了啊？"师傅又好气又好笑地说。

"没发大财，见好就收了，达到既定目标就退出，不能恋战，股市确实是个赌场啊！"我答道。

"来，今晚我们师徒好好喝点，一会儿你去把借据撕掉吧！说起来，我还真替你捏把汗呢！"

我和刘兴宏师傅的故事说到这里就告一段落了，他就是这样一位神秘的师傅，也不正式露面，默默地站在我背后，给我经商的智慧和做人的力量。后来，因为各种原因我们见面越来越少，1997年，我正在外地出差，他来到我公司楼下就想上来看看我，一打电话发现我不在就走了，再后来我们就失去了联系。

第三章

证券风云（上）

1. 证券风云·序

1993年6月，我终于在天津成为了一名"红马甲"。从那时起，一直到1995年6月，作为一名证券从业者，我见证了中国证券市场高速发展却又跌宕起伏，各种重大事件频发的历史进程。

我亲眼看见上海与深圳两家证券交易所的股指几次攀上高峰又跌落谷底的场景。其中，1993年2月到1994年7月，上交所经历了开市以来的第二次大熊市，股指从1558点跌到325点，很多股民都亲身经历了这样一个惨烈事件，上海石化和马钢的股价分别跌到了一点二元和一点二一元，而它们当初的发行价则分别是三元和三点四五元，这让人们彻底知道了什么叫"跌破发行价"。

还有股票认购证，它最早出现在1992年的上海，当时上交所成立后的一年多时间内，只有"老八股"在唱独角戏，因此股票供不应求，有价无市，形成了粥少僧多的局面，市场扩容成为当务之急。

于是，主管股票市场的人民银行想出了一个现在看来完全能载入史册的办法——发行认购证，股民凭认购证摇号、中签、认购股票。这样，股票认购证应运而生，并很快在各地发行新股时被广泛采用。而股票发行中的认购证、法人股（也叫一级半市场）也形成了全国巨大的新暴利市场，上海滩赫赫有名的刘益谦、新疆德隆的资本大鳄唐万新都是在这个市场从几万元起步，最后令资产在短期内以几何级的倍数暴涨。这"百年一遇"的认购证改变了一大批人的人生道路，直到1995年后股票发行改用电脑上网定价的发行方式后，这个时代才宣告终结。

而最令人惊心动魄的，是1995年2月23日发生的震惊世界的"327国债期货事件"。那天，一天的交易量就达到了八千五百亿，这场疯狂对赌，让管金生和万国证券付出了惨重的代价：管金生因贪污、挪用公款被判十七年徒刑，"证券王国"万国证券损失达十四亿，元气大伤，不久后被申银重组。"327事件"也让刚刚起步的国债期货交易半途夭折，当年5月17日，中国证监会发出紧急通知，宣布暂停国债期货交易试点。此事件也令上交所总经理尉文渊于1995年8月主动辞职。

再有，就是昙花一现的证券回购业务。当时，有一个非证券专业人士不了解的隐秘市场，那是1991—1995年，由地方三大证券交易中心：北京联办（STAQ，也称作全国证券交易自动报价系统）、武汉证券交易中心、天津证券交易中心一起，推出了国债现货、基金、内部股票、国债回购等业务。这项业务始终如火如荼，并在发展到1994年开始的国债回购业务时达到顶峰，势头甚至超越了沪深股市。后来，由于国债回购交易规则存在重大漏洞，使得大量买空卖空的行为出现，一些单位和个人为了牟取暴利，挪用资金投入不动产投资和证券投资，从而严重扰乱了市场，造成的资金违约达八百亿元。

1995年8月8日，中国人民银行、财政部、证监会联合下发了《关于重申对进一步规范证券回购业务有关问题的通知》（下称《通知》）。《通知》指出：北京联办STAQ系统和天津、武汉两个证券交易中心，为未经国务院和中国人民银行批准的证券交易场所，金融机构不得参与这些场所和中心开设的证券回购市场。

《通知》下发后，接下来的五年，证券市场进行了国债回购的整顿与清债工作，三家交易中心陆续关门。那些曾经呼风唤雨的证券类、信托类公司也纷纷关门、停业、并购、重组，到1998年信托与证券分营，很多曾经在北京、武汉、天津三个中心工作的明星交易员遭遇司法调查、辞退、转岗、免职和追债，个别人则锒铛入狱。

"327事件"后，万国证券被兼并到了申银证券，若干年后合并了新疆宏源证券，变成了上海申万宏源证券公司；1995年8月8日《通知》下发后，曾经辉煌的天津证券、天津国际信托、天津信托、天津北方国际信托、天津滨海信托被重新合组成渤海证券；"老大哥"黑龙江省证券公司并入了海通证券；哈尔滨财政证券与哈尔滨国际信托合并成江海证券；辽宁省证券并入了信达证券；沈阳财政证券经股东一路演变后变成了张振新控制的网信证券。而我所在的沈阳合作银行证券部，据说在我离开后的1998年，卖给了新疆德隆唐万新，德隆倒了，最后辗转成了今天复星旗下的一家证券公司。

黑格尔说：所有伟大的历史事件总会出现两次。第一次是悲剧，第二次是闹剧。

1993—1995年，我们那批风华正茂、怀揣梦想的交易员们从祖国的四面八方来到天津，光在1994年的一年中就创造了几百亿元的天量交易。我们曾经为每一次的创新交易记录而喝彩，却怎么也没想到，仅仅一年后，就彼此撕破脸皮，对簿公堂，成了一场疯狂的悲剧；而此后的继任者们又高调进场，自以为是地表演了一场秋后算账的闹剧。

有词曰："资善堂中三十载，旧人多是凋零。与君相见最伤情。一尊如旧，聊且话平生。"

时至多年以后，我们一起共事的老友偶有联系，重提旧事时依然情怀依旧。那段岁月，挥之不去，即使是伤痕累累，作为历史的见证与参与者，它也是我们每个人生命中不可磨灭的一部分。

2. 红马甲

1993年6月，我从人事处调到了证券部工作，终于将喜爱的炒股这项业余爱好，变成了专业工作，心中兴奋不已。证券部老大李殿明也很高兴，他说调我进来是最费劲的事儿，并让我做好准备马上去天津。那时候，在沈阳发行的各类基金都已经转移到了刚刚成立的天津证券交易中心进行交易，历史上，天津在1948年就成立过天津证券交易所，如今加上区域性优势，便有望在争夺全国第三家证券交易所的激烈竞争中脱颖而出，因此，沈阳地区的券商都看好天津证券交易中心，纷纷来购买席位。而我们合作行的证券部起步较晚，就更得争分夺秒去天津拓展业务了。我去证券部工作之前，证券部的阿枫已经在那里驻扎，他也是我校友，比我早一年入行，也是金融专业的科班出身。

到证券部的第三天，李殿明就通知我和副总晓明一起，当晚就出发去天津。接到命令，我立刻回家准备行李，临出门前，父亲下班回来了，我看看还有时间，便和父母讲起了从人事部门调到证券部门的过程，老爸听完，想了半天,说:"其实,于处长说得对,在上边多干几年,你也许会有更好的前景。现在你急切地去业务部门,一旦干不好,你可就没有退路了。"

"爸、妈,你们也看到这几年我对证券与股票的痴迷和成绩,我在人事处的工作根本不能发挥特长。于处长和我师傅对我非常好,我也不想离开,但是,鱼和熊掌不能兼得,我还是要做自己最喜欢的事。另外,领导派我去天津工作,正好我也想到外面闯荡一番,有句话不是这么说吗?好男儿志在四方!"我这几句话化解了爸妈的顾虑,他俩见我决心已定,便不再多说了。其实我也明白,我这一去,长年在外,最多一个月能回来一次,父母是有些不舍,也有些担心,可我的心就像长了翅膀,早已飞到天津去了!

火车开动了,我们仨在软卧车厢碰了头,各自去了自己铺位。这趟车会路过兴城,我不由记起了三年前在兴城逃票的遭遇,在那个深夜,我们六个大学生因为逃票被人羞辱、谩骂;因为害怕他们通知我们的学校,影响考评,我们说尽了好话;然后在海边被蚊子咬得包有半寸高,还吃馊饭拉了肚子……往事真是让人唏嘘不已,却又让人无比怀念。

今天,我们每个人都找到了好单位,有在工商局的大疆、在税务局的王岩、在建行的嘉林、在中国有色金属公司的肖阳、在市机电总公司的张鹏……我们都在工作单位中务实努力,又善人际往来,因此每每相聚都是春风得意。

火车在十个小时后抵达天津,这座北方的金融之城张开了臂膀欢迎心情无比欢畅的我。此后两年,我以这个城市为原点走向全国,并以天津交易中心为舞台,结识了一大批热血沸腾的同龄、同业人,我在这里学会了各种交易技巧,打通了资本交易的管道,创造出公司与个人的多项奇迹……

李殿明和晓明带着我在天津证券交易中心熟悉了一周时间,完成自己的工作后,返回了沈阳,天津就交给了我和校友阿枫。我开始马不停蹄地备战交易员的考试。这个交易员就是人们常说的"红马甲",它指的是在交易所中各证券公司派驻在席位上的工作人员,开市的时候交易员必须穿红马甲才能代表本公司与其他公司进行交易,而交易所内的管理者则必须穿黄马甲进行记录、结算等工作。一个证券公司派驻场内的代表必须经过交易所的严格考试,获得交易员资格,才能穿上红马甲,这是对于从事这个行业人的一种至高荣誉。因为"红马甲"的专业度决定了本公司客户的经济效益,所以,红马甲交易员在证券公司中备受尊重,他享有非常重要的地位,在社会上也是一种神秘又拉风的高收入职业。

国内第一个对证券有真正认识的金融家,被称为"中国证券教父"的管金生就曾说过,要想与国际大券商并肩,傲然同侪,就必须更多地雇佣那些更加聪明的,能够将市场视为一门严谨的科学的交易员而不是一群庸人来进行交易。

当时在沪深交易所考下来的交易员主要用于股票市场的交易,而天津、武汉、北京联办培训的交易员则属于国债、基金交易员,两者都是"红马甲",只是工作内容不同。

我是天交中心第五期考下来的"红马甲",这一期有八十人。那时,天津市场火爆,有四百多家金融公司购买席位,因此,需要考证的人络绎不绝,整个交易中心一派繁荣景象。

1993年6月底,我拿到了交易员资格证,李殿明就把阿枫撤回沈阳,只留下我一个人独立工作。我接管了天津业务部的公章、账本、电脑密钥,开始独立负责沈阳合作银行证券部天津业务部的所有工作,其中最重要的是沈阳总部委托过来的基金交易,那时大约有十只基金在我手上运作。同期,上海、深圳两个交易所的上市股票发行增长却越来越快,股民和资金几乎都被它们吸引走了。1993年10月后,天津市场上的基金交易不断萎缩,我在交易中心的工作,也从繁忙的手脚并用变成了清闲的东张西望,我不禁心中暗想,这样下去可不行啊,没有交易就没有效益,我得想办法增加新业务,让天津业务部赚钱,这才能体现我的价值。可是,究竟应该怎么办呢?

3. 锁定马钢

1993年11月,正当我在天津待得百无聊赖之际,一个叫杨雄的人来到了天津,此人二十八岁,据他说原来在沈阳装饰城批发壁纸,半年前,跟一帮炒卖股市认购证的沈阳大哥们辗转银川、兰州、太原等地,从三万资金起步,赚到二十多万,这次来天津是路过这里,几天后准备去合肥炒马钢中签表。

所谓中签表就是股票认购证，那个年代想要买到新股，就要排队先买号码，然后摇号，只有中签的人才能有资格买股票，因此，各地发行的股票中签表也是稀缺产品。

1992年8月10日，深圳曾发售1992年新股认购抽签表，百万人争购抽签表，从而发生了震惊全国的"8.10风波"。1992年9月，我二十一岁，刚到沈阳合作银行上班，而刚二十九岁的德隆创始人唐万新为了提高中签率，直接从新疆组织了一个五千人的"打新团"，他们可以免费坐飞机到深圳旅游，前提是要替他排队领号，他支付每人每天五十元。这几乎疯狂的举动在当时的《中国证券报》头版上就是一场英雄的赞歌。就从那时起，股票中签表引起了全社会的关注，1992年深沪两地上市公司只有五十四家，到第二年就迅速扩充到一百七十七家，各地此起彼伏地发行股票中签表，因此而诞生了一批游走各地的认购证炒家和庄家。

因为杨雄是通过我在合作银行的朋友介绍的，我们很快就熟络起来。杨雄干个体七八年了，外表有些社会气，但是，他和我一样，对股票有着超级的热爱，我们经常讨论股票而彻夜不眠。他对我的工作非常感兴趣，我便带他到交易中心参观，还介绍东北老乡给他认识，请他喝酒吃饭，他很感动。在天津待了三天后，他来找我说："玉哲，打扰你三天了，你这兄弟可是真够哥们啊！我准备明天出发去合肥，去炒马钢中签表，你要不要也参与一下？"

"老杨，我真是羡慕你们这些炒家，辗转南北，呼风唤雨的，但从来也没想过让我自己去参与。"

"玉哲，我在天津交易中心看了，基金交易已经萎缩，大家都闲得无聊，你这么好的天赋条件，再待着就废了，不如跟我出去走一趟，你会学到很多，也还能赚钱。"

"是吗？"听到赚钱的事儿，还跟股票有关，我就来了劲儿，"老杨，你说得有道理，我也正在发愁开辟什么业务好呢！最近待得实在难受，但是跟你做马钢中签表，我手里现在没多少本金啊！"我说道。

"那你能出多少？"杨雄问我。

我心里琢磨了一下，觉得跟他初次见面，还是不要太冒险，先拿一万试试吧。我便回答他："老杨你也别笑话我，我手里只有一万块。"

"没事，一万就一万，我现在手里是二十三万，我借你两万，我留一万当路费和生活费，咱俩一共二十三万去合肥炒马钢股票，如何？"见杨雄如此爽快，我不禁欣然同意了。

见我答应了，杨雄连夜就开始给我分析为什么在当时全国同时发行的多只股票中要选择马钢，而不是其他炒家更加看好的股票。

他说："马钢是传统的大型钢铁企业，历史包袱重、总资产规模大、利润率低，这次发行的股票数量巨大，今后上市很难坐庄，从这些劣势来看，它未来发行是困难的。但是，马钢是安徽省最大的工业企业，又是国内首批九家规范化股份制试点企业之一，所以，安徽省政府不会让它发不出去，国家发改委也不会让它发行失败，主承销商国泰证券更不会因它而让自己信用扫地。而且，我最近还跟一批炒家做了沟通，果然，他们都不看好马钢，这样，我们的机会就来了。"

我看着他拿个小本子，娓娓道来的认真劲儿，本来有些怀疑的心也放了下来，眼前这位是个有备而来的炒家啊，难怪他半年就将资金从三万增加到了二十几万，实在令人佩服。

我们即将出发合肥了，突然，沈阳工信的交易员江丹跑来问我们："你们是不是要去炒马钢股票？"

"你怎么知道？"我惊诧地问她。

"是和杨哥吃饭的时候听他说要去合肥，他是炒股票认购证的，那肯定是奔着马钢去了呗。"江丹回答道。

我吓了一跳，"江丹你这小姑娘也懂这个？"

"我跟朋友做过一只兰州黄河百货认购证，挣了三万。"江丹回答道，随即又对我和杨雄恳求说："带我一个吧，我出六万，如何？"

杨雄看看我，点点头应允了。就这样，我们怀揣二十九万现金，当晚就乘火车前往合肥。

这次马钢股票的主承销商是国泰证券，分销商里有合肥信托，恰好，合肥信托天津分部的业务代表金鸣是我好朋友，他便安排我们到他公司办理这项业务。

一大早，我们下了火车就打车赶往合肥信托公司，在那里存上款，等着两天后正式开售马钢股票中签表。合肥信托的副总晚上热情招待了我们三人，他比较悲观，说马钢这次发行六点八八亿股，是本年度沪深股市最大的航母，定价三点四五元，一次性募资二十三点七亿，规模太大。他认为这次买中签表的风险极大，估计炒不起来。我和江丹听得直冒冷汗，这可是当地承销商公司的老总，讲的可都是实情啊！我看看老杨，他却一副镇定自若的样子，没有一丝不安。

晚上，回到酒店，我问老杨："你怎么看？"他不慌不忙地说："这正好证明了我的判断，外面悲观的情绪越是蔓延，我们越是有取胜的机会。"我一想，得，反正我就只出了一万，大不了赔了！

第二天，我和江丹赶回天津，只留下老杨在合肥操盘。

接下来的一周是马钢股票中签表发行的时间，两元一张，一百张起售。合肥全市的电台、电视台、报纸等媒体连番轰炸，大街小巷也拉起了横幅，目的是鼓励人们踊跃购买。刚开始，代售点还有人排队购买，但都是散户，一人买个几百几千块的，国内的大炒家根本没有人来合肥，有个别的小炒家看到门可罗雀的市场，也转身就走了。

每天，杨雄就在各个发行点转来转去，偶尔买个两万三万的，这已经算大户了。天津的金鸣这时也调回合肥总部帮忙发行马钢认购证，我们经常通电话，他告诉给我的都是不好的消息，说他们公司现在只完成了百分之三十的销售任务，而发行还有两天就结束了。我和江丹听了心下十分着急了，立刻打电话给老杨，希望他放弃购买，因为中签表不是股票，过期不出手又不认购就是废纸，老杨表面上应承下来，每天却还在试探着买。周五是发行的最后一天，合肥信托的营业部来了些小买家，依然数目不大，老杨却在下午结束前一次性将剩余的二十万全部买进，此举震惊了当时营业部的所有人，期间，金鸣一直在劝老杨说别冲动，意思是已经买了八万了，这肯定不能赚钱的事就别干了。老杨却非常执著。

周五下午我正在交易中心工作，金鸣跟我迅速说了老杨的做法，让我马上去一趟合肥和老杨见面，看看老杨是不是不正常了。

我放下电话就心急火燎地从交易中心跑出来直奔火车站，11月的天津已经很冷，阴沉沉的天空飘着零星的雪花，我走了没多一会儿就感觉两腿冷嗖嗖的，这才发现一着急我竟只穿了一条单外裤就跑出来了。此刻，冷风正顺着裤管直往里吹，所幸出门抓了一件很厚的西班牙款皮大衣套在身上，不然就要冻成冰棍了。我急匆匆地赶到车站，等着18点那趟由哈尔滨到合肥的列车，我手上握的是临时买的一张站台票，那个年代，无论硬座还是卧铺都需要提前几天预订，我也来不及买黄牛票，只能先上车，再补票了。

4. 惊险补票

18点整，火车准时进站，车上已经人满为患，都是去南方的打工仔。我直奔着餐车方向走去，希望能在餐车附近上车，这样就可以先待在餐车上再想办法补票。我用力挤上了八号车厢，站在了两个车厢的连接处，一低头却见脚下踩着一层薄薄的积雪，不免疑惑起来。问了车上的乘客才知道，原来这一路都在下雪，因为风太大，雪都从缝隙处打进来了。

火车很快就开动了，果然，连接处的冷风伴着小雪花呼呼地吹了进来，并从我的裤管吹进我的双腿，我不自觉地打了个寒战，"这可不行啊，"我心中暗想，我不能待在这里，得找车长去补票，必须找个卧铺。不然，到了合肥，我这瘦弱的身子板肯定废了。

我目光越过满满一车厢攒动的人头，发现隔一个车厢就到餐车了，广播里也喊着："开饭了，欢迎到餐车用餐！"我开始尝试着奋力往餐车挪动，却怎么也挤不动，过道上挤满了焦虑而如铜墙铁壁般的人群和行李，我这心里焦急万分。

忽然，我感觉好像有人在推我，人群也开始松动了，后面有人大声喝道："闪开！闪开！"我回头一看，只见两名乘警正一手挥舞着手上的长把手电，一手拨开众人往我的方向走来，他们的方向正是餐车。我不觉心中大喜，耐心等着他们经过我身边时，立刻上前紧跟其后，终于，在乘警的一阵连喊带舞之下，拥挤的人群被硬生生地打开了一条路，我们很快就到了餐车。

餐车里人不多，温暖而干净，和别的车厢相比，宛如两个世界。我筋疲力尽，一屁股坐了下来，边看着菜谱，边等待列车长经过。不久，只见一个列车长装束的人向我走来，我连忙起身，很有礼貌地问道："你好，您是车长吗？我想补个卧铺你看行不？"

"到哪里下车？"列车长问道。

"合肥！"

"合肥？那可难办啊，现在，这软硬卧铺全都爆满了，你前面还有十几个人在等铺呢！"列车长无奈地摇摇头。

"这趟车这么紧张吗？"

"哈尔滨直达合肥的列车每天就这一趟，票就没有不紧张的时候啊！你先吃饭吧，一会儿来补个站票！"说完，列车长看看我手里的菜谱，头也不回地就走了。

我回到座位，一边点了四个菜，一瓶啤酒，一边大脑开始飞速旋转，今晚无论如何得弄到个睡觉的地方啊……

"有了，干脆，直接找卧铺列车员试试！"我看着餐车前方的卧铺车厢眼前一亮，抬起身就往前走去。

餐车门口，有人把守，我挺挺腰，理直气壮地对那人说："你好，我要去卧铺车厢找一下我们领导，请他来餐厅吃饭。"他看了我一眼，又看看我那张餐桌，服务员正在上菜，就让开了身子，努努嘴示意我通过。我找到这个卧铺车厢的列车员小屋，见他正在里面坐着，我轻轻敲了敲门，隔着门上的玻璃比画着请他开门。他抬头看看我，迟疑了一下，打开门，一脸狐疑。我立刻往小屋里挤，他用手一挡："你是干什么的？旅客不能进！"

"大哥，想赚点外快吗？"我单刀直入，小声说道，"我是天津搞证券的，紧急任务去合肥，您给我补个卧铺，多少钱你说？"

他上下打量着我，"现在不可能有卧铺了，你找车长了吗？"

"车长说没有，只能找您了，我在餐车等你。"说完不等他回答，我就将手里攥着的二百元钱使劲塞在他手里，转身就往餐车走。

回到我的座位上，菜都上齐了，我一边吃着饭，一边盘算着，也只能这样了，这招不成，就只有到石家庄下车，明天再往合肥走。

车窗外，天已经黑了。餐车19点停餐，还有五分钟，照规矩，餐车不能留人，餐车长已经开始催促用餐的客人，乘客们也陆续往自己车厢走，餐厅里只剩下我一个人还在"悠闲"地喝着啤酒。餐车长在我身边走过来又走过去，目不转睛就盯着我，似乎在犹豫着是否要上来赶我。我心急如焚却还得装着十分淡定的样子，好在心中一直有个声音在告诉我，卧铺列车员一定会来的。正当餐车长最后宣告餐车营业时间结束之时，只见那位列车员若无其事地走了过来，经过我身边时也不说话，右手在我的桌子上狠狠一按，然后上前和餐车服务员随意说了句话，就吹着小调走回了卧铺车厢。我欣喜若狂，一把抓起他按在桌上的车票，举起酒杯将最后的半杯一饮而尽，站起身，向卧铺方向走去，边走还不忘和餐车长说了一句："饭菜不错啊！"

"明早还有早餐，旅客。"餐车长如释重负，笑着叮嘱我。

我看了看手心里的票，上面赫然写着"便乘铺"几个字，显然，他是把乘务员自己休息的卧铺票给了我。我走到了卧铺车厢门口，对着门口把守的人扬了扬我手中的票，就走进了卧铺车厢，找到那名卧铺列车员，他对我说："我给你补个硬座票的钱，但是，你可以睡我们列车员的便乘铺，我现在就带你过去，跟我来吧。""管他什么铺，能睡觉就行啊。"我低声嘀咕了一下。

我们径直穿过了六节车厢，来到了一个专为列车员准备的车厢，他指着一个铺位，"你上去吧，半夜1点钟会有人来喊你，你就说你头痛，列车长安排你住的。"

"好嘞，多谢老哥，明早我再去找你！""行，你休息吧！"列车员转身离去。我终于舒服地躺在了卧铺上，心想，这个列车员给我补了个三十八元的硬座，把自己休息的铺位让给我，这也是为了能够多赚点钱给家里吧？唉，不管怎样，我是冻不着了，但愿合肥那边的事儿，也能像我现在这么幸运……我迷迷糊糊地想着，伸手拉了拉被子，伴随着滚滚的车轮声，很快睡去……

半夜，我正睡得香，只觉一个人使劲地推我，漆黑的车厢中，我们彼此都看不清楚对方。我假装不知情，嘟囔一句，"车长让我躺在这儿的"，又翻过身去。半晌，那人看我不理他，便转身走了，一宿无话。

天亮了，我睡了一个好觉，起来向餐车方向走去，准备好好感谢一下那位帮助我的列车员老哥。我们在列车员室门口聊了起来，他比我大十岁，是合肥当地人，收入不高，但是很稳定，也是贫穷的安徽省让人羡慕的好工作。他很喜欢自己的工作，能够去很多地方看看，唯一不足就是每次出来三天，想念自己两岁的儿子想得受不了。我们聊得很开心，他觉得我给的钱太多了，非要退回五十元，我说自己收入很高，休息好不挨冻对我来说比钱更重要，他这才又收回了五十元，我们互留了传呼号，说有机会再见。

到了合肥，我急忙赶去老杨住的宾馆，一见面刚准备劈头盖脸地给他来几句，却见他一把拉住我，满脸喜气地说开了，"玉哲，这把我们要赚大钱啦！"我反驳他，"我听金鸣讲，这马钢股票发行惨淡，咱哪儿赚大钱去啊？"

老杨神秘兮兮地说："昨天下午，我得到消息，南京、武汉、厦门发行的小盘股票认购证已经爆棚，下周中签率出来将会非常低，这一定会造成大户们炒认购证以来的首次亏损；而马钢股票，因为所有人都不看好，售出量很低，反而会有高比例的中签率，所以，很快这批炒家必然会转到合肥来，那时，我们就可以乘高出货，大赚而归啊。"他见我直发愣，又接着说，"合肥信托的副总、金鸣等人是好心，但是，运作股市认购证他们是第一次，完全不懂此中奥妙，这中签表关键是有人来炒，与当地人买不买没关系。"

听他这一番慷慨陈词，我如梦方醒，心想，早知道就不来了，差点再次上演无票乘车历险记。可是转念一想，还得感谢金鸣为咱哥们儿操心啊，于是特地跑去请他吃饭，吃完饭，金鸣带我们去了当地的三河古镇参观，晚上，我便连夜搭火车回了天津。

5. 超级战果

合肥这里，马钢中签表的公开销售结束后，便以两元一张的价格进入了合肥的黑市，此时，交易的人还不多，价格在二点五元左右，而我们三人一共投入了二十八万，买了十四万张，算起来，有七万的浮盈。我现在非常尊重老杨的意见，第一，因为老杨这次炒作马钢认购证已经是第四次进场了，而我，零经验；第二，老杨十分勤快且敏锐，各路信息都能很精准地掌握；第三，他的心态超级好，主意正，从不被任何人干扰。我每天只打个电话问候一下，顺便问问中签表的行情，江丹则抽空去了一趟合肥，她是第二次炒认购证了，回来和我说，觉得还是要听老杨的意见。

几日后，马钢的股票中签率出来了，居然达到惊人的百分之二十四，同期各地发行的股票中签率却不到百分之二，几乎所有炒家都损失惨重，一切都在按老杨的预期发展，而老杨是这场"赌局"的最大买家。此时，马钢的中签表已经升到了三元，我和江丹，就连金鸣都开始佩服老杨了。合肥信托的柜台员工们也都一直关注着这笔交易，老杨与他们厮混了十多天，每天都花上两百元拎上两大包水果、零食和小姑娘的饰品送去，他们自然在柜台给予他诸多方便，后来证明，老杨此举绝对是高情商的表现。

看到三元的价格，我打电话给老杨，建议马上卖了收场，因为我们买的十四万张数目太大，如果按照中签率购买，我们需要筹集八百万的资金，那怎么可能呢！

老杨却依然不慌不忙地说："明天我先以三元的价格卖两千张，拿回六千元，这样我的食宿费用就能维持到离开合肥了。"

"老杨，我看三元价位也不错了，不行卖一半吧？"我提议道。

"三元还不是理想价位，大户还没有到合肥，咱必须等啊。"老杨依然坚持自己的立场。

很快，合肥黑市上马钢认购证从三元涨到了四元，我和江丹又开始劝了："老杨，我们的投资已经翻了一番还不行吗？快点出手吧，别价格跌回来了再后悔！"

这回，老杨有点激动，"我天天在黑市里转悠，大户还没到，这是他们在玩花样、吊胃口，我以前跟他们一起干过，我知道这个手法，还有一周时间认购，价格还得涨，我们必须等！"说完就撂了电话。

我又拨通了金鸣的电话，他对我说："玉哲，我们合肥当地的券商当初都没有看好马钢，但是，没想到现在已经翻了一倍，我们都后悔没买，家门口的发财机会都给错过了。"

"那你说，还能不能涨？"我连忙问道。

"别扯了，翻一倍还不够吗？对了，你们几个人发了大财，可别忘了请我啊！"我答应一声儿，心里却暗暗着急，这老杨非要赌个大的，不知道能不能成！

离认缴还剩下两天了，价格还在四元左右，终于，老杨来电话让我和江丹后天一早去合肥，说跟他一起带钱回来。我长出了一口气，说："你终于决定卖了？"电话里老杨沉默片刻，闷声闷气地说："你们来就行了！"

最后一天，决战时刻，手中的中签表无论如何都要卖了，因为我们只炒中签表，不认购股票，但怎么卖还得听老杨的。老杨告诉我们，此前，他已经悄无声息地在四至五元区间卖掉了四分之一，但他目前持有的总量依然是最大的。

最后一天下午，买卖双方一场大博弈开始了。买证方持大资金准备进场收购中签表，这些大资金多为机构投资者，是要认购股票的，他们等待着下午的最后时刻，期望持有中签表的大户低价吐出手里的货，因为他们知道，如果这些大户不卖，手里的中签表就会变成废纸。但是，这些机构投资者却又有认购任务，如果没有大量的股票中签表，他们就无法购买股票。而作为卖方的我们则等着对方给出一个最高价格，这样可以获取最高利润。时间在一分一秒地过去，很多散户已经在四至五元的时候跑了，我们双方还在僵持中，眼看结束时间临近，黑市里除了我们已经没有更多中签表了。下午3点多，突然，一直不出声的老杨大喊道："马钢中签表，六块出手，十万张，谁要？"几个买方大户听闻整个人都一激灵，他们互相看看，又看看老杨，心里都明白，自己再不出手，要么签被别人买走，要么市场上就无签可买，而5点交易就结束了，还得去营业厅办手续，时间所剩无几。只见其中一人抢上一步，喊道："我要！"另几人一看也不甘落后，"我要！""我也要！"十万张中签表很快就被瓜分干净了。

接下来，老杨带着这些人来到合肥信托的营业厅，他先和金鸣打了个招呼，又熟络地和柜台里的员工们招了招手，仿佛自己是信托公司的内部人一样。他让人取出寄存在营业部保险柜里的中签表，几个大户一边很不情愿地拎出装在箱子里的现金给老杨，一边有些酸酸地说："我们这些人联手都没斗过你这个东北庄家啊！"老杨一拱手："哪里话啊，承让了承让了！"几个柜台员工上来帮忙点钞，点算清楚又将资金存进了保险柜中，连本带利一共六十多万。老杨瞧瞧都看傻了眼的员工们，拿出了三千元给经理说："多谢你们帮忙啊，这点钱请大家好好吃一顿。"然后，就潇洒地打车走了。当晚，老杨就将住处换到了一个武警招待所。

次日早上，我和江丹到了合肥火车站，老杨给了我新地址，我们去找他。

"老杨，你换宾馆干什么？"一到宾馆，我上来就问。

他抑制不住内心的喜悦，"不换行吗？我们发财了，说不定就会被人盯上了。"

"老杨，昨天你什么价位出手的？"我急切地想知道结果。

"我说你俩还是证券交易员呢？这么沉不住气，让我四元卖了，昨天最高都涨到六元多了。"

"什么，六元？这么高，太离谱了。"我以为老杨四元都出手了，心中后悔不已，气得直拍大腿。

"哈哈，我亏了没听你俩的，我们的十万张中签表都是在六元卖的！"老杨一看我着急了，忍不住哈哈大笑。接着，他绘声绘色地讲起了昨日与机构大户们斗智斗勇的过程，又说道，"合肥信托的那些人也眼红得不行啊，看那经理眼神都要吃了我一样，我昨天给了他们三千元作为感谢，不然，绝对不会再帮我们存钱的，那几个大户带了很多社会人，我要拿着那么多现金出去，没准儿命都没了！"我和江丹听得惊呆了，也就是他这个老江湖，不然就我俩这书呆子还不知道会发生什么事儿呢。

我们决定当晚就乘坐火车先到北京，再转车一起回沈阳。我立刻去火车站高价买了三张卧铺票，为了安全，都选择了上铺。然后，老杨带着我们一起又来到炊具商店，每人配了一把水果刀放在身上，再去商店买了三个背包，用来装钱。一切安排停当，我们给合肥信托营业部经理打了电话，说准备下午4点去取钱。下午4点，我们三人准时走进了营业部，将六十多万的现金装了三大包，这就是马钢股票发行半个月来，我们在合肥的战绩。一旁亲眼看到老杨这番操作的营业部经理啧啧称奇，他上前对我说："杨哥真是太牛了，他就在我们眼皮底下赚了大钱，我都想辞职跟他干了！""哪里啊，都亏了你们大家帮忙，下回咱们一起合作！"老杨丢了一句漂亮话儿，就拉着我们走了。

我们顺利坐上火车，老杨趁人不注意悄悄拿给我六万元，他意味深长地说："小兄弟，这是你的回报，这半个月我没少麻烦你，借用了你的关系，我们一起合作成功了。以后，我觉得你要多参与实战，交易中心里面的东西太僵化，还是到外面闯荡学得快啊！"

拿着沉甸甸的六万元，我有些不安，一来我自己只出了一万，老杨借了我两万；二来，要不是他的经典操作，坚持六元卖，也不能有这个高收益。我觉得拿多了，受之有愧。

"我不能要这么多，杨哥。"我推辞道。

"不多不多,我说好了借你两万本钱,这些就是你的。何况,合肥信托都是你的关系。"老杨手一挥,不容我再说了。

火车在第二天早上7点半到了沈阳,我们三人各奔东西,我爸一早就起床在家等我,因为我提前给他打电话说,我从合肥回来,要带几万元回家。一到家,我三下五除二就从皮大衣里拿出了十二打五十元一捆的钱,一把就撂在桌上。老爸一脸惊诧地问道:"儿子,这钱怎么来的?"

"老爸,这是我到合肥炒股赚的,绝对合法。"我知道父亲心思,作为一个老公安,他是怕钱的来路不正。

"那好,你就在家里看着这些钱吧,我得上班去了,等我下午请假,陪你去存钱。""行,爸,听您的!"我答应一声,老爸就转身高高兴兴地出门上班去了,我则把门一锁,看着满桌花花绿绿的人民币,美美地睡着了。

6. 上海取券

在和杨雄合炒马钢认购证同时,我并未忘记我的主业,因为天交中心的不景气,我开始琢磨如何开拓业务。我观察着交易中心的这些同行们,大家都来自全国各地,其中我和沈阳本地的几家券商因为是老乡的关系,来往比较密切;而黑龙江一批券商也是结伴到天津发展业务的,因此比较抱团,他们的带头大哥是秋江,比我们这拨人大十多岁,豪爽、义气、敢担当,经常张罗我们一起聚会,这使得我们辽宁的交易员也很认可他,这样,辽宁与黑龙江的交易员三十多人就形成了一个独立的东北圈子。

在交易员东北圈的聚会中,我发现来自辽财证券的汪静正在给总部做国库券交易,并且经常去天津当地的一些国债服务部联系业务,就很想去了解一下。有一次聚会,我又见到她,便向她请教怎么做国债业务?她告诉我,国库券是财政部发行的,各省市都有财政证券公司,各县区都有国债服务部,目的是解决流转问题,有的单位要卖,就得回收;有的地方认为国债利息高、安全,想买进就得有地方让他们买。国家各级财政系统的券商则在其中做这种地区之间的调剂买卖。

"比如我天津的几个关系户,就是各县区的国债服务部,他们那里缺什么品种的国库券，就打电话给我，我向公司总部发回买券信息，总部业务部门就在省内帮我找价格合适的国库券，找到了加上我的佣金，就安排人送到我客户手上。佣金一般是百分之一至百分之二不等。现在天津基金市场萎靡不振，这些国库券买卖的业务倒是还不错。"

我听着心中一动，连忙问道："汪姐，那你方便跟我说说，像你这样一般能赚多少？最近生意怎样？"

"业务很多，根本做不过来，我只是顺带做做，一个月能赚个十几万吧。"她貌似很不在乎地回答我。

"这么多？还是顺便做的！您能教教我吗？"我急切地问道。当下，我正需要给公司在天津开辟新业务，这国库券生意恰好是我要寻找的好产品，这个机会当然不能放过。

"好吧，既然你这么诚恳，咱又是老乡，我就带你走一趟上海，你就委屈一下，给我当个助理，给我背一批券，一趟下来，你就能掌握这里面的奥妙，完了，我还给你介绍人脉，咋样？""那敢情好！谢谢汪姐！"我差点蹦起来。

就这样，我开始了经营国库券生意的尝试，自那次上海之行到1995年初，我多次往返各地，多次运作调配，仅用一年时间就创造出了国内此项业务的奇迹。

1993年11月，汪静带我出发去上海，她们公司给我订了北京—上海的往返机票。这是我人生第一次坐飞机，也是第一次到上海，内心无比激动。我们打车从天津去北京首都机场，到了航站楼，一路打听着终于坐上了飞机，一切都是那么新奇而又兴奋，毕竟那时能坐飞机的人还很少。

从北京飞到上海虹桥不过两个小时，穿过三万英尺的高空再下来，确实有时空转换的感觉。在天津，此时已是秋风扫落叶，阵阵萧瑟，而上海还是一片夏末初秋的好时光，树叶正绿，花儿正红，人们只穿一件衬衫就够了。我终于来到了我心中仰慕的上海，看到了时时刻刻牵动我心的上海证券交易所。自从研究股票会炒股以来，"上证指数"这几个字就总在我的眼里和嘴里，这回是看到真格的了。

尽管汪静也是第一次来上海，但我们并没有任何观光旅游的时间，下了飞机就直接打车去了上海财政证券公司，找到接洽的陈经理。汪静和陈经理简单说完情况，就拿了张单子给他，陈经理接过来转身就出去了。大约半个小时的功夫，他再次进来，交给汪静一张新的单子，这是一张国库券出库单，上面写着92年五年期，金额五十万元整。

陈经理说："明早9点，你们拿这张单子去柜台提券，今晚我给你们预订了附近的财政局招待所，你们到前台，提国债部同志预订的就行。"当晚，汪静让我买一个超级大的编织袋子，我不知道做什么用却也不多问，买完我们就去招待所休息。

次日一早，我们准时来到证券公司的一楼柜台，出示提库单，柜台后面是个穿着深蓝色制服的小伙子，他接过提库单转身就从里面推出一台小车，上面是一箱国库券，小伙子问："你们需要清点吗？原箱财政部的，没拆过。"汪静很熟练地上去核对了箱子上的数字，又上下左右查看了箱子的完好度，对那小伙子说："不拆了，我相信上海财政的信誉。"说罢回头对我说："董经理，把编织袋子套上，外面再封上胶带，你要背着这箱子了，行不行？很重的。"小伙子走出来帮着把箱子放进编织袋，我一拎，手顿时往下一沉，嘿！十五公斤只多不少！我背上这一箱子国库券跟着汪姐就走出证券公司大门，叫了一辆出租车直奔虹桥机场，我们得赶中午的航班回北京。

到了机场，这回我们熟练地换好了登机牌，套着编织袋的一箱国库券依然背在我身上。一进候机厅，就看到一大群旅客们正骚动不安地走来走去，吵吵嚷嚷的，一打听，原来从早上去北京的五个航班大面积延误，有的航班已经取消，近八百多人拥挤在狭小的候机厅里。我找了个角落的位置坐下，下意识地抓紧了编织袋，这里面可是无记名的五十万国库券啊，万一丢了，那可得出人命！汪静在一旁用"大哥大"不断和天津的买家沟通，说明这边的延误情况，看神情，电话那头也相当着急。

可是，一个更坏的消息传来了，机场通知，北京大雾，当天飞北京的航班全部取消。航空公司来人说，被延误的旅客太多，他们无法安排住宿，每人发两百元，自己想办法，明早6点再到机场重新登机。我拍拍手里的编织袋，愁眉苦脸地对汪静说："汪姐，我看咱得找个安全点的宾馆，万一有人盯上咱们，咋办？"汪静倒是老练，毫无担心之色。"没事儿，一般人不会对国库券下手，因为无法销赃！只是带着这十五公斤的东西找宾馆，是有点麻烦，"她看一眼编织袋又看看我瘦瘦的身板,"得把你累坏了!"我连忙说:"我不怕累,安全就行!"

我们随着人流走出机场,排队打车的人一眼望不到头,我抱着十五公斤的国库券往前挪动,心里很紧张,手臂酸酸的。好在汪静一直很沉稳,一副大姐大的样子,让我定心不少。终于,我们坐上了出租车,告诉司机在车程半小时范围内帮我们找一家好宾馆,司机答应一声,很卖力地一路载着我们四处寻找。可是,找了十多家宾馆都是客满,天已经黑了,我们在车上已是又累又饿又困。正无计可施之际,司机说:"要不,我带你们去大学校园里试试运气吧?""好吧,去看看!"我们无奈地同意了。陌生而漆黑的上海郊区,我们一路疾驰,正在开往哪里,完全不知道,一股莫名的恐惧感油然而生,我又下意识地抱紧了编织袋。午夜时分,这个司机终于帮我们找到了一处好像一个大院子里的招待所,也只剩下一个三百五十元的大套房,汪静不想再让司机黑灯瞎火乱找了,立刻答应下来。我们办好手续已是凌晨1点,我观察了一下房间,便拎着编织袋小心翼翼地放进里屋卧室放好,察看了下卧室窗户,好在是三楼,想爬上来还是很有难度的,我将窗子紧锁上,便来到外屋,又把写字台推到房门后堵上,再将一只单人沙发顶在写字台后面,心里这才觉得踏实了。我跟汪静说:"汪姐,我在外屋的沙发上休息了,也可以注意一下走廊动静,您就在里屋抓紧时间睡觉。"汪静答应一声,就进了里屋。

躺在沙发上我却翻来覆去睡不着了,脑子里翻腾个不停,"这是在哪儿啊?安不安全?""这样一个偏僻的招待所,会不会遇到打劫的?我们俩可是毫无还手之力啊!""那出租车司机好像对这里很熟悉,是不是看出我们拿着值钱东西,这里不会是贼窝吧?"终于熬到天亮,汪静开门出来,我一看,这也是一脸黑眼圈啊,敢情,也没睡着。

5点,我们便迫不及待地叫车出发往机场去,临上车,我突然想起什么,回头看了一眼,只见招待所门上写着"上海师范大学招待所",原来是这儿啊,那司机还真没骗我们。

到了机场,再次换好登机牌,过了安检,登机大厅里都是昨天未走成的大批旅客,航空公司一共准备了两架大飞机,先到先登,旅客们蜂拥而上,那场景就像上班时间挤公交车一样,我又十分费力地抱着编织袋,和汪姐一起挤上了飞机。

飞机开始滑行，我的困意袭来，醒来时已经落地北京首都机场。一下飞机我们就打车到京津塘高速口，再换乘回天津的出租车去天津。一路上每隔半个小时，汪静就给天津的客户打电话，说明我们到了哪里。下午4点，我们来到了天津和平区国债服务部，只见两位领导模样的人焦急地在门外等候，我们一下车，他们身后一个壮小伙子就轻车熟路地走过来帮我拿过编织袋，我一下子如释重负，这趟押运的任务总算是结束了。

到了主任办公室，汪静介绍说："这是国债部主任胡大哥，这位是副主任王姐，这位是我的老乡、沈阳合作银行天津证券部负责人董经理。这次，多亏他去了，要不真要命了。"

胡主任感激地对我说："辛苦你了啊，小董，你们不知道啊，昨天一听说飞机延误，我和王主任可也是担心了一晚上，就怕出意外啊。"

"这回放心了吧？赶快清点入库，我们可饿坏了。"汪静说。

"好的，好的，赶快吃饭去！都准备好了。"王姐道。

饭桌上，汪静说："我公司今年给我天津的利润指标我已经完成了，胡大哥、王姐，后面你们就和董经理做一笔一百万的，让他也赚点钱，好完成他公司的指标，如何？"

"好啊，我们正准备买一些93年五年期的国库券，这个产品柜台上卖得很好，那我就交给董经理操办吧。"胡主任很爽快地答应了。

我连忙端起酒杯站起来，"谢谢胡大哥，也谢谢汪姐，我刚到天津，国债业务是新手，今后全就靠各位领导帮忙了。""好的好的，别客气！"大家彼此寒暄着，一顿饭吃得很是开心。

这一单，天津和平区国债服务部是国库券的大买家，他们再零售给周边的老百姓，因为利息比存款高，国家还给保值贴补，很受天津群众欢迎。上海财政证券公司是卖家，上海人愿意投资股票，炒二级市场，不愿意买固定利息的国库券，所以他们就收购国库券后批量卖给外地。他们两家互不认识，通过辽财的汪静做中间人完成了这笔交易。

我算了一下，这次流转五十万国库券，汪静公司获毛利一万，除去我们提券的差旅费三千，共盈利七千。如果年交易量达到五百万甚至五千万，那利润可就非常可观了。

上海之行，我了解了国库券现券市场的交易玩法，可是财政系统的公司天然具有自己的人脉优势和信息优势，这块自留地，他们是绝不希望外来的券商介入的。我怎样才能进入这个领域，独立完成和胡大哥的一百万元交易呢？我开始思索起来……

7. 合肥坎坷取券

从上海回来一周，我开始查找资料研究国库券的交易历史，《证券周刊》曾经登载这样一个介绍：万国的原始积累就是在倒卖国库券中完成的。他们利用当时的国债以摊派形式发行且流动性差，从而产生地区差异来获利。管金生曾说："当时，我们都是拿着现金，到河南、安徽等地收购国库券，坐火车运回来的。车上，一人坐个麻袋，一麻袋就是价值好几百万的证券。"

当时，全国最大的现券市场在武汉，每天有各券种的指导价格，问题在于：一、国库券是现券交易，最重要的是流通，但很少有人愿意将国库券在全国搬来搬去，一来资金大，二来分量重，三者，还有风险。二、中国各地经济发展不平衡，国库券在各地受欢迎程度相差很大，信息的及时获取也不容易，并且市场变化时时在发生。因此，相对于股票，国库券的发行与交易并不被人看好。但是正因为这些原因，我却认为这是我当下的机遇，别人不干的我来干。我很清楚，要完成胡主任这笔一百万元93年五年期国库券的任务，还得请汪静帮忙！

想到这里，我立刻起身去找汪静，来到她办公室，她刚放下电话，我说明来意，她便拿过名片册，拨通了电话。一连打了七八个电话，我只听她一连串地老张老李地叫着，询问93年五年期国库券的价格和数量。终于在打到第十个电话时，汪静往后一靠，长出一口气，放下了电话，对我说，"有了，在合肥财政证券公司，那边说随时可以签合同，我给你联系人电话，你快去办吧！"我连连称谢，一溜烟似的跑了出去。

我先和胡主任联系上，作为卖方以沈阳合作银行证券部天津业务部的名义与天津和平区国债服务部签了买卖协议；然后，作为买方再与合肥财政签订了买卖合同，一共留了两万差价。不过一个小时的时间，各个单位的公章都已经盖好了，传真发出去，这笔单子正式开始运行。

汪静又打来电话嘱咐我："今晚你得找个可靠的人跟你一起坐火车去合肥，明天上午取完券，马上坐飞机去北京，然后迅速赶回天津，下班前把券送回来。这样万无一失！""明白了！谢谢汪姐。"我放下电话就开始寻思，还是找我的好兄弟曙光吧，他是北方证券派驻天津的代表，他们公司在天津有三个人，走一个不影响工作。我立刻发传呼给他："曙光，没事跟我去趟合肥吧？"刚发出去，就见他回复我："好！"

"我们今晚就走，明早得去办事。"我继续打着字。

"这么急吗？"他问道。

"是的。"

"行，等我！"

当晚，我们从天津火车站上车，我买了两张普通卧铺，在车上，我并没有透露取券的事情，只是一路闲聊。次日，下了火车，打了一辆车来到合肥财政。见到负责的肖经理时，我收到信息，胡主任他们的一百万汇款也到账了。肖经理带着我们来到金库，有点诧异地打量着我们说："你们就来了俩人？这批券都是小面额，可得装三个箱子啊！"曙光一脸疑惑，悄悄对我说："我们干吗来了？你这是诓我来当保镖兼劳动力了啊？"

我嘻嘻一笑说："现在中心没什么业务，你整天打游戏看小说的也没啥意思，陪我来开发一下新业务不好吗？我给你分红！"

"嘿，你可真行！"曙光捶我一拳，"我倒没问题，可是咱俩这体格拿起来费劲不说，这可是一百万啊，半路再被人打劫了，命都没了！"

"谁知道咱拿的这个呀？再说了，男子汉大丈夫的，怕这怕那的，还想赚钱？"听我这么一说，曙光挠挠头，事已至此，只能硬着头皮跟着走了。

我照葫芦画瓢学着汪姐的样子，点收了一百万元国库券，再拿编织袋子里外开始打捆，封闭严实，外表看上去就像服装商贩运送的服装。"曙光，你看着这三个包，我去去就来！"我嘱咐一句，要了他的身份证，到门外一招手，一辆出租车停在我面前，我吩咐司机往合肥民航售票处驶去。到了售票处，我每张多出五十元从门口的票贩子手里买了两张合肥—北京的机票，下午 13:00 起飞。

我匆忙赶回合肥财政，已是中午 11 点，我正要叫上曙光准备出发就被王总经理拦住了，说辽财汪总特意来电话要他请我们吃饭，我一再推辞不了，便随他来到附近的一家豪华大饭店落座，我们边吃边聊，谈得很投机，看来今后在国债方面的合作空间很大。

饭后，合肥财政老总派车将我和曙光送到了机场，机场不大，本以为很快就能登机，安检却对着三个箱子反复检查称重，最后说道："这几个箱子已经超重，你们必须马上办托运！"我立刻拿出购券协议递给他："这是有价证券，可以随身携带，托运万一损坏或者丢失，你们能负责吗？"

他皱着眉，看看协议，犹豫半天说："这事儿，我也做不了主，得请示领导！"可是飞机就要起飞了，我急得哭的心都有了，"小哥，要不你通融一下，等你们请示完领导，领导再请示领导，这飞机就飞了！"他正左右为难之际，电话声响了，原来负责人已经得知消息，来电话是让我们改签晚上航班，等他来现场处理。我一下子像泄了气的皮球，一屁股就坐在其中一个编织袋上。眼看着飞机起飞了，"嘟嘟，嘟嘟……"传呼机又响了起来，是汪静，她听合肥财政老总说，我们已经安全到达机场，想问我飞机是否正点起飞。我手里没有"大哥大"，只得找到机场电话亭，跟汪静说了这里的情况，我有点慌了神，"汪姐，你说我们怎么办？"

"别急，"她安慰我，"既然没登上飞机，马上改计划，不能晚上飞，到北京都半夜了，再往天津赶太危险，而且凌晨到天津，胡大哥那边还没有上班，也麻烦！这样吧，赶快让合肥财政的王总派车把你们接回公司，把券存金库里。再让他帮你们买今晚回天津的软卧火车票，多买两张，包一个包厢比较安全。我跟他打个招呼，晚上让他送你们进车站，看到火车启动再回。"

"好的，我马上联系。"挂完电话，我就给合肥财政老总打了电话，再次回到了证券公司，存好国库券。王总开玩笑说："这是合肥不想让你们走哇！头一次听说机场不让带国库券的，肯定是个新来的，也怨我，我陪你们去机场就解决了。"说着，他拿出几张车票，"晚上 10 点半的车票已经买好了，四张，一个软卧房间全包了。7 点咱们去吃饭，喝点酒压压惊，9 点半送你们到火车站，车开了我再走。"我无比感激地接过车票，"多谢王总了，多亏了您，也是我没经验啊！"

走出证券部，时间还早，我和曙光找了个足疗店，躺在按摩椅上还心有余悸。

当晚，我们总算顺利地坐进了软卧包厢，在里面将门一锁，心里一块石头也落了地。列车启动了，王总在站台上笑着向我们挥手，这趟真是亏了他啊。

次日早上9点，列车驶进了天津站，胡主任带着两个年轻人和汪静已在站台上等候，旁边停着一辆桑塔纳轿车。列车停稳，我和曙光费力地拎着三个大箱子走下车厢，两个年轻人迅速接过去直奔桑塔纳而去。胡主任上前对我们说："小董啊，这趟辛苦你们了，明晚我邀请汪总一起咱们喝点酒，给你们接风，一定得来啊！""老胡，你怎么还客气上了，"汪静接上话茬，"那我也不客气，咱们明儿见吧！""好，好，那我带券先回公司上班了。"胡主任回身要走，我连忙上前一步跟胡主任握了握手，"好的，胡大哥，明天见！"我将他送上车，看着桑塔纳潇洒地驶出站台，拉着曙光对汪静说："汪姐，这回多亏您调度，不然我真搞不定，咱们先各自回公司，中午我请您吃饭去！""行，中午喝一杯，给你们庆祝一下！"汪静也很高兴，一行三人有说有笑地向着车站外走去，阳光洒在身上，暖洋洋的。

8. 轻车熟路

合肥一单，我赚了两万毛利，除去路费两千元，获纯利一点八万元。我拿出一千元给曙光，感谢他帮我背券还担惊受怕的，又分别给胡主任、王主任和汪静买了份精美的礼物，挑了个周末，邀请他们仨一起吃顿饭。这单业务对我帮助太大了，通过这次一百万的单子探路，加上汪静的背书，我这就算正式结交到了天津本地的国债大户胡主任，有了一个需求旺盛的固定买家，我的国库券业务也就风风火火地开展起来。

因为我有很多电大同学和校友都在证券公司，我就开始打电话询问谁家买国库券？谁家卖国库券？一个偶然的机会，我打听到同学老吴他们公司有这个业务，不过业务量不大，一个月需求五十万的92年五年期国债，我一想，这不正好和胡大哥他们对接上吗？我立刻打电话给他，电话那头，胡主任想了想说："我看行，我每月可以在天津各区国债部中集中调配出五十万给你！""好，就这么定了！"这样，我每月从胡主任那儿拿到五十万国库券卖给沈阳的老吴，每单都有五千元的利润，而我只需进行每月一次天津—沈阳的往返送券之旅：每次只要沈阳那边把钱准备好，我就到胡大哥那里取券，再雇佣指定的司机送我去北京机场，买最近的一班飞机回沈阳。晚上到了沈阳再由老吴亲自开车接我，将券送到他公司的金库，然后付利润给我，送我回家。如此这般，我通常都是在夜里12点到家。第二天早上5点，我表哥开车接我去机场，坐早上第一班7:00沈阳飞北京的航班，落地北京后，再打车到京津塘高速口，坐返程出租车回天津，大约中午时分到胡主任那儿交钱，这两个半天加一夜的旅程才算结束。

因为表现出色，我有了五十万的信用，可以先取券，次日再还钱，这就更方便了我的每次交易。后来，除了每月一次的天津—沈阳交易，大连、济南、西安的业务也逐渐开展起来，我每单经手的国债数量也不断攀升，仅仅两个多月就为天津业务部赚进了二十万纯利。我将这些业务情况汇报给李殿明，他对我开发的新业务大加赞赏，派车派人到天津帮我运送国债。我顺便向他提出了一个要求，"李总，您看，现在业务不断扩大，传呼机已经跟不上联络的速度，您批准我买台'大哥大'吧？""大哥大"是那时的模拟制式的手机，模样像块大砖头，人们大多只在港台电影电视剧里见过，因为都是黑帮大哥手里拿着，一来二去的大家就把它称作"大哥大"，我心中对它向往已久了。"行啊，既然工作需要，你赶紧去买吧！"李殿明立刻同意了我的要求，只是要求我用天津的利润购买。1993年的12月，我花了两万四千元买了一台"大哥大"。在那个不断走向开放的中国大陆，拥有这样一台移动通讯设备，无疑是身份、地位和财富的象征，也似乎体现了我在天津交易员圈子中的地位，手里握着它，我走路都不觉挺直了腰杆。

因为天津的各地交易员太多，我们彼此间存在着竞争的关系；此外，因为所涉金额都很大，出于安全考虑，我不能跟别人说要去哪里，常常是和朋友们喝着酒、唱着歌我就借口溜走了。那会儿，我在天津消失个一两天，那都是常事，东北交易员圈子的人都觉得这个小董神秘兮兮的。

有一次回沈阳办完事，半夜才进家门，母亲已经为我做好了宵夜，看我大口吃得开心，便打开我背包，想看看有没有要洗的衣服，她一眼看到五大捆百元大钞，顿时吓坏了，"这钱怎么回事？你深更半夜地往回背啊？"我赶忙咽下嘴里的饭说，"妈，这是公款，是给公司办业务的。""可千万别干坏事，你远在天津，我和你爸管不了你，全靠自己把握啊！"我妈一脸忧愁地嘱咐我。"您别担心，您儿子不会干犯法事儿的。"我安慰她。

就这样，我周而复始地往来于各个城市，我喜欢神秘的飞行，火车的软卧、急驰的机场接送……轻车熟路的国库券现券交易如同我飞翔的翅膀，载着我去到那些心仪的城市，结交各色不同的人物。成功的交易是我最大的快乐，能够以最快速度将券或钱交割完毕，看到买卖双方满意而兴奋的笑脸，我就觉得开心。而每一次不断取得的信任，又成为我新的交易开始，我的国债圈子越滚越大了。

9. 结识华银大佬

1994年1月，天津正是"三九四九冰上走"的日子，寒风凛冽，瑞雪纷飞，我们这些外地交易员们顶风冒雪地搬进了交易中心对面的帝豪酒店。这是一座刚刚重新装修好的四星级酒店，我们几乎占据了它百分之八十的客房，成了名副其实的"交易员之家"。白天，大家都去对面的中心上班；晚上，这里就是聚会的中心，交易员、券商和一些朋友都在这里从陌生到相识，喝酒、品茶、打牌、去KTV唱歌，热闹非凡。而对我来说，这里则是我认识金融界朋友，获取生意信息的好地方。

一日，海南省赛格信托的罗荣张罗起晚上的聚会来，说要介绍一位海南华银信托的重量级朋友给大家认识。我和秋江、玉彪、老梁、汪静几个受到邀请后，下了班就回到酒店，来到了位于大堂西侧的"粤王阁"餐厅。这个餐厅经营新派粤式菜系，特邀名厨料理，菜品十分精致美味，尤其一道脆皮乳鸽，皮脆肉嫩，香气馥郁，是我最喜欢的一道菜。

见大家都落座了，罗荣站起来向我们介绍起身边坐着的一位男子，"这位是海南华银的资金部经理周岭，今天刚到，来天津考察。这华银咱们可都是知道的，1991年上半年，他们将当时上海股市的龙头股'电真空'的股价从一百多块拉到九百多，被称为当时的'中国股市第一庄'。1992年又帮助华晨汽车在美国成功上市，融资金额达八千万美金，举世震惊啊！"罗荣说得眉飞色舞的，好像那些事儿都是他干的一样。我看看周岭，他三十不到，中等身材，很瘦，双目炯炯有神，一看就是个精明强干的人。在座的交易员们一听是华银的，顿时肃然起敬起来，我们这一行对于华银这样在金融领域进行牛操作的公司都是当作神一样地崇拜，何况还是来自海南。那时，海南在我们心目中就是冒险家的乐土，就像美国西部的淘金者一样，自由、机会、利润让数十万人去海南淘金，天下熙熙皆为利来，天下攘攘皆为利往，虽各有成败却依然络绎不绝，而我们身居天津不能分身，对海南也是充满了好奇与向往。

周岭听罗荣说完，连忙站起身，十分谦虚地说道："大家好，都是同行，我们互相学习。我先来介绍下我们公司吧。我们海南华银信托分为北京、海南两个总部，大股东是北京市政府的华远经济总公司和人民银行总行金融学院，1988年成立，做了几乎所有门类的证券业务。在海南我们投资了大量房地产项目，是海南省八大信托公司之一，这次我来天津交易中心考察，主要是想多认识些你们这样的朋友，在这里寻找国债现券、国债回购的合作机会，希望大家多帮忙啊！"他这样单刀直入，无疑是在告诉在座的天津证券类各公司代表，我们华银信托背景雄厚、业务广泛、需要国债类的项目合作，我不由得暗暗点头，心中打定了主意。

大家也都是做证券业务的，自然听得出周岭的弦外之音，纷纷上前递名片、敬酒，介绍着自己，场面十分热闹。我瞅了个空档，端起酒杯，来到周岭面前，"周总，欢迎来天津，我是沈阳合作银行证券部的董玉哲，天津这里我负责，你们想做什么国库券业务，我可以跟您合作。我先敬您一杯！"周岭已经喝得脸都红了，他举杯与我碰了一下，一饮而尽，"太好了，明天中午我就把需求报给你！"这一晚，大家都很高兴，酒足饭饱，兴尽而归。

次日中午，我和汪静约周岭在酒店的咖啡厅会面。周岭走进咖啡厅，坐下来点了杯蓝山咖啡，寒暄几句，就拿出一张纸递给我们。我拿起一看，是一张三种国库券的现券需求清单，上面标明了三个品种，还有数量和报价，一共是五百万的交易额。周岭喝了一口咖啡，很诚恳地说道："汪总、董经理，我们虽然昨晚才认识，但对于你们在现券方面的业绩我早有耳闻，至于我们华银的实力不用说了，你们尽可放心，希望你们能做成这笔业务，那我这趟天津就没白来啊，未来，我们合作的机会肯定很多！"

"放心吧，我们保证做好这单！"我坚定地说，"您在天津还要待几天？"

"明天就回北京，我平时在北京总部办公，明晚是和石雪董事长一起宴请长春政府的领导。"

"那我们最快明天中午给你准信！"汪静飞快地思索了一下，回复周岭。

告别周岭，我和汪静开始商议行动计划，我们知道这是一次十分难得的机会，能和华银这样的大公司合作，将是我们业务上的一次巨大飞跃，绝不能掉以轻心。

我们开始分头打电话联系卖家，这笔国库券有五百万之巨，又分成三个品种，基本上没有什么公司能满足所有这些条件，要么是品种不够，要么是数量不足，价格也参差不齐。而寻找卖家这件事儿也是个技术活儿，因为市场上任何一笔交易都会带来连锁反应，消息一旦传出去，就会被拉高价格，谈判的难度也会提高。所以，询价过程还得小心翼翼，随机应变，以免打草惊蛇。

整个下午，我们得到的反馈都不理想，前景并不乐观，我们这才明白，看来，周岭肯定也遇到了相同的问题，所以才来天津找像我们这样的人，看能不能帮他完成，也顺便考察一下我们的能力。

晚上，我和汪静又约在帝豪的咖啡厅，我们一起汇总手里的信息，进行研究和比对，画了满满一张纸，终于在广州找到了突破点，有两家券商成为我们的目标。

那时，海南的房地产泡沫正在破灭，资金的需求极为饥渴，一些证券公司正在抛售一些国债，然后将变现的资金拆借给海南地产公司，获取高息回报。而广州这两家券商就有处理一批国债的需求，品种、数量加在一起，正好符合我们的需求。为了不引起太大的注意，我和汪静决定明天以各自名义分别购买两百万和三百万现券。

次日，我们按照前一天的决议，分别向广州财政和越秀信托咨询购买这批现券，不出所料，对方迅速答应了，价格也非常合适，五百万我们两家能合赚八万元。

此时，周岭已经在回北京的路上，接到我的电话大吃一惊，"真的？你们搞定了？太好了！太好了！这批券现在在哪里？"

"在广州！给我两天时间给你送到北京。"我回答他。

"不用你送了，我派人和你在广州交接，下午我们马上签合同。"周岭的声音听上去十分兴奋。

"好的，周总，这笔业务是我和汪静两个公司一起合做的，下午我让汪总那边也做一份合同，明天我们就到广州交接吧。"我心情无比舒畅地说道。

当天下午，华银就与我和汪静签好了合同，同时我们和广州财政、越秀信托的合同也签好了，次日上午华银直接向广州两家券商付款后就可以提券了。

做国库券现券生意就是这样，要的就是速度，价格反倒不是最敏感的，谁家有券，数量多少是随时变化的，一旦找到渠道，无论是卖家还是买家，就是看打款的速度，谁的款先到就是谁的。

一切搞定，已是傍晚，周岭又打来了电话："董兄弟，我们才认识三天，你们就和华银做成了一单生意，我们石雪董事长非常满意，让我明天亲自陪同你们去广州提券，然后请你们二位去深圳玩一圈，你看如何？"

我一听，这心里就乐开了花，本来这次能去广州取券就令我兴奋不已，还能去深圳玩一趟，简直太幸福了。心里这么想着嘴里却不敢怠慢，"周总您太客气了，这生意我们也是赚钱的，你们公司这么破费，我们怎么好意思啊！"

"你这是不了解华银信托，也不了解我们夏鼎钧和石雪董事长，只要是我们认可的合作伙伴，我们公司都会给予最高的回馈。"

"好的，那我就答应了！"我也不再客气，"不瞒您说，我也正希望去南方走走，开拓一下眼界，一路上就要向您多学习了。"

"那好，董兄弟，你把你和汪总的身份证复印件给我秘书，她会给我们三个人订机票，明天中午1点，我们首都机场见吧。"周岭干脆利落地挂了电话。

晚上，我向李殿明请示了这趟广深之行，他丝毫没有反对，并对我与华银信托能做成这笔业务大加赞赏，叮嘱我注意安全，谦虚谨慎，多向人家学习。

这次南下的两个城市，广州和深圳都是我计划中最喜欢的目的地，也将是目前我走得最远的地方。改革开放多年以来，这两个城市一直是中国经济发展的前沿阵地，尤其在金融领域，突破了计划经济以来的众多壁垒，又因为临近国际大都市香港，受其多方面影响和业务往来，发展势头突飞猛进，是我一直想去看看的地方，只是一直没有机会，没想到明天就可以成行了，这简直就跟做梦一样。

10. 广深之行

想到明天晚上就可以在广州吃上正宗的粤式晚茶了，我就觉得不可思议，人生真是太奇妙了。尽管我是土生土长的沈阳人，却也是听着风靡全国的粤语歌长大的，广州这样的南方名城，一直以来就让我心生向往，它吸引我的不仅仅有令人垂涎三尺的美食、引领时尚前沿的服装，还有被称为中国第一展的"广交会"和作为世界港口其南来北往的有形贸易和无形意识相结合之下的国际视野。

"走在这样的城市会是什么样子的呢？"我不断在脑子里演绎着走在广州大街上的场景，一晚上胡思乱想睡不着，兴奋之情竟然跟小学时第一次要去春游一样。

第二天中午12点，我和汪静刚从天津赶到首都机场，广州的两家券商就来电话告知购券款已经收到了。我们双方约定，分别在次日上午的10点和11点去取券。

周岭过来与我们汇合，一位机场的工作人员走过来彬彬有礼地取走我们的身份证去办登机牌，过了安检，又带我们走进贵宾休息室，这里都是为头等舱乘客和一些高端客户准备的。"你看看人家华银这气派，咱以后可得学着点！"汪静悄悄对我嘀咕了一句。"嗯！"我点点头。

周岭亲自给我们端来咖啡，对我和汪静说道："明天上午我派人跟你们去取券，然后他们回北京，你们下午就自由活动，晚上咱们一起吃饭，我们广东办事处都安排好了！"

"好的，周总您费心了！"汪静回答道。

"别客气，"周岭摆摆手，"另外，考虑到你们这次比较匆忙，来不及办去深圳的边防证，明天晚饭后，我会找辆特殊用车送咱们去深圳。"周岭说着一抬手看看手表，金光闪闪的，是块劳力士，我一转眼，发现汪静也正目不转睛地盯着那块手表看。周岭并不理会我俩的目光，看看时间还早，便继续说："在深圳，安排你们第一天去沙头角中英街购物，第二天去世界之窗、民俗村游玩，然后，从深圳直接回北京。我呢，只能陪你们一天，晚上带你们去迪厅、夜总会玩儿，如何？"

"太好了，周总，您这安排太周到了！"汪静好不容易把眼光从劳力士上拔出来，看周岭的目光，又增添了几分敬佩之色。

我心中也升起一丝敬意，这个时代能佩戴劳力士的必定是智勇双全的人物啊！据说南华银海南、北华银北京的两大掌门人夏鼎均和石雪，根红苗正，也都是很厉害的人物，他们是从人总行和交总行这样的国有大行出来的，始终身处金融食物链的最顶端，有傲视群雄的资本，有大把花钱的手段，他们执掌之下的华银，无疑是我们这些交易员心中的神殿，他们手下的得力干将，自然也是我们心中的大神。

当晚，我们顺利到达广州，入住享有盛名的白天鹅宾馆，这是我人生第一次入住的五星级酒店，听华银广办的人介绍说，它是当年由爱国商人霍英东和政府共建的，请了著名的建筑设计大师佘畯南和莫伯治，住一晚要一千大元。"你们一定得看看中庭的'故乡水'，"周岭一边有些神秘地说着，一边就带着我们去了酒店中庭。没想到，在楼层围合的中庭内部竟然修建了一座美轮美奂的中式园林，它以壁山瀑布为主景，只见一挂瀑布顺壁而下，流入一潭碧水之中，水声潺潺，水潭四周山石围绕，间中种满了热带植物，一群群金鱼在水潭中游来游去，俨然一派秀丽的岭南风光。向上看去，瀑布旁的石壁上写着"故乡水"三个大字，顶端一座黄色琉璃瓦的小亭名曰"濯月亭"，此情此景不由让人生出望月思乡之情来。

我正看得入迷，一旁的周岭却催促起来，"走吧，都饿了，先吃夜宵去吧！"

我们答应着，跟着周岭出了酒店，步行不远便看见一条大街，一片灯红酒绿之色，两边一家挨着一家的都是大排档，每家都坐满了形形色色的人，广州的夜生活这是刚刚开始！卤水拼盘、烧鹅、乳鸽、烤生蚝、肠粉、生滚海鲜粥……周岭一口气点了十来道菜和半打珠江啤酒，我一样一样吃过去，每道菜都极尽美味之能，"吃在广州"果真名不虚传……

因为第二天还有工作，汪静提议说不能太晚了，我这才不得不放下手中意犹未尽的筷子，打着饱嗝走回了酒店。

第二天上午，我们和周岭派来的人一起完成了两地五百万的提券和交接工作，华银方面派了三个员工，雇了一台运钞车拉着券包直奔机场。这次是我做国债最轻松的一次，因为不用自己再苦哈哈地背券了。

下午，汪静去见朋友，我则去了广州最为有名的白马服装批发市场。记得在1987—1988年开饭店时，就常见批发广州服装的个体户来吃饭，他们衣着时髦出手阔绰，话里话外常提起广州白马市场，从那时起，我就对这个白马市场充满了好奇，一心想着要去看看。如今，来到广州，我肯定是要去逛逛的，顺便也给自己和家人淘几件时髦的衣服。

一下午，我的"白马之行"十分顺利，我看见的不仅是白马市场琳琅满目的时髦服装和全国各地来这里交易的各路商贩，更有在这个时代人们渴望走向富裕的躁动的心。

晚上8点，我将淘来的衣服塞进行李箱后，在酒店大堂与汪静汇合，周岭已经在等我们，身边还有几个陌生人，他说："我们现在就出发去全国人民最向往的城市——深圳，我看咱们这几个，除了我和雷总，大家都没有去过，这回都好好体会体会。"此行除了我和汪静，还有安徽来的四位客人，他们也是华银公司的招待客户。我们一行八人，坐上一辆中型面包车，一路向深圳开去。

当时去深圳就像是出国，需要办理边防通行证，自小平同志"在中国的南海边画了一个圈"之后，深圳就先行一步，成为人们都想去"拓荒"的经济特区。1990年12月1日，深圳证券交易所开业，立刻就成为了金融界的财富风向标，全国股民蜂涌而至，创造了发行股票中签表后，百万股民齐炒股的最高记录。我想起了在大学期间炒卖基金认购证的经历，如果把地点从沈阳换到深圳，我今天的发展也许就不可同日而语了。

而一年前，我在沈阳合作银行的论文大赛上写的文章，第一句就是"南方风来满眼春"，那正是1992年小平深圳考察后，传唱全国、歌颂改革开放的歌曲里的一句词，作为中国加速改革开放的前沿阵地，全国大批党政干部、企事业团体都来到深圳考察、设办事处、做生意，我师傅崔敬就曾代表合作行到这里寻找机会，谋求发展。没想到这么快我也有机会来到这里了。

车上的众人因为晚餐喝了不少酒，都被车颠得呼呼大睡，大约过了两个小时，我们停在了一个休息区，大家都要去洗手间，我走下车，看到司机在换车牌，仔细一看，那是一块白底黑字的军牌，我好奇地问周岭："这是为啥？"他轻笑一下说："这个车牌免检好通关。"一会儿，见众人都上了车，司机回身对大家说："再有半个小时我们就到关口了，如果有人上来问话，大家都不要回答，也不要出示任何证件，我会和他们交涉的。"众人不免紧张起来，心里开始嘀咕："难道第一次来深圳就要被抓？""要不咱们下次办了证再来？"

周岭见状，安慰大家道："你们别担心，都是抽查，就是查出来也没大事儿，今晚我们肯定能在罗湖大排档吃夜宵的。"我们也便不再多说，面包车继续向前疾驰。那时，因为广州到深圳的高速路还没通车，国道上往来的车辆络绎不绝，还常有拥堵，车速并不快，我看着车窗外，只见路两侧都是成片的工厂，厂区灯火辉煌，生机勃勃。

我们到了关口，一位边防战士走上来查看了一下司机证件，什么都没问，就一挥手，"放行！"司机闻听，一踩油门就过了关。真是虚惊一场啊！我们悬着的心总算放了下来。就这样，我们像个"偷渡"客似的终于来到了深圳，而从这晚开始，我就与深圳结下了一生的缘分。

在深圳的两天是令人兴奋的。这座城市，连空气中都涌动着澎湃的激情，我饶有兴趣地倾听路人的说话，仰着脖子看着高耸入云的写字楼，就连人们走路的步伐都深深地吸引了我。而无论是世界之窗还是民俗村都给我绝无仅有的新鲜体验，当然，印象最深刻的还是沙头角，闻名于世的中英街就在那里。街的另一侧就是香港，那时还属于英国，每个内地来的游客都会在界碑旁照个相，回去好向亲友、同事们大大炫耀一番。这里的电子产品、黄金珠宝、奇装异服应有尽有，人流如注，买东西就像不要钱似的。我和汪静也被这气氛感染了，兴致勃勃地加入了抢货行列，这个也想买，那个也得买，很快我们手里就大包小包的快要拎不动了……

在这以后的若干年里，我每年至少有一到两次的时间飞到深圳，每次去依然会被它那日新月异的变化和人们奋力奔着理想而去的行径所感动，这里时时在提醒我，生命总是因为不断砥砺前行才会焕发无限光彩。

广州深圳之行后，周岭越发看重我，将华银公司的国债现券、国债回购业务都优先让我去做，周总变成周哥，他成了我最大的业务伙伴。即使到1995年我离开证券公司自己开始创业，还和他保持着非常紧密的联系。1995年11月，他特地邀请我去海南，那时，信托业是中国金融领域的一个最大"特区"，而海南的信托业更是特区中的特区，华银信托就是最典型的一个。从海口到三亚，一路上都有华银名下的地产和酒店，实力可见一斑。然而，受到海南房地产业大萧条的影响，这些项目都成了沉重的负担。2002年之后，华银信托公司被关闭了，华银信托的两大创始人夏鼎均和石雪也分别入狱，2007年的夏鼎钧案成为了震惊椰岛、惊动京城的"天字一号"大案；石雪案也因涉案金额高达二百六十四亿元，而被外界称为"中国金融第一大案"。

后来周岭特意来沈阳看望我，说他早就从华银离职了，现在主要任务是休养，并说一大批同事也都各奔东西了。自此，应了那句词："舞榭歌台，风流总被雨打风吹去。"辉煌的华银时代就这样从人们的视野中逐渐远去……

11. 重要情报

从深圳回来，我更加马不停蹄地在各大城市之间忙于取券和送券，华银信托、外贸信托、上海财政等众多的金融公司渐渐地都成为了我的合作伙伴，桌上的名片册也变成了厚厚的一大本。公司见我如此积极进取且成绩不斐，便不断给我提高待遇，我出门开始坐飞机、乘软卧，住高级宾馆，招待费也可以实报实销；沈阳的同事们常看到我穿着从广深买来的最新款的服装，手里提着"大哥大"来行里办事，眼中也多是艳羡之色。我的收入也直线上升，在人事处时每月工资最多也就二百元，到了证券部，经常有奖金可以拿，每月也只有六百多，而自从做上国库券的业务，我每月的收入就超过了五千元。可是，尽管这在天津东北圈的交易员中已经算是高收入了，但与广东、海南公司的交易员相比，依然处于中低水平，他们的日常收入是我们的两至三倍。面对差距，我心中一直暗暗铆着劲儿："有一天我肯定能超过他们！"在这样的思想指导下，我如夜晚森林里警醒的黑豹，等待着时机，一触即发。

机会很快就来了。三月的一天，一个南方券商朋友传来信息说：即将于4

月 1 日发行的 1994 年两年期国库券（以后简称 942），广东粤财证券公司将一次性卖出四千万额度，开价九十八元。我一看，这期国债票面价格是一百元，粤财赔两块钱卖，这说明当地政府分配下去的国债，是有单位需要折现。为什么低于票面价卖出呢？原因很简单，当时 942 的票面年利率是百分之十三，因为广东地区经济环境好，市场繁荣，因而市场上的资金年利率至少在百分之二十以上，所以，即便是低两块钱，抛国债换资金也是更划算的。

我立刻拿起电话，拨给粤财国债业务部的秦军，他向我肯定了确有其事。

我急忙去找汪静商量对策，"我看，咱得先跟我们熟悉的北方地区券商了解需求！"汪静经验丰富，一语中的。我们立刻分头征询，果然，北方券商分配到的数量太少，柜台根本不够卖的；进一步打听，一些大国企虽有资金但不允许炒股只能买国债保值增值，所以对 942 的需求很大。"太好了，我们马上飞广州！"汪静当机立断，"对，机不可失！"我连连赞同。

一查之下，当晚恰好有一个航班，我们急忙带上汪静的助理小侯连夜赶到了广州。比之两个月前，这里已经进入了夏季，即便是深夜，空气中也散发一股湿热的气息。为了办事方便，我们三人住进了粤财大厦隔壁的广安宾馆。

次日早上 8 点，我们就来到了粤财大厦十楼，找到了秦军，他一见到我，立刻瞪大了眼睛："你，你不是在天津吗？"我也乐了，"是啊，你昨天不是电话里跟我说，粤财要卖一批 942 的国债嘛，九十八块，这好事儿，我还不得赶紧来啊！"

"我是说了，可是没想到你这么快就到了，这效率可比我们广东人还高啊！"秦军说完看看四周，又压低了声音对我说，"不瞒你说，这次财政部给广东分配的任务很重，很多地方都不想要，我统计了一下，佛山一千五百万、汕头一千万、珠海八百万、中山七百万，总共四千万。"

"如果你们能够定下来，我中午前与各市财政局确认好，下午你们就可以来签合同，资金两日内划拨过来就行！"

"行，我们都要，您去确认吧，下午我们就直接拿公章过来签合同，费心了啊！"汪静上前说道。

"好，那咱们就下午见！"秦军答应下来。

下午 1 点，我们带着公章又来到了秦军办公室，见到我们，秦军却突然脸露难色，"二位，真是抱歉，这批国债四千万是已经落实了，今天就能从省库拉回到我们金库，可是，上午有两家公司也要买，新疆证券要一千五百万，山西证券一千万，给出的价格比你们高，九十九元，他们今天下午就飞广州，明早就来找我，我现在也很难办啊！"

我一看秦军要变卦，心一下着急起来，正要说话，汪静上前一步，毫不客气地说道："秦经理，我是辽宁省财政证券的，咱们两家都是财政厅直属单位，是一家人不是？这次，我们一次性一家吃掉你这么多货，你何必卖两家这么费劲呢？我听说，你们广东人是最讲信用的，这才半天功夫你就变卦，这说出去也不太好吧？"

秦军被她说得有些不好意思起来，干咳了两声，停了停，说："好吧，既然上午说好了，那就还是卖给你们吧！但是，付款条件要变一下，明天上午10点前，如果你们的钱到了，合同就生效，以传真件为准，不然就只能让给新疆证券了。"

"好，那就明天上午10点，一言为定！"我一听，生怕他再变卦，毫不犹豫地答应了。

我答应是答应了，心里却七上八下的，这么大金额的单子，一旦款不到，就全白忙活了！我当然清楚秦军这是想让我们知难而退，价格涨了一块，他们卖给我们就少损失四十万，而这一元的差价，也正是我们的利润，双方自然是互不相让的，但基于答应我们在前，秦军不得不这么办了！

我们和粤财证券公司签订了合同，也要来了粤财公司的账号，便回到宾馆包下了广安宾馆一楼的两个长途电话间，开始分头联系各家券商。

我拿出厚厚的名片册，长途电话一个接一个地打过去，这一打就是两个小时，联系了二十几家券商，同样的话说了二十多遍，终于在我口干舌燥，快绷不住的时候，有了确切回复，一家券商一次性需要一千五百万，我高兴得手舞足蹈起来，一回头却见旁边的小侯也高兴地走过来叫道："董哥，我们汪总这边确认了两千万！"太好了，还有最后五百万，我又打起精神，我要努力拿下这五百万，不能输给汪姐！我打定主意，又翻开了名片册。最后，终于确认北京中银信托买下了最后的五百万，而这三家券商都要求在北京交货。真是功夫不负有心人啊！接下来我们分别与各家签订了合同，每一家我都一再强调,明早9:30前务必将付款凭证传真到广安宾馆商务中心,否则,合同无效。

结束了一天紧张的工作,我们商量好,上好闹钟,明天一大早8点就得打电话给三个买家,催促付款,以免一切努力付之东流。这一宿,我翻来覆去,难以入睡。

第二天一早8:00,开工!我和汪静立刻发起了催款攻势,三千九百二十万,我生平第一次接触的巨款,即将从不同地方汇聚进粤财的账号,能成功吗?我们捏了一把汗。9:00,我们三个人就守在酒店商务中心的传真机旁,将它围了个严实,任何人都别想用!"大哥大"一直在线,那边通知要传真了,我们立刻等在传真机旁,看着每一张汇款单缓缓从传真机里吐过来,我们都异常兴奋。因为数额庞大,这些公司几乎都是分别从好几个账户汇来的,这张五百万,那张两百万,下一张三百万……到9:30,我们一共收到了十几张共计三千五百万款项的传真件,还差最后的四百二十万,我额头开始冒汗了,手机再次拨打过去:"喂,李经理,能不能再快点,就快来不及了!""快了,快了,"电话里传来同样焦急的声音,"我们会计先去办了个其他急事,也是十万火急,刚才9:00已经去银行汇款了,再等等……""不能等了,再晚一切都泡汤啦!"我急得直跳脚,这紧急关头居然还去办其他急事!"别催了,董经理,"电话那边也大喊起来,"会计已经到柜台了,正在付款,我已经叫司机快点把她送回来,我在楼下等她。"这个哥们儿还算给力,已经飞奔下楼去接会计了。我心急如焚,在传真机旁来回踱着步,一旁的汪静实在受不了了,"我说玉哲,你别在这儿团团转了,我这头都快被你转晕啦!"听她一说,我停住了脚步,捋起袖子,看了一眼手腕上的梅花表,9:50!还有十分钟!"嘟……嘀……"传真机发出了清脆的响声,我们三人一下子扑了过去,老天啊,最后一笔付款终于传过来了……

12. 押运四千万

9:52分,我抽出传真机上最后一张付款单,和其他十几张纸一起,紧紧捏在手里,飞快地朝隔壁的粤财大厦跑去。跑进大堂,一群人正在等电梯,电梯上方的绿色数字闪烁着"18、17、16……",正在一层层地下行,我焦急地看着它，终于，"叮！"电梯停在了一层，我也顾不得许多，拨开人群，就挤了进去贴在门边，人们蜂拥而入，一个梳着马尾一身职业装的高挑女子最后一个进来，鄙夷地看了我一眼背过身去，大约是觉得我很没素质，我却只管心里祈祷着，电梯可不能坏了啊！9:58 分，又是"叮"的一声，电梯停在了十层，我从刚打开一点的电梯门中一个箭步就蹿了出去，一路小跑地进了秦军的办公室。一眼看见秦军正和身边四个大汉聊得十分开心，看见我抓着一沓纸跑进来，顿时脸色一变，低头看看手表，9:59 分，他抬头略带疑惑地问我："所有款都打过来了？"

"是的，三千九百二十万，您核对一下。"我气喘吁吁地说道。

他不可置信地接过传真件，拿起计算器就一页一页地计算起来，此时，汪静和小侯才急匆匆地走进来，她们刚才根本就没挤进电梯。良久，秦军抬起头，"数是对的，你们等一下，我去趟财务部，核实一下进账情况。"说罢起身就走了。我看看屋子里的四个大汉，两个四十来岁，另外两个则年轻一些，也正直愣愣地看着我。他们大概就是新疆来的吧？我正琢磨着，秦军回来了。他直接走到那四人面前，跟其中一个看上去像个领导样子的人说："王总，非常抱歉，我这天津客户的所有款都到了，我们只能把这批券卖给他们了，很遗憾，咱们下次再合作吧。"那王总听罢，失望地点点头："好吧！"随即看向我，我立刻走上前去，"你好，是新疆证券的王总吧，你们也是来买942 的？"

"是的，我叫王浩，这次没想到你们速度这么快，看来我们只能空手而归了。"王浩两手一摊，无奈地说道。

"我是沈阳合作行证券部董玉哲，咱们交个朋友吧，"我掏出名片递过去，"希望以后可以有合作机会！"

"好啊，董兄弟，我们新疆啊，地方远，这不，速度赶不上你们，但是当地的资金很富余，购买国债的需求也大，有合适的机会，咱们合作一把。"王浩接过名片，也将他的名片递了过来。"好的，保持联系！"我跟王浩握握手，便去和秦军商议提券的事儿。

"你们下午就可以来打包了，明天早上 9 点，我派运钞车送你们去机场。"秦军这次虽然损失了四十万利润，但对于我们的效率和能力也很是钦佩，所以很快就都给我们安排好了。

下午，我们带来了十个大蛇皮袋子，秦军派两个小伙子带我们去金库提券。四千万的国库券啊，我们一边点数，一边请求金库管理员，尽量给我们一千元和五百元面值的，方便携带。最后，一千元面值的三箱，五百元面值的一箱，一百元面值的五箱，足足装了九箱。每箱十五公斤，总共一百三十五公斤。

金库管理员问我们："你们有多少人带货？"

"就我们三个。"

"什么，就你们三个？包括这两位靓女？"管理员惊诧地问。

"是的，我们习惯了。"我笑着表示没问题。

管理员吐吐舌头，不敢相信，我心中其实也在嘀咕，四千万，一百三十五公斤，真是"重"啊！管理员似乎看出我的心思，热心地帮我们将九个箱子套上蛇皮袋，再用胶条反复缠绕，做好记号，重新搬上手推车，再推回金库暂存，等着明天一早运出。

我们订的是次日中午12点广州飞北京的航班，一场令人难忘的送券之旅即将开始了。

从粤财公司的金库出来已是下午4点，小侯又回到秦军那里办了路条，这个路条是国库券运输过程中一种证明文件，大致是说，某某公司在我单位购买了一批国债，大约多少箱子，多少金额，请各检查部门给予免检和放行，再写上日期，盖上公章。这种路条在通常情况下都是有效的，机场、火车站、公路检查站只要看到这样的路条，都不会打开检查，一律放行。

小侯取回路条给我，我仔细地将它放在腰包里的特定位置，方便要用的时候好取出来。

我们三人回到酒店，开始模拟明天如何搬运这些箱子进机场、过安检、上飞机和交接券。渐渐地，我突然有一种恐惧感涌上心头，我这胆子是不是忒大了？这批四千万的国债万一有个闪失，就是把我们两家公司都卖了，也赔不起啊！我是不是应该通知李总派四五个同事来帮忙呢？可这样一来，差旅费又得一万多，划不来呀！算了，事情已经到了这步，还是不说了，等把这趟活儿干完再汇报吧！

"玉哲，你想什么呢？快来做个方案，咱们好好准备准备！"汪静看我突然不说话了，坐在一旁发愣，一个劲儿地催促我。

"好！"我回过神来，为保证这次行动成功，我又拿出了大学时代就练出的本事，开始谋划：今天晚上三人就在酒店随便吃点儿，千万别吃海鲜免得吃坏肚子；也不跟任何熟人联系，防止行踪泄漏；早点休息，积攒体力；检查所有的行李，每人只能背一个双肩包，两个手要全腾出来，其他多余东西打包寄回天津；手机充好电，小侯的手机关机备用；每人身上备几块巧克力。随后，我又装了三个信封，每个信封分装二百元、五百元和一千元，信封口标记不同颜色，黄色二百、绿色五百、红色一千，这是关键时刻的第二张"路条"。重新检查各自的身份证、工作证、名片、便签、笔……一通部署下来，我们还不放心，又互相叮嘱了半天。

一夜无话，翌日早上，我们三人一脸严肃地走出广安宾馆，如同要上战场的战士一般。她俩各背一个很小的双肩包，我只有腰上一个腰包。

我们先去隔壁的粤财大厦与秦军道别，回到一楼大厅，金库保管员已经将我们的货物推了出来，我们认真检查了一遍，交接了取库单，开始装车。一辆依维柯运钞车早已在门口等候多时，我帮着金库管理员往上抬货，两个押运员在车厢里帮忙整理摆放，三分钟后，我们的运钞车便出发了。

头一次坐运钞车，旁边是荷枪实弹的押运员，我们三个人打扮得像游客，却目不斜视，神情比他俩还严肃，我从余光里感到了押运员看着我们的好笑的眼神，心里却有着莫名其妙的安全感。全程无话，半个小时后，运钞车到了白云机场，我们下车取了三辆手推车，押运员帮我们把每辆车都装了三个箱子后将车门一关，冲我们摆摆手，跳上车扬长而去。

我们三个身负四千万巨款的"游客"像被空投一般，突然就被留在了来来往往的人流之中，大脑一片空白，不知所措。"快走，"三四秒钟后，我突然警醒过来，"快进机场，咱们得赶飞机！"我叫道。我们三人用力推车往前走，刚到门口，两个保安就拦住了去路，非要开箱检查，我连忙拿出我的名片和一个黄色标记的信封交到其中一人手里，告诉他们，这里面是有价证券不能拆箱，他看看我名片，仔细看了看上面证券公司的抬头，又看了看信封里面，冲我摆摆手，"走吧，注意点啊，往那儿走，换登机牌！"说着用手指了指不远处左侧一排柜台。

我们照着他手指的方向，走到南航柜台前，将车停在一根大柱子旁，让小侯去换登机牌，我和汪静则谨慎地看着四周。小侯将登机牌拿过来，我们便疾步推车往安检口走，心想，只要过了安检，到了候机厅就安全了。此时，我开始担心的是千万不能是远机位，这九个箱子，一百三十五公斤，我们怎么抬啊！

轮到我们安检了，九个箱子需要一箱一箱地过，我们三人费了九牛二虎之力把九个箱子一一抬上安检机，亲眼看着它们排着队全都"走"过去，我们也一个接一个地走进安检门，进去再把箱子一个个地抬下来。安检员皱着眉看着满头大汗的我们，又看看箱子，拿起对讲机喊了起来："队长，请到 5 号门，这里有情况！"我抬起身，擦了擦汗，就见一名四十多岁个子矮小、身形十分瘦弱、穿着制服的女子风风火火地走了过来，"什么情况？"她尖声问道。

"他们三个人带了九箱子东西，说是什么证券，我在机器上看不清楚。"安检员说。

女队长回身问道："你们这里装的什么？这么重，马上办理托运。"语气很不友善。

我赶忙上前一步："队长，我们这是国库券，不能托运。"

"我不管是什么，这些箱子严重超重，必须托运。"女队长寸步不让。

13. 胜利回京

"您看，这是路条，请您过目。"我从腰包里抽出那张路条和一个标有红色记号的信封递了过去。

女队长仔细看着路条的内容，右手暗暗捏了捏信封，若有所思地原地转了一圈，又目光犀利地看了我们三人一眼，问道："这么多东西，就你们三个人运？"

"是的，临时定的，来不及调人！"我解释道。

她停了停，眼珠子一转，"这样吧，我随机抽查一箱，如果是路条上写明的证券，我就放行。"

"队长，我在全国各个机场经常送券，还没有一个机场要求拆过呢？"汪静在一旁插话道。

"别的机场我不管，"女队长一瞪眼，"我天天在这里，各种带外币的、带黄金珠宝的、带手表的、带各种有价证券的见多了，但是，还从来没过就三个人带九大箱子国库券的，谁知道真的假的？"

我和汪静对视一眼，汪静无奈地点点头，"那好吧，不过拆开后，还得帮我们封装好，这都是有专门封条的国库券，箱子上都有标记的。"

"嗯。"女队长点点头，一挥手，两个安检员走过来拎起一只箱子放在了检查台上，拿出剪子和裁纸刀开始拆包。蛇皮袋子很快就被剥落下来，露出里面崭新的银白色牛皮纸箱子，汪静走过来，指着上面的财政部字样、编号和面值告诉女队长这是什么意思，本以为这样他们就能停手了，谁知，这些字样反倒激起了几个安检员的兴趣，"队长，这个纸箱也得打开，必须得看看里面是什么。"

"好，继续打开，尽量少破坏。"显然，女队长也来了兴致。

一个安检员小心地撕开封条，纸箱子被打开了一边，只见里面整整齐齐码放着两条塑料纸包裹的纸券，隔着塑料能清晰看见蓝色票券上面的字：壹千元、中华人民共和国国库券、1994年等字样，尽管多次提券，我其实也是第一次看到真正拆箱的现券，心中竟有些激动。女队长一看也惊叹道：真是国库券啊，快，快包起来，恢复包装！"两名安检忙不迭地将箱子重新包好，封上封条。女队长眯起眼睛看着我问道："这一箱子值多少钱啊？""一千万。"我小声回答她，她忍不住按住胸口，倒吸了一口凉气。

这时，我听见机场广播响起来，航班已经开始催促登机了，我焦急地看向女队长，她却不慌不忙地思忖着，那只信封一直在她手里捏着，都快捏出水了。突然，她一抬眼："你们可真了不起啊！我在这里负责安检十年了，三个人带这么大量的证券我还是第一次碰到。据我所知，你们要坐的飞机在远机位，这么重的东西你们恐怕不好登机，行吧，我就帮你们个忙！"说着扬了扬信封，随后将它放进了裤袋，拿起腰间的对讲机呼叫起来："飞北京的CZ3221航班，我是安检处宋队，我这有三位要客还没有登机，不要关闭舱门，头等舱请留出最大空间，行李非常多，二十分钟后客人就到。"然后，她又呼叫车队，命一辆场务车到 11 号口待命。说完，她又招呼一个安检小伙子："给他们找两个手推车，帮着把货抬上去，送到 11 号口的场务车，我直接送他们上 CZ3221 航班。"

在她的指挥下，我和安检员小伙子一人推个小车，我车上装了五个箱子，推起来，弓着腰，十分费劲；那个安检小伙子推了四箱看起来也挺吃力，汪静和小侯见状一边一个上来帮忙，女队长则在后面一路跟随。我们赶到 11 号出口，几人努力将九个箱子装上场务车，女队长爬上了副驾驶位子，我们三人则挤进了闷热的车厢，一股机油味夹杂着汗味儿扑鼻而来，脚下和座位上到处都是工具和工作服，显然，这是一个接送修理工的车，狭小的空间里十分难受，无奈之下，我只能安慰自己，毕竟我这是和四千万国库券挤在一起啊！再说，要不是有这车靠自己抬还不把我累死？

场务车直接开到了飞机旁，女队长立即跳下车走上飞机和乘务长说了几句什么，随即向下面一挥手，"上来吧！"

看到飞机就停在旁边，我不觉精神一振，胜利在望啊！我不知道哪里来的力气，一手拎上一个箱子就往上走，汪静也费力地拎起一个紧跟着我，小侯则在下面看着其他的箱子。我进了机舱，顾不上美丽的空姐彬彬有礼地问候，就一头扎进了头等舱，果然，前排的行李舱已经全部打开了，这女队长真是有本事啊！我不由得心里赞叹一句。乘务员协助我和汪静把箱子放进行李舱，我又转身往机下跑，后面汪静冲我有气无力地说："你先下去，我歇会儿啊！"她有点中暑的样子。"你歇着吧，我来！"我甩出一句话，又拎了两个箱子跑上来，这样又往返了两趟，天气闷热得让人喘不过气，汗水把衣服浸湿了好几回，人都快虚脱了。我坐在机舱里喘了几口气，看看下面还剩两个，再看看旁边脸色煞白的汪静和苗条的空姐，飞机不能多等，只能靠自己了啊！我再次走下飞机，招呼小侯一人一个将最后两个箱子抬一抬，停一停，总算是拿了上来。女队长看看我说："行啊，小伙子！那我就送到这儿了，祝你们一路平安啊。"她快速走下舷梯，舱门随即关闭。

飞机就要起飞了，空姐招呼我们返回了后面的经济舱。吸取这回在机场的教训，我嘱咐小侯立刻分别通知三家购券公司，让他们必须想办法把车开到机场内取货。

第三章 证券风云（上） 123

一切办妥，我瘫坐在座位上，想想实在后悔，早知道请两个人帮忙不就完了，花点费用也比这安全和轻松啊！

飞机起飞了，我身体已经累到了极限，精神也紧张到了极限，一阵疲惫感袭来，我如昏迷般沉沉睡去。直到飞机落地，汪静推了推我，我才迷迷糊糊醒来。

我们的买家还是有实力的，我透过舷窗看见庞大的机身附近已经停了两辆车，车旁站着几个人，有个熟悉的身影正是中银证券的肖占峰。等飞机上的乘客都下了飞机，我们三人又铆足了力气往下搬，这回几位空姐也来帮忙，肖占峰看见我的身影出现在舱门边立刻指挥几个下属跑过来帮我们，一群人将这九个箱子抬到车旁。这里是三家公司分成两辆车，我当场把外面的蛇皮袋子剪开，几家券商上来查看编号，确认金额与数量后开始装车，我从腰包里拿出便签纸和笔，看着三家公司的代表歪歪扭扭地给我写收条，两千万、一千五百万、五百万，一共三张。终于交割完毕，这批从财政部刚刚运到广东省还未上市的国库券，就这样被我们倒腾回了北京，明天它又可能被运往下一个城市了。有买家就会有卖家，债券与资金如流水般快速流动，每动一次就是一次或增或减的交易。

我和汪静挣的是信息与冒险提券的辛苦钱。这一单，我们三天赚了四十万，每家二十万，买家以信息费的形式现场现金支付。

告别券商，我们提着四十万现金往回走，经过四千万国库券的折腾，这些钱我提在手里只觉得轻飘飘的。只是太累了，我们决定今晚就住在北京。

第二天一早，我们叫了辆出租赶回天津，刚上高速，就接到一个电话，"玉哲，你知道吗？你们在广东买的那批942，今早在北京联办直接两千万的抛盘啊，砸下来零点五元，市场都惊了！"来电的是我当时在广安宾馆联系的一个券商，"这么快！"我一下从座位上直起腰来，"我昨天刚把这批券交割给北京的券商，他们的动作也太快了吧！"

"兄弟，你太了不起了，你的这批现券在北京可以左右市场了，下次我可不能再错过啦。"那位老兄直后悔。

我明白，从1993年开始，因为深沪两地的股票发行旺盛，吸引了大批资金进入股市，使得国债现券市场十分低迷，只有像我们这样的一些北方小公司还在继续运作，那些大的信托公司早已看不上区区几十万利润的现券交易了。因而，自1994年开始，武汉证交中心、天津证交中心、北京联办就开办了国债回购业务，但是要从事国债回购业务，证券公司必须持有百分之五至百分之十不等的现券，因此，近期我卖给华银信托周岭的五百万，卖给北京这三家公司的四千万，都是帮助他们获得了进行国债回购的基本条件，从而能在市场上操控十至二十倍数量级的资金交易，也即是俗话说的卖空力量。所以，当我的现券一到北京，他们就可以坐庄了。这批942国债，正式发行日是4月1日，而广东省在此之前就先抛售了四千万，这是当时第一笔流通到市场上的现券，而谁掌握了这批现券，谁就主导了942的市场价格，北京联办也就是这样砸下两千万，操控了全国市场价格。同样的四千万现券交易，我们获得的是四十万利润，但在金融大鳄的国债回购交易中，会至少创造出四亿元以上的资金流动和未来更加可观的利润。

看着车窗外不断远去的房屋、树林、田地，我又陷入了思考，四千万的国债交易，创造了我现券交易的顶点。下一步，我要挑战利润更加丰厚的国债回购业务，实现我金融人生的下一个飞越。

第四章

证券风云(下)

14. 发现新商机

我完成了广州四千万的国债交易回到天津，不知道是因为当时精神过度紧张，还是在飞机上睡觉冻的，或者搬运国库券累的，我病了一周。在这一周中，我拒绝了帝豪酒店里交易员之间的吃请与卡拉 OK，除了吃药就是卧床静养，也终于可以静下心来阅读最新的《证券时报》《中国证券报》《上海证券报》和《证券周刊》，了解上海、深圳的股市动向和证券、信托、上市公司的交易动向，顺便研究一下国债回购业务，这是当下流行的金融机构之间以国库券抵押的名义来做资金拆借的业务，它被券商们寄予了厚望，认为它是帮助国债流动的一种金融创新手段。

目前，市场上的资金需求方主要为海南、广东地区的各大信托投资公司和由德隆唐万新控制的新疆金融租赁等股市庄家；而出资金的是东北、西北、天津地区的金融机构，这些金融机构的资金大多来自于城镇居民的储蓄存款、国债保管单业务和股票保证金。因为北方的资金成本在年化百分之十五以内，而在南方则可以达到年化百分之二十以上，中间至少有百分之五的巨大利润空间，因而产生了业务机会。比如说，有一笔北方的一千万资金，经过国债回购业务的一番倒腾，利用南北方的利差，十二个月就可以获利五十万。而资金越大利润越高，因此金融机构都对这项业务趋之若鹜。

查看资料中，我突然发现，因为这半年来，我一直忙于跑国债现券业务，居然忽略了天津场内已经开始了国债回购，天津交易中心上个月就开始有席位在做交易了。我心里一惊，忙不迭地从床上爬了起来，不能再躺着了，必须开始行动了！

第二天早上 6 点，太阳刚刚升起，我就走出了房间，因为整整一周都没有出过这道门，走起路来，腿都有些发软。

酒店不远处就是海河岸边，临近四月，桃花含苞待放，柳树已萌发出新芽，小树林里有些晨起锻炼的人。我是有多久没有在这样静谧的清晨和自己待在一起了啊？眼见着如画的风景，我不禁这样问自己。一直以来，我忙着奔波于各大城市，沉浸在名片册和电话之间，周旋于觥筹交错之中，乃至于这身体都不如这些晨练的大爷大妈们了。看来，我得跟交易员兄弟姐妹们建议，早晨一起来晨练，最强的实力就是健康的身体啊……

离开海河边，赶在上午开市前，我来到了交易中心，直接就去找中心业务部的赵经理，目的是打听一下中心国债回购的情况。他一见我走进来便笑吟吟地问道："小董啊，最近怎么总看不见你，回沈阳了？"

"没有，去广州办业务了。赵经理，我听说中心开展国债回购业务了？"我问道。

"已经试运行几单了，4月1日正式开始的。我说，这可是好生意，你们可得多参与啊！"赵经理殷切地看着我。

"嗯，我就是想参与才来问您的！"我答应着继续问道，"您能跟我说说，目前是哪几家在做吗？"

"你老乡龙江证券的秋江和海南信托的罗荣，他俩做了个九十天一千万的单子，一南一北两个公司，很有互补作用啊！"

"好，我明白了，赵经理，那拜托您，啥时候有业务培训班您告诉我一下，我先学习学习，也好开展这项业务。""行，培训班过一阵儿就有，到时候我通知你！"赵经理一口答应了。

回到自己的席位，我一边忙着手上的工作，一边等着秋江。快到开市时间时，秋江走进了交易厅，我连忙走上前去，"秋江大哥，好久不见！""哟，小董，两周没见你，又去哪里倒券了？"秋江看见我很是高兴。

"秋江哥，您又打趣我，我就去了趟广州，赚点小钱，还病了一周，今天才回来上班！"我知道秋江是跟我逗着玩儿的，广州一战已在业内传开了，都知道合作银行的董玉哲，仅一男二女三人带回四千万现券，帮助北京联办干了一把大生意。可是我现在只想尽快进入国债回购业务，便不再多说，直接问道："大哥，听说您最近和罗荣做了笔国债回购业务，是怎么做的？能跟我说说吗？我也想帮着公司开展这项业务。"

"小董，你小子可以啊！东北的交易员中你是最好学也是最刻苦的，国债现券你这才做多久就已经成了中心名人了,这又要做国债回购了?行,你也是咱东北圈的骄傲,我就跟你说说吧!"秋江拉着我来到旁边的交易员休息厅,一五一十地跟我说起来。"简单说,我和罗荣就是进行了一次资金拆借。罗荣呢,代表海南信托向龙江证券公司借款一千万,三个月九十天,年利率是百分之十五;我们公司从哈尔滨当地金融机构融资的成本是年利率十一点五,这样,这单生意要是连着做四次,一年的利差收入就是十点五万。海南信托只需要按照政策规定,向天津交易中心提交融资额的百分之十的国债现券作为保证金就可以了。而若是加大资金量这利润就可观了!""原来是这样,果然跟我研究得差不多,"我心里嘀咕着,"看来关键是要找到需要资金交易的双方。"

"目前国债现券很抢手,"秋江很认真地接着说道,"原因就是因为武汉、天津这两个中心开展了这项业务,并且规定必须有百分之十的国债现券做保证金,所以,你的广州之行虽然没赚多少钱,却是大作为啊!"

我和秋江又聊了一会儿,便回到了场内自己的座位上。心里开始盘算起来,我要想做这项业务,我得先打听一下到底谁需要资金?他们给的资金价格如何?做多长的期限最安全?

后面的两天,我不断与天津交易中心的明星交易员们聊天,渐渐摸清了供需行情和内里乾坤。总体来看,目前能出钱的东北机构、天津当地机构很多,且资金非常充裕,他们都想把资金放出去获利;而南方是资金需求方,但是选择机会多,还能随行就市,比较牛。

我又总结了一下,在这种情形下,资金方如果想把资金放出去,一是有人情关系,哥几个平时处得不错,那就优先用你的资金,让你赚钱;二是,你的资金价格略低,期限长,自然会选择你;三是利用现券作为保证金的政策,资金方可以先用资金买国债,再把租赁国库券给资金需求方,这样既满足了资金方的拆借条件,给予方便,对方肯定愿意合作,同时自己还有一定的租赁收入。

明白了其中道理,我又翻开了我那本厚厚的名片册,开始打电话。不久,我意向确认了三家公司作为我的目标客户:华银信托、中银信托和山东省证券公司,他们目前有较大的资金需求,且和我关系都不错。

接下来，我只需要找到北方的便宜资金，拿到场内放给他们，就可以轻松赚取利差了。但是，我还有个最重要的环节，就是买国债的资金，因此，我必须马上回沈阳总部，向公司汇报，告诉李殿明，这项业务比起以前做的国债现券赚差价更加安全、快速，并且利润更高，这是目前我们必须马上开展的业务，但是需要公司帮我筹集巨额资金才能顺利开展国债回购。

15. 总部搬兵

与李殿明电话沟通完，我就马不停蹄地回到了沈阳，第二天一早打车去了公司。刚一进门，就见几个同事笑容可掬地上来打招呼，语气也格外客气，我正有些丈二金刚摸不着头脑，就见我电大学哥周超走了过来，他笑嘻嘻地对我说："你不知道？李总对你在天津办的事儿老满意了，大会小会都表扬你，我们可都羡慕坏了，当然，也为你高兴啊！"原来，我虽然已有四个月没回公司了，但我在天津的表现，李殿明每次开会都拿我当榜样，搞得同事们都拿我当神仙看了。我连忙摆摆手，"嗨，那都是李总远程指导得好，我自己哪儿有那本事！"正寒暄着，就见李殿明和副总何晓明一起走进了大厅，"小董到了？快来，咱们聊聊！"他招呼我进了总经理室。

我们三人围坐下来，李殿明亲自给我们泡上茶，我便开始汇报，"李总，经过上次的广州国库券交易，我发现北京客户在联办开始了国债回购交易业务，我们两家辛辛苦苦忙半天才赚了四十万，人家勾勾小指头就赚到我们十倍以上的利润。现在，武汉中心、天津中心也已经开办了这项业务，龙江证券的秋江和海南信托的罗荣刚试水成功，完成了九十天一千万的单子，年利润十点五万，这样的生意持续做下去，利差再大点，一年一两千万的利润没问题啊！"李殿明和何晓明聚精会神地听着，连连催促我快说下去。我从包里拿出学习笔记，向他们详细描绘了国债回购业务的操作流程和赚取利差的要点，最后总结道，"咱们行有十八家支行，咱们证券部从支行融资成本不会超过年息百分之十二，这些资金放到天津市场可以达到年息百分之十八以上，每一千万，一年的利润就是六十万。此外，各支行在我们证券部里还有代保管的国库券两千多万，这批券在兑付期前放着也是放着，我们都可以租赁出去，按照当下行情年息百分之五计算，两千万现券就有一百万的收入。等到了兑付期，我们将券取回原封不动还回来就行了。"

一番话听得李殿明二人的眼睛越来越亮，他俩仿佛看到了一座金山，神情十分激动。我知道，李殿明近日正为资金紧张而发愁，因为目前，各类证券、信托公司都如雨后春笋般地建立了自己的营业部，大家都来开展证券相关的业务，同业竞争变得极为惨烈；而我们合作银行证券部在资本实力、用人机制、决策速度等方面又有短板，这造成了原有的股票交易业务不断萎缩，收益不佳的局面；而公司不断激涨的费用也令他捉襟见肘，寝食难安。

我说完了，办公室里沉寂片刻，何晓明先开了口："李总，小董汇报的事情太重要了，我们在沈阳券商中已经没有更多生存空间了，不如在天津开辟新业务倒是条出路。小董更是个人才，你看广州这单现券生意，他单枪匹马就都干完了，还把国债回购也摸清楚了，咱们得支持他啊！"何晓明原来是合作行派驻海南的负责人，思想意识开阔，只有三十五岁，敢于挑战新鲜事情，他一直是我最坚定的支持者。

"是的，小董我是真没看错，"李殿明表示赞同，"去年从老于那里调来咱们部门，可是费了大力气啊！现在去天津还不到一年，就可以独当一面了。"说着，他给我俩杯子里加了点热水，接着说道，"小董，你看下一步怎么操作，我和晓明全力支持你。"

"两位老大，天津国债回购业务4月1日正式开始，目前在交易所内成交的风险最小，如果设定期限在半年以内的话风险基本为零，所以我建议我们可以先在天津场内做两千万半年期的试试。"我信心满满地说道。

"另外，两千万国库券的租赁客户我也找好了两家：华银信托和中银信托。这两家背景强大，实力雄厚，口碑也好，我通过国债现券业务与他们老总的关系处得不错，应该没问题。"

李殿明二人频频点头，他们十分清楚，当下，全国的金融机构里最春风得意的当属有人民银行总行罩着的华银信托和有着中国银行总行和军方背景的中银信托，能够和他们拉上关系，把资金、国库券放给他们，和他们进行交易，那是一百个放心，基本上是躺赚的节奏。

"好，太好了！"李殿明一拍大腿，"能和华银、中银合作，我们那是求之不得啊！这样，我给你准备两千万资金和两千万国库券，你现在就开始联系他们。我和晓明呢也想跟你走走，等你联系好了，我们一起去拜访一下华银和中银，向人家多学习学习去怎么样？"李殿明越说越兴奋。

"好的，李总，另外，您也好长时间没去天津了，等北京的事情忙完，您去趟天津吧，检查一下我的工作，再看看国债回购业务开展的情况。"

"好，就这么说定了，都忙去吧！"李殿明大手一挥，他行事作风向来干净利索。

我在何晓明身后走出总经理办公室，在隔壁找了一间没人的办公室，开始给周岭打电话。自上次广州与深圳之行后，我们就建立了兄弟般的友谊，他也成为我的坚强后盾，因为每月经他手的资金最少在二十亿上下，这些资金用谁家的，怎么用？都由他说了算。

"周哥吗？我玉哲，您现在哪儿啊？"

"我在北京，你在哪里？有什么事吗？"周岭接起了电话。

"我刚回沈阳总部。周哥，是这样的，我们公司现在有一千万的92年五年期国债，可以租赁给你们，你们有需要吗？"

"哎呀，你早说一个星期就好了，上周我们刚刚做了两千万的单子。""啊？！"我一听就有些泄气，"不过，下周我们还可以做一笔，我给你列到计划里吧？"周岭来了个一百八十度大转弯，我沉下的心又高兴起来，"好的，周哥，这回租赁期是一年，您看行吗？"

"行，那就下周，你先和我助理去做合同，日期签下周三的，周四送券到北京就行了。"

"好嘞，谢谢周哥。另外，我还有一件事，我们公司李总和何总这次也要到北京，他们一直想去华银拜访学习，您看能安排不？"

"欢迎啊，我在北京亲自接待你们，他们哪天到？一共几个人？酒店我来安排啊，绝对给你面子！"周岭欢快地说道。

"太好了，周哥！出发前我把具体情况告诉你。"我心里高兴万分，挂了电话就去安排做合同。

华银的一千万租券单子敲定了，我又开始联系中银信托的肖占峰。十天前我卖五百万942国债给北京中银信托时，肖占峰就跟我提起过，他们想做一批租赁国债的业务，回沈阳之前我沟通过，他们还有这意向。

电话打过去，肖占峰正在南方出差，我直接提出了一千万国债的租赁业务，问他是否需要？他回复说正在会议上，一个小时后再回复。

趁着等待的间隙，我又打给了天津的秋江，"秋江大哥，我是玉哲，我在沈阳总部已经请示了老大，公司目前能给出两千万资金，我想放出去，年百分之十八能行吗？"

"现在想放资金的公司太多了，有百分之十七点五出现了，不太好放。"秋江回答道。

"秋江哥，你给帮个忙吧，我刚开始做这个业务，我们两位领导下周还要去天津检查我工作，我怎么也得露把脸啊！"我恳求道。

"这样啊……"秋江迟疑了片刻，"那我这些天留意一下海南那几家的动向吧，争取这周帮你先放一千万，六个月，年利率百分之十八的，如何？"

"好啊，大哥，您那边有信就告诉我，我马上回天津。"我激动地说。

和秋江通完电话，没过一会儿，肖占峰就来电话了，他说，这次可以接925的单子，但额度只有五百万，我连忙应承下来，就这样，又一笔生意完成了。

一番忙碌之后，时间已是中午，我再次返回总经理办公室，李殿明见我进来就把何晓明也喊了过来。我把上午的业务成果一五一十地汇报了一遍，他俩狠狠地夸了我几句，就开始商量起下周北京送券和考察的事情。

因为国库券运送都是属于机密的事宜，我回身把门关紧，李殿明在屋里来回踱着步思考着。"李总，您看这样行不？"还是何晓明先开了口，"咱们证券部派一台丰田子弹头拉一千万，由四名押运和一名司机开车去北京；咱俩加小郭带五百万坐飞机去北京，小董就从天津到首都机场接上我们，怎么样？"

何晓明之所以这么计划，是因为我们金库里的925国债小面值的居多，一台子弹头车根本装不下，最多也就能装一千万，还得加押运人员，所以剩下的五百万就得自己手提了，好在这次参与的人多。

"行！这样安排万无一失！"李殿明停下了脚步，"晓明，那你就安排下去吧？小董，业务流程方面和华银考察方面你就多费心了！""好的，李总。""行，放心吧！"我和何晓明应承下来。一切安排妥当，李总又笑着对我说，"小董，你来证券部以来，是我们这里最得力的干将，一到这里你就去了天津，难得回沈阳,今天我和晓明做东,叫几个同事给你接风!咱去喝一杯!""好!"我一听领导竟然想着给我接风,心里自然是十分开心。

接风宴喝到了下午两点多,何晓明派车送我回家,父母还没有下班,我便进到自己的房间休息。我看看四周,房间里还挂着那幅两年前的刘德华的招贴画,钟爱的音响被母亲用布帘罩了起来,几个大本剪报册子整齐地摞在墙角的老地方,写字台的玻璃板下面还是那张巴菲特的炒股名言。我不由想起以前,每天下班回家不是边听音乐边看资料就是看书做着发财的美梦;到了星期天我这个房间就会有各路同学和同事找来,聊天的、唱歌的、喝酒的,欢声笑语一直到深夜。那时候,总觉得这个屋子很大,这里仿佛就是全世界。如今,我看着这个房间,什么都没有变,我却突然觉得屋子好像变小了?是我喝多了吗?算起来,从调到证券部到现在也才九个月的时间啊!

晚上,我父母都准时下班回来了,他们知道我今天回家,所以下班的时候买了些酒菜。"你怎么还这么瘦?得注意身体啊,快,多吃点!"我妈一边唠叨着,一边不停地往我碗里夹着菜,我爸却并不吃喝,只是一直盯着我桌上放着的"大哥大",嘴里不停地说着,"还是安全第一啊,你这大哥大这么显眼别被抢了!你包里怎么装这么多钱啊?被盯上很危险啊!你给公司办业务,千万别挣黑钱,必须把账记清楚喽……""嗯……知道了……"我嘴里含着饭菜,含糊不清地答应着,儿行千里母担忧啊,我心里暗自庆幸,幸亏我那些在全国运送国库券的事情没敢跟父母说,不然还不把他们急出心脏病来?

第二天上午,我在公司做完了北京华银与中银的合同,五天后就可以送券到北京成交了,这笔业务我们公司轻轻松松就赚了七十五万。金融的巧妙就在于此,只要有闪转腾挪的本事就能把不可能的事情变为可能。像这样的业务,我们利用的是客户在公司金库寄存的国库券,钱是客户花的,包括买券钱和保管费,我们收租金和赚利差却没花一分钱。当然,华银这样的公司获得的利润可能更大,而这原本不可能的事情源于国债回购业务的设计漏洞,像华银这样租赁一千万的券,他只需支付五十万的年租金,但他利用这租来的一千万国债却可以在市场上融资一亿元,如此资金不断翻滚,最终将形成巨大的金融漩涡。

金融本身就是魔术,什么也不生产,它只创造了等价物货币——有价证券。纸币也好、证券也好，都是印刷品，本身没有任何价值，但是，赋予它信用，让它进入到生活领域就变得价值连城。我从事的证券业务就是信用货币（证券）的周转工作，无论股票、国债、基金只要有人需要就是生意。在这个领域，最高明的都是犹太人，像罗斯柴尔德、洛克菲勒、摩根，他们这样的人掌管着华尔街，培训大量的交易员，而交易员如同赌场的发牌员，嗅觉灵敏，手法熟练，善于察言观色，知道筹码在哪里，是各家证券公司的赚钱利器。

当天中午，秋江打来电话，他说给我找到了一个用款方——海南汇通信托公司，他们可以接收我们一千万元的资金，一百八十天，年息百分之十八，让我赶紧回去，明天上午在交易场内成交。"海南汇通信托！"我心下一喜，这可是与华银信托、海南赛格信托实力齐名的信托类三驾马车之一，这个客户非常难找，要不是秋江，绝对办不成。"谢谢秋江哥，我马上准备一下就回去！"挂了电话，我就跑去向李殿明和何晓明说明了情况，说今晚马上回天津，明天就能成交一千万，利润三十万。

"好！"李殿明高兴地站了起来，"你赶紧回吧，咱们就下周在北京机场见，有事及时联系啊！"他俩吩咐司机把我送去车站。坐在车里，我一回头，远远看见他俩还站在公司大门口，望着车的背影，久久没有离去。

回到天津证交中心，我顺利地和海南汇通签约，完成了这单业务。当晚，我在帝豪酒店宴请秋江和汇通的交易员周纪海，还叫上了一众东北圈的好友。席间我才得知，这单业务原本是周纪海跟秋江都谈好了要给秋江公司做的，秋江接到我的电话，听说领导要来，就把业务转给我了。我闻言很是激动，频频向秋江举杯表示感谢。酒过三巡，我顺便提起了下周六总部两位领导到天津考察的事儿，"各位兄弟姐妹们，到时候我还请大家跟我们领导一起来吃个饭啊！"话音刚落，抚顺证券的交易员庆海大声说："谁也别跟我抢啊，这第一场接风宴我公司来，就定在天津国际大厦三十七层的食为天餐厅！""第二天我的……""夜场我安排……"大家争先恐后地叫起来，我只觉得心中热乎乎的。那会儿，我们东北圈在天津很抱团，业务上互相支持，我获得了总部四千万资金和国库券的支持，连做了三单，创造了一百零五万的利润，也让交易中心的同行们刮目相看，加之做我们这行的银两充足，大家都是愿意互相捧个场的。

16. 京津之行

到了周三，早上6点，我们公司那辆"子弹头"就从沈阳悄悄出发了，车上拉着一千万的国库券，一路向北京开去。李殿明嘱咐他们，路上带好早餐与午餐，只能在车上吃饭，除了上洗手间，车子不能停。开车的司机与押运员都不知道车上押运的是什么，他们都是前一个晚上被告诉说要出差两天，第二天早上5点在公司集合出发去北京。

另一路，临近中午，李殿明一行三人带了两个大箱子，由公司的奥迪车送到机场，准备飞往北京。

我在天津则打了一辆出租车将我送到首都机场与他们汇合，下午两点，中银信托的肖占峰坐着一辆中巴在首都机场接上了我们，一路向北四环的奥林匹克大酒店驶去，中银在那里有一整层的办公室。这中巴车挂着军牌，开车是个当兵的，一路上把车开得飞快。车上，我把李殿明和何晓明介绍给肖占峰，他听罢介绍便递上名片，热情地说："欢迎二位领导来我们中银信托，我是肖占峰，这小董真是个有心人啊，上次我们做了一笔942，我就跟他提了一嘴这租赁国债业务，他就记住了，都是你们培养得好啊！""肖总过奖了，都是他自己的努力，很多业务我们都不熟悉呢！"李殿明客气道。

中巴一路飞驰，不到半小时功夫就来到了奥林匹克大酒店。下了车，上了八层，肖占峰先吩咐助理和小郭直接去交接国债，然后就带着我们快步来到了他们中银信托的大会议室，借着等待办理交割的时间，几个人随意地闲聊起来。当时的中银信托是北京非常牛的公司，它常给人一种神秘的感觉，肖占峰介绍说，中银信托成立于1988年，大股东包括中国银行、解放军总政的天诚集团及国家安全部辖下的机构，总部在北京，但他们的业务在全国都有布局，各项交易额在全国稳居前列。"我们很荣幸这次可以和你们成交这单业务，今天来也是想多跟你们学习的，有关目前的国债回购业务还要多请教啊！"李殿明很诚恳地说道。"别客气，有什么问题咱们互相交流！有什么需求也可以聊聊，在这一行，很多事情别人办不了的，我们公司还是可以试试的。"肖占峰略有些得意地说。"那太好了，少不得将来要请您帮忙！"何晓明连忙说道。几个人就这样你一句我一句地讨论起来，讨论内容主要涉及现在全国各大金融机构关于国债回购的动向和未来发展。

而在我心里，尽管中银信托实力雄厚，背景深远，也足够谨慎，却不知为何它总让我隐隐约约地感觉到一丝不安。

后来，我在1995年的4月前收回了与中银信托有关的所有业务，一方面是我有辞职的想法，而另一方面就是要主动压缩那些让自己感到有任何不安全的业务。

果然，在1995年10月，因涉及在国债回购业务中违法经营，套现资金约十亿元人民币，中银信托投资公司负责人杨秀芳被逮捕了，中国人民银行直接对中银信托投资公司实行了接管、清算和关闭，与他有业务往来的其他公司都遭受了巨大损失。此是后话，按下不表。

晚上5点钟我们告别肖占峰离开了奥林匹克大酒店，他派车将我们送去北京火车站附近的凯莱大酒店下榻，在当时的北京，这家酒店相当有名，华银公司的接待基本上都在这里。周岭早就给我们预订好了房间。

"子弹头"一行也在晚上6点到了北京凯莱酒店，随后并不停留，就一路跟着我坐的华银派来的奥迪车到了离酒店不远的华银证券营业部，在这里周岭已经安排了专人跟我们交接。沈阳四个押运员下车将券卸在营业厅里，营业部经理上前点数收券，我和周岭助理分别签了字，交接就完成了。

晚上7点，我匆匆回到凯莱酒店，走进三楼的贵宾包房，只见周岭和李殿明正相谈甚欢，看到我进来，周岭一下子站了起来，热情地抱了我一下说："兄弟！好久不见了啊，快来快来，我们就等你开席呢，好好喝一杯，吃完饭，我带你们去京城最好的夜总会唱歌。"我也很高兴地回应他，李殿明与何晓明看着我这样一个不过二十三岁初出茅庐的交易员在华银、中银的人面前这么吃得开，短短九个月竟然建立了这么强的人脉关系，又是诧异又是高兴，此后便对我更加看重。这一晚，一桌人聊公聊私，吃得开开心心。

第二天中午华银公司派一辆面包车将我们送去天津。到了天津帝豪酒店，我给领导们订了两个大套房，收拾停当我们来到大堂，秋江已经带着东北圈驻天津的交易员等候多时了，他们一见到我们，纷纷热情地过来打招呼。到了天津，见到家乡人，李殿明突然就没有了在北京时的压抑和拘束感，他和晓明跟大家一起有说有笑的，热闹非凡。晚宴还是定在了粤王阁，秋江代表在天津的东北圈兄弟们发言，主要就是狠狠地夸了我一通，说我除了工作努力外，更是能静下心来研究业务，还带领大家一起晨练，是大家学习的榜样，临了还不忘记说，见了李总您才知道，为什么玉哲这么出色，都是领导带得好啊！一席话，说得李殿明心花怒放，众人也频频举杯，极尽热情招待之能事。我心里却也明镜似的，虽然大家都是在为我捧场，其实大家在天津也很想家，见到兄弟的领导也是当自己人看待了。

第二日，我们来到对面的交易中心。李殿明在我的席位上转来转去，听我详细汇报了第一季度的业务情况，脸上不时露出满意的笑容。何晓明在一旁见我汇报完了，便建议去趟位于塘沽的天津国家级开发区，因为他早就听说，天津开发区正在蓬勃发展，外资企业众多，有包括摩托罗拉这样的手机巨人企业，还有闻名全国的康师傅，他很想去感受一下。我立刻联系了天津滨海信托的交易员苗文军，文军很快就派了公司的"大霸王"来，带我们去塘沽转了一大圈，参观了这两个企业，何晓明看得频频点头。一路上，处处可见繁忙的在建和已建的工厂，一片欣欣向荣的景象，这让我想起那年从广州去深圳的快速路上看到的情景，"只有这样的创业热土，才能吸引人才，促进发展啊！"何晓明十分感慨，我知道他是想起了沈阳，1992年以来，由于产业转移，工厂停工，大量沈阳人或下岗或去了南方寻求发展，"共和国的长子"按下了暂停键，市场不振，人们精神萎靡，让人唏嘘不已！这种形势后来一直持续了七年，直到1999年以后，由于房地产的兴起，沈阳的经济才又开始逐渐复苏。

第三日，李殿明一行准备回沈阳了。这次京津之行，他们十分满意，我们约定了下一次我的业务做到全国哪里，二位领导就要去哪里考察，关注新业务也给我当个后盾。他俩愉快地答应了，我呢，就这样成为了我们证券部的开路先锋。

17. 金县信托的重生

1994年6月，盛夏来临，天津和武汉交易中心的国债回购业务也如火如荼地开展起来，大量公司争先恐后地进场买席位做业务，其中也包括了后来成为资本大鳄的唐万新。他承包了新疆金融租赁在武汉证券交易中心的席位，在窥得金融机构的门径之后，利用国债回购业务，分别向海南华银信托、中农信融得三亿元的巨资，此后，再用这笔巨款横扫股票一级半市场，净赚近八亿人民币，大大扩充了德隆集团的实力，乃称金融界之枭雄。据当时的《财经》杂志报道，"德隆系"控股、参股企业二百家左右，其中含五家上市公司；其控制和关联的金融机构中，有七家券商、三家信托、两家租赁公司、四家城商行和两家保险公司，实力远超今天我的很多长江同学们。

当时，我同样在场内看到了这样的机会，但是，我只是一家东北小券商的职员，当我在6月份前完成了四百六十万的利润后，老大李殿明认为今年任务已经完成，干得多风险也多，何况奖金也不多，没必要那么拼了，让我在天津看好席位，完成基本任务就可以了。而我却激情满怀一心想要大干一场，多次获胜的交易记录让我越来越感受到金融的魅力和乐趣，财富获取的多少尚在其次，一次次斗智斗勇地角逐所带来的快感，令我这颗刚刚进入社会的年轻而充满斗志的心深陷其中，不能自拔。我开始四处寻摸，就像打怪兽的游戏，逮着机会就想上去练练手。

有一天，在一个饭局上认识了大连来的金县信托的人，他们是来天津寻找机会的。一把手谢学民，四十来岁，黝黑矮胖，说话憨憨的；还有一位业务经理孙姐，三十多岁，身材高挑，快人快语，走路都带着风。我一看二人一副县里干部的打扮，看上去老实巴交的样子，不禁上前招呼他们，请他们多喝几杯。酒过三巡，谢学民过来给我敬酒，"董经理，我们是小地方来的，多谢你对我们这么热情，本来我们心里还怕天津这大城市的人瞧不起咱们呢，这回一见面，可把这顾虑消除了！"我们碰了碰杯，一饮而尽。

他接着说："我们金县信托是个小公司，已经濒临破产，我原来是县财政局的副局长，刚调过来负责信托业务，可是我们资源和人脉不足，资金也不厚，一直也不赚钱啊！目前我的压力非常大，如果年底前这个公司不能扭亏为盈，县委书记说了，公司关闭，我也得免职回家。"说着他黯然地低下头，才刚四十多岁的年纪，头发却白了不少。

我认真地听完，问道："谢大哥，别着急，我问问您，你们现在要赚多少钱才能扭亏为盈？"

"今年至少得赚一百万，我们公司就保住了，可是我们历年的累计亏损有三百五十万，那都是我过去的领导留下的亏空，他们后来进去了好几个，可这有啥用？亏损谁来补？这不，县委书记命我三年内必须把亏空补上，可愁死我了。"

"谢大哥，你们当地的融资成本是多少？你能调动多少资金？还有，你们给老百姓保管的国债现券数量有多少？"我一连串地发问道。

谢总一脸茫然，回头看看孙姐，孙姐立刻从挎包里拿出个笔记本，打开来看了看，说道："现在可动用的流动资金有一千五百万；柜台卖的理财产品年化百分之十三，每年卖两千万，到期需付息二百六十万；代保管的现券两千五百万，总体负债两个亿。"

我立刻放下酒杯，拿出一个随身携带的计算器手指连按，飞快地算了算，然后抬起头，胸有成竹地说："谢总、孙姐，一个月内我来帮你们赚三百万，怎么样？"

谢总张大了嘴，"董老弟你可别逗你大哥了，大哥心脏不好。"

我微微一笑，并不说话。旁边带他们来的辽宁证券的包雪松大哥插上话来，"谢总，董经理是我们交易中心的能人，他说能帮你赚多少，准差不了！"

话音刚落，谢学民和孙姐几乎同时回身，给自己倒上酒，走向我，我连忙站起来，老谢一只手伸过来握住我的手，眼眶有点湿润，"那可太感谢你了啊！"另一只手微微有些颤抖，端起杯又是一饮而尽。后面的孙姐也举杯说："董兄弟，大姐先干为敬，能不能赚这么多都没关系，就你这份心，大姐领了啊！"这个画面，令我印象深刻，后来我每每回忆起来，他们二人都像站在我面前一样。

老谢，一个北方汉子，临危受命，压力山大，业务又不熟，干着急没办法才来到天津寻找出路，而我今天这一句话无疑是给他注射了一剂强心剂，对他来说，眼前这就有希望了啊！

我突然觉得自己仿佛是个行侠仗义的江湖侠客，一股英雄气概涌上心头，"谢哥、孙姐，你们是大连人，那就是我们辽宁老乡，一家人不言谢，你们在天津安心待一周，我全力以赴帮你们做几单，你们赚到钱再走！"

那个晚上，老谢和孙姐把我喝大了，我脑子里就留下了一个印象，他们这个县里的人酒量可真大啊！

接下来的一周，我指挥着孙姐拿着公章跟我公司和其他公司一份份地签订合同，频繁做着各项交易，最后，我帮他们将两千万国库券租赁出去，获得一百十万利润；又做了三千万的半年期国债回购业务，实现收入两百万；这样一来，一共赚了三百十万。这还只是一周的盈利，孙姐接到消息都乐翻了，不敢置信地说，"什么？我们公司还能赚几十万啊？哎呀妈呀，这是彻底扭亏为盈了。"

这一周，老谢和孙姐每天看我像变魔术一般的操作，内心钦佩不已。他们几乎每晚都到我房间聊天、喝酒，我们结上了深厚的友谊。老谢还指挥老家弄来大量海参、鲍鱼和金县大曲酒往天津送，这里的交易员也都沾了光，吃上了最上等的海货。那是一段激动人心的日日夜夜，尽管交易数额不算大，但是在我心里是又一次的历练，并且拿自己的本领能给别人帮上忙竟比我自己赚钱还要高兴。

一年以后，我辞职开始创业，老谢和孙姐尽最大努力支持我，让我一直心怀感恩。佛家有说，爱出者爱返，福往者福来，大约就是这个意思吧。

18. 秋江的生日

1994年9月，天津证交中心的国债回购业务屡创新高，更加红火了，这使得更多的金融机构像金融租赁公司、信托公司办事处、国债服务部、信用社、典当行这样的金融公司也相继入场。只是，尽管他们也有金融机构许可证，但是实力弱，抗风险能力差，有实力的机构不愿意直接跟他们合作，因此他们交易员的实际工作是来融资，然后通过高额提成来赚钱，他们的提成比例之高令人咋舌。

而当交易中心里的新面孔越来越多之时，喝酒、聚会就变得一天有好几场了，每天都能看到很多交易员带着一身酒气来上班。那些有高提成的交易员想尽一切办法拉拢我们这些能出资金的北方交易员，因为他们每融到一千万，提成就有十万之多，而我们最多也就是五千块的奖金，整整差了二十倍。因此虽然将资金给他们这种小公司，风险非常大，但是，在交易中心这样的疯狂岁月里要想始终保持清醒，对大多数人来说，都是难以做到的。

所以，不久以后，交易员们就开始了过上名牌加身、互相攀比、挥金如土的日子，而就在那时，秋江举办了他三十二岁的生日宴。

那日傍晚，帝豪酒店的所有交易员统一出发，十来辆出租车加上自有车辆排成长队浩浩荡荡地驶往长城酒家。

秋江特地选了这个酒家是因为它刚刚开业，装修极为豪华，金碧辉煌的很是气派，可以大大地满足了他的某种心态！而那天的排场之大，每桌酒菜消费之高，生日礼物之多，令在现场的他不时向身边来人炫耀他的这个选择是多么正确。至于参与者，大多是只有二十来岁的年轻人，他们人手一台"大哥大"，个个衣着光鲜入时，说话志得意满的样子，觥筹交错间仿佛让人置身于香港电影里的豪门盛宴。

也许是这一群人过于张扬的气焰，很快就引起了酒店经理的注意。那时天津人民的收入不高，观念也普遍落后，这样一群不知什么来头的人聚在这里大吃大喝，不免令人担心。

一番豪饮直到午夜，每桌酒菜都上了好几轮，龙虾海鲜随便上，使得饭店服务员把腿都要跑断了。最后结账的时候，交易员王槟拿出了一张支票递到柜台里，饭店经理接过支票，狐疑地看了半天，问王槟道："要发票吗？""要！"王槟回答。"那明天来拿吧！""好！"王槟已经喝红了脸，他用最后的一点清醒打车回了酒店。

第二天上午，几乎所有交易员包括秋江在内，都尚在睡梦中时，"咣咣咣"一阵敲门声把他惊醒了，秋江迷迷糊糊地勉强爬起来问道："谁？"

"检察院的！"门外一个男子大声叫道。

秋江闻听心里一惊，头脑顿时清醒了，"检察院的找我，会有什么事？"他一边胡思乱想着，一边穿好衣服开了门。

门外站着三位身着检察服的人，他们一脸严肃地看着他。

"你是秋江吗？我们是天津市和平区检察院的，我叫李明，这是我的证件，"为首一人拿出证件晃了晃，"我们找你核实一个情况！"

"我是秋江，是什么事情？"秋江瞅了一眼他手里的证件问道。

"这张支票你看看，是你昨天在长城酒家用它结账的吗？"李明将一张支票举到秋江眼前。秋江定睛一看，支票是王槟公司的抬头，便回答他："可能是我们昨天用的！"

"我听说你昨天过生日，并且用高额公款支付个人消费，我们需要调查一下。"李明面无表情地说。

"检察官同志，您请屋里坐，"秋江将三人让进屋，他住的是个套间，三人便坐在外间的沙发上。"这个是我朋友王槟办的，支票也是他公司开的，昨晚是他请客，我这就叫他过来。"秋江说着就拨通了王槟房间的电话。

没过多久，王槟睡眼惺忪地走了进来，一听说是检察院的来找他，他顿时一激灵，酒也醒了。

"你是王槟？你为什么开支票支付个人费用？这是挪用公款，属于贪污行为！"另一个检察官见王槟进来便厉声说道。

"我，我是请示过公司经理的，这是我在天津的公关费用。"王槟声音有些颤抖。

"这在法律上已经属于犯罪行为了，你回去穿好衣服，跟我们回检察院做笔录。"说完，一行人不由分说，带着王槟就离开了酒店。

"王槟被检察院带上了警车！"这消息立刻传遍了帝豪酒店的交易员群，人们都跑到秋江房间打听情况，一问之下，原来是支票惹的祸，不免七嘴八舌地埋怨起来，"这王槟是不是脑子不够用啊？用什么支票？几万现金拿不出来啊？""就是，回头再来找咱们麻烦怎么办？""唉，天津这地方，太不灵活，老百姓也不富裕，这是看咱们花钱眼红吧……"

后来，秋江去了检察院几次，一再恳求协商，王槟也找来领导说明确实允许他作为公关费用，最后用现金换回了支票才算完结，一场热闹差点造成了一个经济案件。

看着秋江生日事件发生的前前后后，我不禁开始思索起来。本来我喜欢读书，看报纸杂志，但是，在天津的日子里，每天酒局、KTV 不断，根本没有时间读书、学习，感觉心里空落落的。再看一年前那些正值青葱岁月纯朴可爱的交易员们，现在却个个穿金戴银，圆滑世故，日夜穿梭于酒局与夜场，一天的花销可以抵上常人几个月的收入，这是进步呢还是堕落？

我半年前大病一场，独自来到海河边时看到那些晨练的中老年人，个个

第四章　证券风云（下）　　145

面色红润、精神饱满；而距离不到两百米的帝豪大酒店里，两百多个不到30岁的年轻人，几乎个个面色苍白，走路下盘都不稳。这又是为什么？

是了，这金钱欲望的恶魔一旦张开翅膀，带走的何止是健康的体魄，意气奋发的精神，还有那曾经仰望星空的理想啊！

不能再这样下去了，我开始给自己订下计划：坚持每天早上6点去海河边锻炼身体一个小时；每天要雷打不动地读完三大证券报纸；每月必须看一本经济类的书籍；每周只能喝酒一次，去一次卡拉OK；开始认真存钱理财，谋划证券市场以外的生意。

计划有了，行动确实很难，我不仅得克服自己的懒散还得抵制外来的诱惑。好在努力坚持了一段时间，我身上出现了变化。每天，我开始神采奕奕地去上班，遇到专业问题我能旁征博引地给大家提出解决办法，这可引起了众人的注意，人类总是有着向好发展的本能的，何况秋江事件也给不少人敲响了警钟。不久，秋江就开始跟我一起去早锻炼，然后王槟也去了，再后来，晨练人数越来越多，最多的时候有三十来人在海河边跟一位老师学习太极拳。

而晨练空隙，中间休息的交易员们开始互相探讨金融形势，沟通专业知识。我发现了几位头脑灵光、见多识广的交易员，便请他们经常给我们分享证券市场的新东西，像上海开展的国债期货、股票一级半市场、海南的房地产形势、香港的金融产品等。很快，我们的身体和精神状态都明显好了起来。

就这样，本来我只是试图保护好自己，却在无形中影响了身边更多的人。

然而更长远的意义在于，对于整个金融世界来说，世上没有免费的午餐，国债回购的疯狂最终会停止，而那一刻的到来，就是我们这批人的黑洞时刻，我只想着能及时止损，无论是人生的哪种投资和无意义的消耗，这样，不管在什么时候，我们都至少还有一个健康的身体和足以支撑任何磨难的信念去渡过难关。

后记：崩盘与落幕

1994年是国债回购业务最火爆的一年，这对当时的所有参与者来讲都是一生中最为难忘的时光。那一年，武汉与天津交易中心你追我赶地在全国范围内开展业务，巨大的资金流动令人疯狂、令人迷失、令人无视法律，推杯换盏之下都是暗流涌动的频繁交易，深情欢唱背后却是友谊的小船说翻就翻。

然而，有句话说得好，上帝让你灭亡，必先令你疯狂。1995 年 8 月 8 日，中国人民银行、财政部、证监会联合下发了《关于重申对进一步规范证券回购业务有关问题的通知》，至此，宣告了国债回购业务的时代终结，大批从业者迎来人生的至暗时刻。五点八亿的国债回购违规操作使鞍山证券走上了断头台；二十四亿虚假国债让华银旗下的大连证券魂断蓝桥；富友证券三十九亿国债回购毁灭"上海首富"周正毅，也毁了"农凯系"；爱建证券的高管层挪用二十多亿元国债回购资金炒港股失败而银铛入狱；佳木斯证券、珠海证券，皆因国债回购中大量违规而走向灭亡。

1996 年，海南信托业所欠岛外债务总和达到两百亿元，绝大部分都是国债回购所得，而它引起的资金链的紧绷和断裂带来的后果更是灾难性的。

同年，全国信托行业第四次大整顿，曾经辉煌无比的信托行业进入了沉寂期，各大机构深陷不良资产率过高的泥沼之中，破产危机笼罩在整个信托行业每一家的头上。

19. 另有谋算

1994 年对我来说是个快速成长的一年，从年初的国债现券生意到国债回购业务，我在天津创造了整个证券部百分之八十的利润，达到了四百六十万。然而，正在我干得如鱼得水之际，一个新问题出现了。

1995 年初的证券业务部工作总结会后，我获得了表彰，并且得知会拿到和李殿明一样多的奖金。本来很开心的事情，却在看到奖金只有六千元时，我怎么也笑不出来了。这业绩与奖励也太不相称了啊！要知道，天津其他公司的同行们最少也拿到了十几万，业绩还不如我。我这一下子就像泄了气的皮球，闷闷不乐起来。

那几日，我借口有事儿没回天津，整天在总部营业厅里晃荡。一天上午，我打算回合作行看看人事部老同事，刚走进大厅就被崔敬看见了，他笑呵呵地问我，"玉哲啊，你怎么来了？没去天津啊？怎么有点垂头丧气的？"一见崔敬,我就像见了亲人一般,连忙快步走上前去,"崔哥,您有空没?我想跟您聊会儿。"我愁眉苦脸地说道。

"有空,你在这儿等会儿啊,一会儿咱俩去对面的鹿鸣春吧?"

"好,中午我请您吃饭!"

"行!"崔敬答应一声儿就跑上楼取包去了。

到了鹿鸣春,我就一五一十地把证券部业务和奖金的事儿一股脑儿地倒给了崔敬,"崔哥,你说我这还怎么干事儿?"崔敬一直默默地听我说完,又点燃一根烟,开口说道:"我倒有个主意,我这不一直跟国夫副行长去深圳考察业务嘛,我看那边很多同行干得好的都实行承包制,多干多得,少干少得,最近行里有些部门也开始这么干,你去试试和李殿明谈谈,把天津业务承包下来得了!""太好了,崔哥,您这主意可行!"我兴奋地一拍桌子站了起来,"我下午就去找他!崔哥,来,您别抽烟了,快吃菜!吃菜!"我连连往崔敬碗里夹着菜,这才发现自己早饭也没吃,这会儿肚子也饿得咕咕叫了。

我很快向李殿明提出了承包经营的建议,并提出了1995年承包条件:利润指标二百万,可动用公司资金五百万,完成任务支付二十万经费,包含工资和一切费用。

李殿明同意了我的计划,两天后他将我叫到办公室说:"小董,承包的事情我找了主管副行长王国夫,他同意了你的想法,让你直接和他签合同呢!""真的?"我高兴地跳了起来。"你知道,王行还跟我说什么了吗?"李殿明问道。"说分配机制好,好好干呗!"我想都没想就回答他。"呵呵,他说啊……"李殿明意味深长地看着我说,"他说这小董一年赚的钱可比我干了一辈子的老银行都多了啊!"

"嘿嘿……"我完全没有听出李殿明的弦外之音,得意地笑着走出了总经理办公室。

承包合同很快就签字了,由副行长王国夫代表总行亲自和我签署,消息传开,引起了银行上下不小的轰动,人们议论纷纷,说什么的都有,当然,大多数都在说这小董可要发财了,一年能赚二十万啊。而我却并不知道,这举动在当时体制僵化的北方银行体系下,无异于是放了颗定时炸弹。

与国夫行长签好"军令状",我就启程回到天津。此时的天津,还是形势一片大好，海南各家金融机构悉数进场，他们对资金的需求胃口越来越大大，资金价格也一路上扬。

而经过天津交易中心一年半的打拼，我看到了资金流转的秘密，却也觉察到了巨大的风险已在孕育中。一个简单的道理是，如同当年炒股一样，当各地券商蜂拥而至，国债回购利息屡创新高，交易员们都纸醉金迷，一切都将处于癫狂顶峰的时候，也是风险即将爆发的时候。这也是我将承包的指标从去年的四百六十万调到二百万，运作资金也从五千万减少到五百万的缘故。

那时，海南各家公司都急需从市场借钱，原因是因为海南房地产泡沫的破灭，大量投资变成了死钱，只能借债续命。这让参与其中的整个国债回购市场出资方站在了悬崖的边缘，当这个市场被关闭，放款人必定会遭遇巨大损失，到那时，一切都晚了。

在交易中心，我开始处处小心，券商只选择了当时我认为还算安全的海南华银、国泰证券、北京建信，把借款期限也降到三个月。

不到十天的功夫，我就轻而易举地赚了一百五十万。临近过年了，我便收了手，回到沈阳。

大年初五，我带着礼品去看望李殿明，他在家里热情地接待了我，鼓励我今年继续开拓新的业务。我兴奋地向他汇报说，我一月份就已经完成了一百五十万的利润，后面争取在一季度内就完成两百万的承包任务。正说在兴头上，突然只见李殿明从一直坐着的沙发上滑坐到地毯上，我一惊，连忙上前搀扶，他连连摆手，脸色略带尴尬地自己从地上爬起来，重新回到沙发上，光头上直冒冷汗了。他身子往后靠了靠，仰头看着天花板，喃喃地说："玉哲啊，当初签这个协议，我还有句话没告诉你，主要是怕打消你的积极性。""是什么，李总？"我心里有种不好的预感。"之前，咱们合作银行这种类似协议签过好几回了，但是最后没有一次兑现的，你的协议也不可能兑现啊。"李殿明长叹一声。

"这怎么可能？国夫副行长亲自签的字，盖的也是银行公章啊，怎么就不能兑现呢？"我质问道。

李殿明接着说："你想想，当初我为什么让你和总行的国夫副行长签字，就是想逼行里一下，希望最后能兑现。结果，我遭到各方的非议，就说各支行吧，他们每年也有两百万左右利润，但支行长一年收入也就拿到两三万，那他们能不眼红吗？咱们银行的理念还是比较保守的，跟南方公司根本没法比，要是你一年真拿了二十万，我这个总经理首先干不了了，啥破坏团结，制造矛盾的帽子都得给我扣上！"李殿明越说越激动，"玉哲啊，你再想想，咱一把手于文波行长一年的工资才多少？你这二十万是他的十倍，你觉得你能拿到吗？"

一番问话，顿时如一记闷雷般将我击倒，心里面五味杂陈。我不敢相信地看看李殿明，他的眼神却让我确信一切都是真的。我只觉得内心又窝囊又憋屈，又愤恨又不甘心。我慢慢地抬起身，向李殿明告辞，李殿明无奈地拍拍我的肩膀说："小董，你是党员，政治素质比较高，还是多理解吧！"

从李殿明家里出来，我浑身无力，整个人像刚得了场重病，我六神无主，不知何去何从，只能先打车回家再做打算。

这一晚，我翻来覆去地在床上"贴饼子"，脑子里全是李殿明白天跟我说的话，直到快天亮时，我突然想起了何晓明，他一直是个思想十分开明的人，也和我无话不说，"对！我去找他，看看他有什么办法吧。"我迷迷糊糊地想着，渐渐进入了梦乡。

不过几个小时，我又醒了，一看时间，8点整，我一骨碌爬起来就去了何晓明家里。

因为还是在新年中，何晓明家布置得很是喜气，他倒也起得早，一家人正在吃早饭，我想起来今天是大年初六，便从口袋里掏出个红包递给他七岁的女儿，"还不谢谢董叔叔？"何晓明教小女儿给我拜年，就让她自己去玩儿了。他知道我这么早就来找他，肯定有事儿，便让我坐下，给我倒了杯茶，还递上盘儿瓜子儿才问道："是有事儿呗，说吧，怎么啦？"我气呼呼地就将昨天去李殿明家里的谈话复述了一遍，他听我说完也叹了口气："玉哲，我和你有同感啊！三年前我派驻海南房地产公司时，也是意气风发，想干一番大事业啊，结果呢，明明能赚大钱的事儿，却由于行里的僵化体制，错过了最佳时机，还赔了一大笔钱，这事儿让我欲哭无泪啊！说起收入那是更别提了，比在银行时是多了不少，但是，在海南当地就相当于一个乞丐，请个沈阳来的朋友吃顿好饭都不够。后来合作行将海南公司卖了，我才申请调到证券，只希望这里会灵活一些。"我目不转睛地盯着他，没想到他也是一肚子苦水。

"咱俩是差不多同时到证券部工作的吧？说实话，这一年半，我也待够了，李总是老银行思维，这证券行业瞬息万变，完全不能适应，而且他就要退休了，当然就图个安稳，我是干着急，可惜说了不算。就说去年的年终奖，你干那么大事儿才分了六千元，那些在柜台天天闲逛的却能拿五千元，我和老李说了这太不公平了，也没用，还是得照顾大多数人的情绪。唉！"何晓明说着一巴掌拍在桌子上。

"晓明哥，李总倒是挺支持我，也挺替我着急的，"我看见何晓明满腹牢骚的样子，心里的气倒是平了不少，眼前又浮现出李殿明从沙发滑落到地上的样子，不免替他说了几句公道话。"我相信李殿明、国夫行长他们也都年轻过，肯定曾经也有过这种在僵化体制下的愤怒，只是环境将他们的雄心壮志给磨灭了。"

但是，我坚决不能跟他们一样，我这样想着，就对何晓明说："晓明哥，行里干不了，咱就行外干吧。这一年多，你也了解了我的人脉和能力，如果有个好平台我一年肯定能创造出一千万以上的利润。"

何晓明好奇地问道："是什么业务能做到？国债回购？"

"不是，"我冲他摇摇头，"国债回购现在风险很大，我不想继续做了，但是，以贷款引存款的业务已经在一些城市露头了，这是个既安全又能创造高利润的业务，我已经跟踪了一段时间，绝对可行，但是我需要沈阳这里银行的关系。"我解释道。

"行，那我给你介绍合作行圆路支行的德伟行长，他是老人事处的干部，你上班到人事处那会儿，他刚被调去下面当行长，我记得他好像找我说过这个业务。我帮你联系一下，但是记住了，这和合作行证券部没关系，不然肯定做不成。"晓明提醒道。

20. 引路人德伟

几日后，晓明就把我带到了德伟面前。德伟是个自来熟，和晓明同龄，极具改革思想，但不满现状，牢骚也比较多。他一见面就夸起我来，"玉哲来了，快坐快坐，我可是早就知道你这个红人了啊，于处长常常把你挂在嘴边，说你在证券干得风声水起的，为人事处争光了！"他停了停，又放低声音说道："我还听说啊，这次你和总行签了承包合同，有胆量有魄力啊！不过，你可要小心，这合同兑现是个问题啊！"这德伟快人快语的，一语道破了天机。

我知道他是人事处调到圆路支行当行长的，为人忠厚耿直，经验丰富，他主管的支行位于繁华的太原街，当时是沈阳最著名的商业步行街，都是做着南来北往小生意的个体户，所以现金收付业务一直是全行各个支行中的佼佼者。

"德伟行长，您过奖了。您说得对，我这个合同估计是兑现不了了，但是现在我也想通了，开辟新业务，自己干！我听晓明说，您这里咱们可以合作，给我说说情况吧！"我谦虚了一下，就直入主题。

"好，那我就说说！"德伟就将眼下他这里的情况说了起来。

原来在太原街街上，最东头隔街相望有两栋沈阳当时的最高楼即将盖成，一栋是日港大厦，另一栋是商鼎大厦，都是综合性商业大厦。两家从两年前打地基开始就比着盖楼，也比着卖档口，一时间你追我赶，很是热闹。没承想，临到封顶之时，国家竟出台了严格控制经济过热、限制楼堂馆所建设的文件，银行当即被叫停贷，造成两家地产商资金断流，工程停工，已买档口的业户们纷纷上访，地产商心急如焚。可是按照估算，每家至少还得投入五千万才能完成建设并正常开业，这让作为圆路支行行长的德伟倍感棘手。

一方面他给了这两栋大厦开发商之一的商鼎地产公司五百万的贷款，签下了大厦营业后圆路支行可以进入大厦设立分理处的协议；另一方面，他的很多客户都买了商鼎大厦的档口，使得大量现金从圆路支行抽走，如果商鼎继续停工，圆路支行的效益就会大受影响，而德伟是从人事处岗位高调下来的，业绩的下滑也不免令他被行里的人耻笑。

"我现在就怕在商鼎那里的五百万贷款变成坏账，那我这个小支行三年都白干了。"德伟无奈地叹口气继续说道，"再说那个商鼎大厦，它老板叫俞小建，是原来东北局老书记俞屏的儿子，小建为人处事非常好，后台也硬，他这个项目地皮就值两个亿，一至五层卖档口能卖两个亿，六层以上全是宾馆，将来是太原街标志性建筑，市区两级政府重点工程，原来是省建设银行主力贷款支持，因为我和小建处成了兄弟才让给我五百万额度，当时根本不缺钱，还同意我在黄金楼层设立分理处，虽然对他来说，这都是小钱，但也很够意思。现在，政策来了，资金断了，小建哥才四十岁的人，头发都快愁白了。我呢，就是想帮助商鼎赶紧找钱，能尽快把楼盖完开业，这不，你看我，"说着他指指自己的嘴巴，"这一天天跟着上火，嘴都起泡了！"

晓明拍拍德伟肩膀："别急，玉哲能做存款业务，他在天津那边做得很好，去年我和他全国各地考察，都是当地大券商一二把手接待，人脉多，能力也强。现在，合作行的体制你我都了解，很多事情被捆住了手脚，都干不下去。你刚才还真说对了，年初玉哲跟国夫行长签订的承包责任状这还不到一个月，就明确告诉了不可能执行。这小子伤心失望得很，大年初六跑来跟我诉苦，但也跟我说有新思路，可以运作以贷引存业务的。"

德伟一听就高兴起来，"小董，咱们行的体制决定了证券部没有前途，也干不了事儿，你若有门路能解决我燃眉之急，咱们就自己干一把！"

我点点头说："德伟大哥，我这两年还是感谢殿明总、晓明哥的，给了我很多信任和锻炼的机会。现在我有能力让一个月内五千万肯定到位，而且，我也看好以贷引存这项业务。目前要做的是请德伟哥帮我找到几家银行愿意给商鼎地产做这个业务，我呢，负责去找一家沈阳的证券公司给我做资金媒介方，一周后，我们就可以业务对接了！"

德伟瞪大了眼睛："这么有把握？五千万可不是个小数目，现在各大银行贷款全部冻结，市场上哪儿有这么多钱让你调动啊？"

"德伟哥，这就是我的商业秘密了，"我笑着卖了个关子，"以后找机会再跟您说，下周我先争取在圆路支行操作一笔五百万的小存单，你就知道我行不行了！"

"德伟，玉哲去年给证券部赚了四百六十万，今年一月份一个月就创利一百五十万，比你的圆路支行赚得还多吧？"晓明插话说。

"那不多说了，"德伟立刻说道，"下周如果真能存上五百万，我让小建大哥请咱们大吃一顿，他绝对乐疯了，你们也可以认识一下，那可真是值得交往的好大哥啊！"德伟手舞足蹈，兴奋不已。

21. 小试牛刀

　　我之所以敢答应德伟，是因为我知道，在天津交易中心的席位上，已经有北方的券商开始意识到海南各家金融机构的疯狂举动，行动已然谨慎起来，并逐渐回收资金了。但是，既然是资金的生意就需要高周转，大量资金长时间在自己账户上停留，就会造成越来越多的利息损失，因此，这些从海南收回来的资金正在寻找去处，而这，正是我的机会。此外，现下流行的以贷引存业务是跟银行去做的，银行的信用是国内的最高信用，比海南这些信托公司不知道要安全多少倍，基本上属于百分百的安全，所以，面对这样两个窗口期，我必然要抓住机会大干一场。

　　只是，如今我并不打算再把业务对接给合作行的证券公司，而是要重新选择一家，并将这笔业务连同所有利润都送给它，为今后我自己在沈阳创业打下基础。

　　我记起之前在沈阳的券商朋友举办的一次私人聚会上认识的一位朋友叫张辉，交往过几次，觉得此人为人非常朴实，待人接物很有修养，大我五岁的样子，像个很会照顾人的大哥，而不是一个生意人。张辉跟我说，他原来是沈阳市财政局人事处的干部，干了五年，正逢1992年小平南巡后掀起了改革大潮，他停薪留职下海了，财政局给他三百万资金借款做买卖，他就开始折腾，做了好几种生意，可惜所有资金都交了学费。

　　为了打个翻身仗，他没事就和我们这些做证券的朋友交往，就是在想办法找人批个证券营业部执照搞证券业务。当我见完德伟后，直接去找张辉之时，一问之下，他的证券部公章居然下周就可以拿到了，他是法人代表兼总经理，"这下合适的证券公司就有了。"我心中暗喜，看来，一切都是老天的安排啊！

　　而张辉此时却满面愁容，正犯愁到哪里借钱当开办费？还有，找谁来负责经营呢？我一看就笑了，"辉哥，我来帮你用证券营业执照赚钱，义务的，你不用出一分钱，行不？"

　　"别逗了，我现在空有一张执照，剩下啥也没有。之前是急着要办执照，现在执照拿下来了，还在想用了这么大人情搞这个到底值不值呢！"张辉有点不相信地说。

"辉哥,我跟您说,遇到不懂证券的,这张执照就是张废纸,但是,懂证券的,这就是一只会下金蛋的母鸡。你不信从下周起就拿上公章全天跟着我,一切听我指挥,我在3月份帮你赚三百万,怎样?"我乐呵呵盯着他说。

"什么,三百万?"张辉像发现了新大陆一样,看看我说,"玉哲,你知道,我现在亏空了财政局的三百万,上面正在审计我,如果你真能帮我赚出这三百万还给财政局,让这张执照用起来,我就天天给你当司机,让干什么就干什么,天天给你供着都行!"张辉红着眼睛说道。

"好,一言为定,下周先做个五百万的存单业务,让你先有三十万的利润进账,你就知道一个月内赚三百万不是天方夜谭了!"我胸有成竹的样子显然鼓励了张辉,他用力地点了点头,答应了。

张辉这边的证券公司已经落实了,接下来就是去天津联系一下资金了,事不宜迟,今晚就去天津。

第二天,我在天津交易中心转了一圈,形势与我的预料大体相当,一些"胆儿小"的公司已经不再放款给海南的公司了,正好有大把资金闲着,我找到几家以往放款的关系户,告诉他们我们可以在场外做业务,我拿沈阳市的银行存单做抵押,零风险。他们一致同意,表示没问题,可以随时和我回沈阳办理存款。一来二去地,我很快就落实了几家公司,加起来一共五千万的额度,立刻又返回了沈阳。

回到沈阳,我立刻召集操作第一笔五百万"以贷引存"中满足合作条件的各方参与人在指定时间到达圆路支行办理业务。

那天上午,我和张辉、天津资金方三方来到德伟行长的办公室,由天津资金方与张辉的五爱证券营业部签订资金借款合同,借款期一年,金额五百万,月利息百分之十五,抵押物为五爱证券部在圆路支行的一年定期存单,年息百分之十点九八。由银行背书监管。这样,天津资金方带汇票给银行,银行给五爱证券开存款单,资金方拿着银行担保的五爱证券存款单乐呵呵地就回了天津。

我按约定将五百万顺利存进了德伟的圆路支行,德伟乐得合不拢嘴,没想到我真的在一周内存进了资金,他完全被我运转资金的能力折服了。

下午，商鼎公司的俞小健带着业务经理和会计一起来到银行，他们先跟五爱营业部签订了融资服务协议，协议列明本次服务费用六十五点一万，由商鼎地产在三日内支付。合同签好，俞小建让会计开了三天后的服务费支票给了张辉，张辉手里拿着支票，一脸茫然地看向我，"这就拿走了？六十五点一万？"我说："其中有三十五点一万是一年后到期返还给天津的补偿利息，现在可以先不给，一年后再付，你这单业务净赚三十万啊。"

张辉越听越迷糊，最后他甩甩头，索性不想了，"玉哲，我反正就是听你的，这个业务我一窍不通，赚钱就行了，你说咋干就咋干吧。"说完乐颠颠地走了。

剩下德伟看了一眼如同久旱逢甘雨的俞小建说："小建哥，这回咱们得感谢我们合作行证券部的董经理，他用了一周就给我们支行办成了五百万存款，我明天先放三百万给你，解决燃眉之急吧。"俞小建感谢地冲我拱拱手，"董经理，大恩不言谢啊！"我眼见着自己小试牛刀，一出手就让多方都有了收益，心中其实是比自己赚钱还开心。

过了几日，德伟组局说俞小建要宴请我和晓明，我们欣然赴约。席上，俞小建端起酒杯对我说："小董，我敬你一杯，这次多亏你了，你不知道啊，像我们这种人，外面都是看着好像实力雄厚，盖这么高的楼，其实我们真是太难了，尤其是银行停贷后我们资金缺口太大，危机重重啊！真是多谢你了！"我连忙站起身来，"小建哥，这都是我本职工作，谢啥？"说着又转向德伟说，"德伟哥，这单做好了，小建哥那里还需要继续融资，你帮着定一家银行，我可以继续帮忙。"

"那敢情好，"德伟也站了起来，对俞小建说，"小建兄，咱们约一下省投资银行白行长吧？明天带小董去找他，再做一笔大单如何？"

"行，我马上约！"俞小建立刻拨通电话，约了第二天一起与白行长见面。

正事说完了，接下来就是四人轮番彼此敬酒。那晚，喝得那叫一个酣畅淋漓，间中，德伟提议："我们四个结拜为兄弟怎样？""好！""好！"提议获得众人的热烈拥护，于是，我二十四岁，是最小的弟弟，老大俞小建四十岁，老二德伟三十五岁，生日比德伟小几个月的是老三晓明。

22. 征服白行长

拜完兄弟的第二天下午，我们一行四人来到了位于和平区十三纬路的辽宁省投资银行，找当时的一把手白行长。走进办公室，他正坐在宽大豪华的办公桌后面，背后是一张大幅的辽宁省地图。

看见我们进来，白行长立刻起身与俞小建打招呼，看上去他们很熟悉。俞小建分别给双方做了介绍，听说我们三人都是合作银行的同行，白行长便问俞小建："你带这几位合作行的朋友来有事吗？"

"怎么没事啊，昨天我刚在德伟行长那里贷了三百万，用的是以贷引存的方式，可是我资金还远远不够，大厦无法复工，再拖下去就完了，你看你们行还可以帮我想想办法么？"小建忧心忡忡地说道。

"德伟啊，你还是真够哥们啊！"白行长听罢扭头对德伟说，"资金这么紧你还能帮助小建，了不得啊！唉，说起来，商鼎大厦这个项目本来就是我的主管单位辽宁省建行主贷的项目，授信两亿元，结果今年年初的红头文件一下，还有七千万没放就停掉了，我们也都感觉对不起俞董事长，这里面每天的利息都不少啊，我听说还有预售的业户也开始闹了。"白行长叹了口气说。

"白行长，我也是没办法，"德伟两手一摊，诉起苦来，"我是合作行的一家小支行，跟您这省级大行的实力可比不了！现在，那些买档口的业户也都是我的客户，都是我行给的流动资金贷款，如果商鼎继续停工，我这个小支行也完了。所以啊，白行长，您得想想办法，把这一盘棋盘活了，让俞董事长把大厦交付使用了，我们这放出去的贷款也能保住了。"德伟有些激动地说。

"你说得没错！"白行长点点头，"近日，省建行主管信贷的马行长已经主持召开了继续支持商鼎大厦复工的会议，让我们投资银行负责想办法解决这事儿，我现在也正发愁怎么办呢？"他说着点了一支烟继续说，"你们有的人是第一次到我这里来，我就给你们介绍一下吧。你们看，我们虽然是叫辽宁省投资银行，带着'银行'两个字，但是，我们没有居民储蓄业务，所以没有存款。那我们是什么呢？我们其实就是省建行内部的一个项目资金筹集处，主要担负着国家和省市财政投资管理的职能。所以你们明白了吧？要放款就

第四章　证券风云（下）　157

先得有存款，可是到哪里去找存款呢？"白行长解释道。

俞小建见他说完，立刻指着德伟和我说："白行长，今天我带德伟他们来，就是来给您拉存款的。"

"是吗？能存多少？"白行长高兴地看着德伟问。

德伟却转头看向我和晓明，问道："董经理，能存多少？"

"白行长好，"我很有礼貌地上前一步说道，"我是合作银行驻天津证券市场的交易员，我可以在一周之内让您的账户上到账三千万。"说完，我平静地看着白行长。

白行长先是一愣，然后眯起眼睛上下打量了我一下，抬起下巴，问我道："小董，你今年多大了？"

"二十四了"。

"你刚才说三千万，一周到账？我没听错吧！"他追问一句。

"没问题，三天前我刚给德伟行长的圆路支行存了五百万。"

德伟一看，显然这白行长是不信任我啊，赶紧接话说："白行长，您可别小看这小董了，虽然年轻，能量可不小，他确实在一周内就在我圆路支行存了五百万，要不我哪儿来的钱贷给小建哥三百万啊？我们这些所谓的老银行现在都严重落伍了，得学习这些年轻人，看他们怎么玩儿！"

白行长听罢沉吟片刻，转头对俞小建说："小建，不是我不相信你，但是这小董也太年轻，资历太浅了，我在这个年龄也还在银行柜台上锻炼呢！""不是，白行……"俞小建刚要说话，白行长就伸手制止了他，自己接着说，"这样吧，小建，咱也别说别的，如果你的朋友在我行能定存三千万，我答应肯定全额转给你们使用，让你尽快把大楼盖完。怎样？"

我理解白行长的怀疑，一来我确实太年轻了；二来，当下之时，各大银行全面停贷，市场上找钱都找疯了，能够帮着存上一两百万都是了不起的大事，何况三千万这样的天文数字呢。我看看德伟和余小建，他俩也都正在看向我，我冲他们点点头笑了笑，回头非常自信地对白行长说："白行长，我是小建哥带来的，自然不能给小建哥丢脸，下周您等着三千万进账吧，到时候您可别忘了都放给小建哥就行！"白行长没想到我反过来将他一军，大声说道："君子一言，驷马难追！嘿嘿，就怕你到时候做不到啊！"

从投资银行大楼出来，德伟一把拉着我的手就说："兄弟，这回我们可全指望你了，这老白是真没把我们合作行的人放在眼里啊！不过，你真有本事在一周内存入三千万吗？这可不是在我那里存五百万的事啊，根本不是一个数量级！现在这搞得我也有点心慌啊！"

我看看德伟，再看看俞小建，最后又看看晓明，这三人全是一个表情，眼神里又是焦虑又是疑惑，我认真地对他们说："三位大哥，我们昨晚是拜了兄弟的，所以，首先我肯定是全力以赴，我知道小建大哥的商鼎大厦如果再有三千万，就能起死回生了；第二，我知道钱在哪里，你们都不用担心，我肯定能完成任务。但是现在，我需要你们三位大哥的帮忙了。"

"什么忙？你快说，我们也一定全力以赴。"三人急切地问道。

"各位大哥，这三千万资金将由我的三个朋友公司放出来，他们都在天津，我马上就约他们陆续到沈阳帮我们存款。小建大哥，你的一部奔驰、一部宝马加上司机负责做好接送工作；德伟大哥待人接物很有水平，安排好吃好玩好住的就靠你了；晓明哥代表我们沈阳券商的老大一起参与尽地主之谊，三位大哥得一起参加这些场面，把咱东北人的面子做足啊。""就这些啊，那太容易了！""对啊，没难度！"三人一听十分兴奋，四人一起击掌同意，一个投资银行接待小组就成立了。我也很兴奋，这样一来，既能完美地完成这次存款任务，又能体现我在沈阳的雄厚实力，传到天津去一定会吸引更多资金流到沈阳，对我将来的业务也更有帮助。

接下来的一周，是我尽情表演的一周。每两天天津就来一家公司代表到省投资银行存款，张辉则负责拿着一兜子公章和我早已印制好的合同文本，让各方分别签约，方式方法和在德伟支行办理的一模一样。到了晚上，我们兄弟四人就与天津朋友把酒言欢，每次必须折腾到让所有人都兴尽而归。那一段日子里，所有人就像打了鸡血，半夜无论多晚回家，第二天依然满血复活。就这样在一周内，我陆续存入了辽宁省投资银行三千万整，每一笔一千万存进去，白行长都惊掉了下巴，再看到我就完全变了态度，我们四人再去他的办公室，他立刻跑过来第一个就和我握手，我们离开的时候，他忙不迭地一定要送下电梯，走到大门外，看到我们上车才挥手离去。

不久，俞小建的商鼎大厦就开工了，虽然比预期晚了半年开业，但是它对面的日港大厦是到一年后才开业的，商鼎因而获得了最宝贵的业户资源和赚钱的黄金时间，资金也可以提前正常流转。

德伟因为在最困难时候帮助了俞小建，他的圆路支行分理处也如愿以偿地获得了大量现金存款业务，继续在合作行遥遥领先，他逢人便提起我，使我在全合作行成了明星人物。

而我通过这段时间熟练运作以贷引存业务，拥有了德伟在太原街地区的客户和朋友资源，再加上俞小建在上层的关系，我觉得回到沈阳创业的时机快到了。

23. 张辉发迹

张辉自从把五爱证券的公章拿下来，就跟着我来回跑圆路支行、辽宁省投资银行、沈阳市建行……看着我在一个月内以他证券公司的名义用以贷引存的方法从天津市场调动了七千万资金回流到沈阳，这笔巨大的数目令他震惊。这不像他下海做过的实业，产供销流程又长又复杂，每个环节都要操心，资金更是最大的问题，不像现在这样，可以于瞬息间让巨额资金如流水般顺着自己挖好的水渠流动。而流动性就是我对金融的理解，而且流动越快，收益越高，金融市场的大资金流动为张辉打开了一个新的世界。

我估计张辉赚得差不多了，考虑到风险因素，我决定暂时收手，因为在天津已经有越来越多的人开始关注我了。

此时，张辉突然觉得再用三年前自己花九万元买的那辆黄色三峰面包车整天去拉着我这个"大人物"到各大银行见各路行长，与穿着打扮入时的那些老板交往，说着动辄就是千万的生意，十分不相称了，便来跟我说："玉哲，你总说我们挣钱了，我也看到现在账上有七百多万，但这都是谁的钱？我是一分钱都不敢动啊！"

我被他逗乐了，"来，今天我来帮你算算我们这一个月赚了多少钱！算账之前，你先告诉我最想买的东西是什么？我看看能不能满足你。"我先吊了一下他胃口。

张辉看着我，"你也别笑话我，我就跟你说吧，这个事儿我也想很久了。

你看我跟你出去办事，见的都是大人物，可开的还是那辆旧三峰，也实在是太丢人了，所以，我最想买的是一台凌志E300，我老大财政局的李局有一辆，我去看过好几次，每次这脚就挪不动道了，那个发动机静悄悄的声音，那个音响，还有那个尾灯设计，我是做梦都想马上能开上啊！可是真不便宜，现在售价得五十万。"张辉说着撇了撇嘴。

"凌志车好啊，那是东洋奔驰，"我接过话茬，"最顶级款是L400，我们合作行一把手于行长的座驾就是这车，有一次我跟于行长司机去人民银行送材料坐过一次，也是被震撼到了，那内饰真是太酷了。辉哥，那你就买一台E300吧，我们出去办事也有面子。"

"玉哲，这车可得五十万，我也不知道我们这期间到底赚多少了，我哪敢有这个心思？"张辉一脸无奈。

我拿来纸笔，又将我随身携带的小笔记本拿出来，开始先将业务数据一笔笔誊抄在纸上，包括日期、资金方、期限、利润；对应的到期日、存单银行、票面利息和返息，然后再结算每笔利润。大约过了半个小时，我再次复核了一遍，便让张辉和我靠近些，一条条地给他说明利润是如何产生的……谁知，他刚听了一半，就开始摇脑袋，"哎，不行不行了，完全听不懂了……"我只得将笔直接移到纸的最底端，点着一个数字说，"那我就直接告诉你，看到这个数没？七百三十万！我们一共赚了七百三十万！"张辉瞠目结舌，"那就是说我看到的账上的钱真的是我们自己的？""对！"我肯定地回答道，"但是这七百三十万利润里，我准备留出五百万过几天再做一张存单，银行利息加上返息就有一百二十万纯利，那样我们将实现八百五十万的利润。"我看看张辉闪着光芒的眼睛，接着说，"所以，现在账户上的七百多万，你可以动用两百万，马上去买凌志车，剩下的你去租赁一处门市房做营业部，开始装修；如果装修钱不够，你还可以拿最后的那张五百万存单去银行抵押做融资装修，等营业部一开张，每天都会有股民的保证金进来，从此之后，你就相当于开了个储蓄所了，再不用愁资金的事了。"

张辉已经听傻了，愣了半天，他才甩甩脑袋激动地说："玉哲，我总觉得天上不能掉下这么大个馅饼给我，打死我都不相信挣了七百万。但是，我寻摸着这赚到七百多万的百分之十肯定是有的，有七十万利润我就心满意足了，

第四章 证券风云（下）

我这就用赚来的利润买一台凌志车，剩下的，我马上开一张二十万的支票给你，这是对你的回报。"说着他有些哆嗦地拿出支票夹，就要写支票，见此场景，我眼前突然出现了初五跑到李殿明家里的那一幕，那时我的目标不就是想赚个二十万的承包奖金嘛，可是我为之努力的银行却不能兑现，想着这些，我心中很不是滋味。

张辉在支票上填下了二十万的数字后递给我，我拿起它，反复看着，内心在激烈地斗争，二十万！这笔钱对个人来讲确实是笔巨款，也是我该得的收入啊！

我在房间里转了三圈，有了主意，回身对张辉说："辉哥，这笔钱我暂时不需要，你现在处处要用钱，还是放你这里使用吧。我只有一个请求，不久的将来，我也会辞职创业，自己干企业，到那时再请你在资金上帮我一下，算是对我的回报吧！"说完，我将支票交回到他手里。

张辉疑惑不解地说："是不是你觉得给得太少了，我不够意思啊？"

"不是不是，我是真心话，我现在还有公职，只能是帮忙性质，不能让别人说闲话。"我连忙解释道。

"那好吧，我是永远感谢你的，以后需要我做什么，我一定赴汤蹈火。"

一周后，张辉开上了新车。那是一辆墨绿色的凌志，在阳光照耀下，美妙绝伦。他拉上我，还是一样带着一皮包公章和合同，去交行办了最后一笔五百万存单。那天，他特地穿上一身新买的西服，里里外外干干净净，一副金融新贵的派头。

从银行出来，他带着我开车来到当时沈阳市的第一豪宅河畔花园，刚把车停好，走进售楼处，一位美女售楼员就上前主动打招呼，嘴里喊着张总，我一看，这分明是已经来踩过盘了，可能连房子都看好了。果然，张辉低声对我说："这是新加坡人开发的沈阳第一个涉外楼盘，当今沈阳最牛的老板、明星、领事馆的外国人都住在这里，我已经选了一套联排别墅，准备当我们接待朋友的会所，你看怎么样？"

"这栋多少钱？"我指着沙盘问售楼小姐。

"先生，张总选的这套精装修的是一百八十万。"女售楼员声音很轻柔地回答。

"辉哥，我们一上午就赚了一百二十万，下周我们再做一单，就够房款了，你现在是五爱证券营业部的总经理，必须得好马配好鞍啊。"我回头笑呵呵地对张辉说。

售楼员一脸惊愕地看着我们，眨眨眼睛，看样子心里分明在说："见过有钱的，还没见过一个上午赚一百二十万的，真能吹！"

后面的故事就是，一周后，别墅买了，我们经常去那里聚会、喝酒、侃大山，张辉从此过上了有钱的、体面的金融人士的生活，张辉和他的兄弟们一直把我当他们的智多星，他除了五爱证券部，又在沈阳创办经营大型连锁超市的天辰集团，我出任执行董事。他也在招聘的业务经理帮助下，终于把账算明白了，我真的一个多月帮他赚了八百多万。

24. "327"大终局

2月23日晚

"中国证券史上最黑暗的一天"

——英国《金融时报》1995年2月23日

1995年春节后，我一直与德伟、晓明、张辉忙于以贷引存的业务，因此在沈阳待的时间比较长。我常与好友沈阳人寿证券的李涛和张晨阳每两周左右去喝点小酒，聊聊天。

李涛和张晨阳都曾是上海证券交易所的交易员，在上海待过一年。沈阳人寿在上海、深圳都开有营业部，这哥俩就主管公司的股票自营业务，虽然年轻，却掌管了数千万元的自营资金。平时在公司日常工作里，他们还要承担股票大户室客户的指导、讲课、写文章，工作非常繁忙。我与他们一见如故，是有一次他们到天津来考察证券市场时，我学哥阿枫介绍我认识的。他们很喜欢听我讲我买卖国库券、国债回购和以贷引存的故事，觉得非常惊险刺激，又佩服我操作这些业务这么轻松自如还有高回报。我则看中他们扎实的金融理论功底、对国家政策的跟踪研究、对上市公司经营状况的分析和对国债期货业务的熟练操作，我们在一起总有说不完的话题。

2月23日上午，我和李涛约好晚上让他和晨阳过来，我们聚聚，谁知，一直等到5点半，还没有消息，我便拨通了李涛的电话，"李涛，出发没？"

"玉哲，我估计得到7点才能出发，上海那边出大事了！"李涛的声音有些着急。

"什么大事？哪家公司出事了？"我好奇地问道。

"国债期货的事情，万国证券和中经开，目前这多空双方正在上交所打架呢，无论结果如何，这都是惊天动地的事啊！我们全公司待命，正密切关注上海的消息呢！先不说了啊，我有事了，晚上我过去再和你细说！"李涛慌慌张张地挂了电话。

我手里拿着电话，脚下却已经快到饭店了，想着他俩得7点多钟到，我决定先去隔壁的足疗店。做证券的人非常消耗脑力，每个人都有自己的休息方式，我就非常喜欢做足疗。那天，我一边做足疗一边等他俩，心里想着李涛的话，实在有些好奇，便拨通了上海认识的几个交易员的电话，可是他们都不是做国债期货的，不了解情况。这个国债期货市场是1993年12月才由上交所开始试行的，其主要目的是刺激国债市场，使国债能顺利地发出去。当时确实多数证券公司都没有涉猎这项业务，因为它入场的保证金只有百分之二点五，高达四十倍的杠杆，赢起来如上天堂，输起来如入万丈深渊，没有强大的心力和实力，根本干不了。我个人也对上交所这项国债期货业务从来没有参与过，也许是我骨子里的赌性很差，但凡涉及与赌博相关的项目，包括后来成立的郑州、大连商品期货市场我都敬而远之。

探听不到消息，我只好继续等，直到晚上8点来钟，我已经在足疗店吃了碗面了，这哥俩才匆匆忙忙地赶来，脸色非常难看。我们立刻转到隔壁烤肉店，点好菜倒上清酒，他俩一言不发，端起酒杯一仰脖子连喝了三杯，才定下神来，李涛看向我连连摇头，嘴里念叨着："太可怕了！太可怕了！"我也往嘴里倒了一杯清酒，"怎么了，你俩给公司亏钱了？给你们吓成这样？"

"唉，玉哲，"李涛叹了口气，又呡了口酒，说，"如果只是我们公司亏点钱，我们心情还好受些，今天下午因为一个327的国债品种，中经开与万国证券一方买多，一方买空，双方肉搏相见，杀红了眼啊！来来回回一百多次，你知道今天总成交量是多少吗?"

"多少?"我问道。

"你准备好耳朵,听好了,八千五百亿!"

"什么?!"李涛的话如一记重锤砸在我脑袋上,感觉被震闷了,"八千五百亿?"我重复了一遍。这简直是天文数字嘛,要知道这是上交所正常一天交易量的一百倍啊!

"对,你说吓人不?"李涛肯定了我没听错,他放下筷子,抹抹额头上的汗,一副惊魂未定的样子。

这时,一旁不太讲话的晨阳也开口了:"玉哲,我知道你不碰国债期货业务,我和李涛一直负责公司的这块业务,还好,我们的仓单很少,输赢不多。但是今天下午发生的事情绝对将要影响一批券商的生死存亡,改写很多人的命运,我保证它将载入世界证券的历史。我给你简单复述一下下午发生的事情吧:'多头'是中国经济开发信托投资公司,是财政部独资的唯一一家信托投资公司,在证券界中经开是信托投资公司的'贵族',总经理朱扶林是原财政部综合计划司的司长,长期以来,国债期货一直是中经开的操控领地。'空头'是万国证券和辽国发集团,万国证券是当之无愧的全国行业老大,总裁管金生被称为'证券界的教父'。今天,你怎么也想不到,管金生带领的空方疯了,万国席位突然在最后的十分钟疯狂地做空国债,导致当日开盘的多方全部爆仓,由于时间仓促,多方全都蒙圈了,根本来不及反应,毫无还手之力,结果,在万国证券的激烈绞杀下,以中经开为代表的多头惨败,亏损达四十亿啊!"

李涛又插嘴说:"万国证券虽然赢了,但是它最后巨额透支卖出国债期货,是有违规嫌疑的,背景雄厚的中经开能饶了他?让财政部的公司出现巨额亏损,怎么可能?现在上海那边,中经开已经带人去证券交易所讨说法去了。但是,这也是两难的,如果取消下午的交易,则又会让万国证券破产。这些跟随两大阵营的大户们、机构们、散户们也是心悬一线,瞬间天堂,瞬间地狱啊!今晚收盘后,我们大户室所有人无论输赢都傻了,我后背都湿了好几茬,周围人有的目瞪口呆,有的脸色刷地一下比墙壁还白,还有当场晕倒的。你不知道,无论谁赢,输的那头都不知道有多少人要倾家荡产了!现在等于大家都是在等上交所的宣判。"

我听得惊掉了下巴，手上那杯酒一直举着，难怪他俩这副失态的样子，终于明白了一切缘由。我放下酒杯又问晨阳，"那为什么跟我们的券商生死存亡有关，跟我们个人的命运有关联？"

"你知道一周前报道出来的英国一个叫利森的二十多岁的期货交易员吗？"晨阳问道，"他大胆越权放天量，几分钟使两百年历史的英国老牌投资银行巴林银行损失了四十亿英镑，濒临破产，举世震惊！我们这次的事件不亚于巴林银行事件，要么中经开破产、要么万国证券破产，国债期货关闭都有可能。输家会被送进监狱，中国证券监管会迎来强监管，很多投机性的产品和规则将会大范围变动，各个证券公司都得调整业务进行风险管理，很多期货大户的财富要么一飞冲天，要么倾家荡产！你说是不是和咱们都有巨大关系？"

听完李涛和晨阳的分析，我只觉得后背一阵阵发凉。我常年阅读证券类报刊，万国证券和总裁管金生在我心里那都是神一样的存在，对管金生一直十分仰慕，我不由得为他祈祷，万国证券可别破产啊！

在我印象里，万国证券在一级发行市场上占了百分之五十以上的份额，在二级市场，交易量前十名的证券营业部中，有七八个都是万国的。事实上，万国证券一度持有中国国内上市公司百分之七十的A股交易量和几乎全部的B股交易量。

在上海证券交易所的建设中，其交易规则、使用设备、交易员的培训几乎都是万国一手操办的；深沪两市的异地交易也是首先由万国开通。它还最早在国内推动和实施了无纸化交易。

而证券教父管金生，在20世纪80年代后期，当"振兴上海"被国家提上日程，构想着把上海外滩打造成"东方华尔街"之时，管金生知道实现人生抱负的机会来了，他一夜不眠奋笔疾书，痛陈创建中国证券市场的重要性，并请愿做第一个吃螃蟹的人。而他的建议也很快被接纳，并被批准"试点"。

管金生于1988年，四十一岁之际，受上海市政府支持创办了万国证券，由上海国际信托投资公司等十家股东筹资三千五百万元人民币组建。那时候，上海的证券公司只有三家：万国、申银和海通，其中，管金生当家的万国规模最大。1995年万国已成为一家具有世界影响力的公司。随着万国证券的成功，管金生的野心也逐渐暴露。他曾豪言，要让万国证券成为中国的野村、美林，"要在2000年进入世界十大券商"！

2月23日这个晚上，我们三个年轻的证券从业者在小酒馆里讨论着证券界将要发生的巨变，同时，上交所总经理尉文渊也一身冷汗，胆战心惊。收市后上交所就紧急开会，争来争去，始终没有结论。晚上10点，尉文渊一个人跑到二楼贵宾室坐了一个小时。当时，上交所紧急宣布：23日16时22分13秒之后的所有交易是异常的无效的，经过此调整，当日国债成交额为五千四百亿元，当日327品种的收盘价为违规前最后签订的一笔交易价格一百五十一点三元。因为上证所取消了最后八分钟的交易，使得万国证券亏损人民币五十六亿，濒临破产，而以中经开为首的多方却奇迹般地从大败到大赢。这个晚上，多方阵营中暴富的有魏东、周正毅、袁宝璟、刘汉、戴志康等后期中国企业界如雷贯耳的人物，也有空方一败涂地的教父管金生，辽国发高岭、高原兄弟以及唐万新等，也有跟随管金生一路征战的卫哲、张振新、老廖等万国猛将，事后都不得不自谋生路去了。

管金生作为1995年国债事件的主要操纵者，最终被判入狱十七年。监管当局则在此事件后下令禁止了国债期货交易。这场巨大风波也被称为"中国巴林"事件，因为就在上一周，英国巴林银行因期货交易损失巨大而倒闭。而在2月23日的傍晚，新加坡期货休市后，已经赔光了整个巴林银行的尼克·李森也踏上了逃亡的旅程。

天空和大地在一夜之间发生了变化。在东西两个半球，一个是有两百年历史的巴林银行倒闭；一个是中国最大的券商万国证券倒闭，它们共同的毁灭原因直指超高杠杆下的期货交易。

而以"327事件"为界，中国证券市场转入了一个新的时代，一种全局性的控制力量开始登堂入室，并逐渐占据了主流。

25. "327"魔咒，大赢家？

> 所有命运赠送的礼物，早已在暗中标好了价格。
>
> ——奥地利小说家斯蒂芬·茨威格

世界格局从来都是三十年河东，三十年河西，今天的赢家未必是永远的胜利者；而金融王国更是风云诡谲，变幻莫测。"327事件"后，有人欢喜有人忧，然神机妙算终逃不过天道昭昭。而基于那晚被"327事件"的深深震撼，我不得不认真将这些风云人事梳理了一番，直至今日，每每想起，依然嗟叹不已。

中经开

1995年"327国债期货事件"一举奠定了中经开在证券市场的显赫地位。在中经开的手段之下，管金生铤而走险、巨量抛空砸盘，最终导致了万国爆仓亏空，辽国发高氏兄弟在爆仓后远走高飞。

当时万国的一位营业部经理说："券商的不公平竞争始终存在，像中经开这样的公司在国债期货上几乎没有亏过钱，'327'这么大的困局它都能瞬间扭转，它到底靠的是什么？他们这样能长久吗？"

是的，幸运的天秤不会永远倾向所谓的"强者"。六年之后，中经开因为在银广夏和东方电子事件扮演了不光彩的角色，被勒令清盘。2002年6月7日又因严重违规经营被中国人民银行宣布撤销。中经开的时代，以无限遐想开场，却以凄惶迷茫告终。

魏东

2008年4月29日下午，事业如日中天的魏东在北京家中跳楼而亡，终结了其四十一岁的生命。

魏东何人？据"327事件"之后的《南方人物周刊》报道："中经开在这场战役中赚了七十二亿，而魏家的跟风赚了近三亿。"这里的魏家指的就是魏东，他曾任职财政部，后来去了中经开，"327事件"他是多方的第一操盘人。到

1994年，他创建了以投资为主的涌金公司，控股九芝堂集团和国金证券。今天，魏东是一个让新生代投资者感到陌生的名字，但在十四年前，魏东已经缔造了一个市值三百亿元的资本帝国，这个名字基本就是资本市场江湖的代名词。如此显赫的身家却以自杀而告终，其原因不得而知。

周正毅

以"阿毛炖品"赚到第一桶金的周正毅，于1995年倾囊投资国企职工股，获利甚丰。之后就在"327国债期货事件"中赚了一大笔钱。

1996—1997年间，他开始在股市获利，当时仅仅格力一只股票他就赚到了十几亿。后来周正毅又炒了一年的铜，炒股得来的几十亿变成了一百亿，2003年上海期货交易所的资料显示，周正毅旗下的农凯集团在全国铜类交易中排名第十七位，交易资金达到五点三亿元。

然而，也好景不长，2003年9月，他因涉嫌虚报注册资本罪和操纵证券交易价格被捕。2007年11月，上海市第二中级人民法院一审判处周正毅有期徒刑十六年。

刘汉

在"327国债事件"中，刘汉被认为是走得最远的，与其他"赢家"相比，直到2015年，他才因涉黑等一系列罪证走完了他这一世的人生。当他被捕时，他拥有四百亿身家，却身负多条人命。

20世纪80年代初和90年代，当市场经济初期、价格双轨时，刘汉通过木材运输和建筑材料贸易获得了他的第一桶黄金。1994年到1997年，刘汉在期货市场上炒作大豆钢材成了亿万富翁。

然而在此期间，刘汉自恃背景雄厚，与辽宁商业奇才、个人资产达上百亿的袁宝璟结下了冤仇，在法院的判决下置其于死地。

2015年2月9日，经最高人民法院批准，咸宁中级人民法院依法对刘汉、刘维等五名组织、领导、参与黑社会性质有组织犯罪和故意杀人罪的犯罪分子判处了死刑。

戴志康

戴志康可谓是上海滩的大红人，这位大佬的第一桶金便是来自327国债。那一日，空头痛哭，多头狂欢，很少有人注意到，在这一天，有一个人也赌对了，并借此完成了原始积累。他就是戴志康，一个日后在金融界呼风唤雨的人物。

在那场激烈的战斗中，年仅三十一岁的戴志康迎来了人生第一个巅峰。

据说，戴志康在"327国债事件"里其实就喝了点汤，大约赚了六百万元。但是后来，他收回了所有投资，拿着两千万杀入股市赚了两个亿，随后进入了房地产行业。

为了实现自己的人文情怀，戴志康花了三十亿用十年时间打造了上海喜马拉雅中心。但由于该项目耗尽了戴志康的所有现金流，公司不得不于2015年宣布退出房地产行业。

戴志康一辈子都在追随趋势，从2013年前后开始，国内的P2P平台从无到有，发展到五千多家，戴志康的证大系也进入其中。然而，2020年11月，银保监会下发文件，全国实际运营的P2P网贷机构全部清零，此时戴志康的证大系已累计向三十五点零一万余人非法集资人民币五百九十六点六六亿，未兑付的本金共计人民币七十五点二一亿。

戴志康于2019年8月29日自首，被采取刑事强制措施。2021年3月31日，这个轰动一时的案件在上海开庭一审，外界才了解了其部分真容。

袁宝璟

袁宝璟出生在辽阳市的一个贫穷家庭，毕业于中国政法大学。1992年他在北京一家银行辞职后成立北京建昊实业发展公司时，启动资金只有二十万元。他在股票、债券市场取得巨大收益后以资本运作的方式"吞"下六十多家企业，成为"商业奇才"，到1996年左右其资产就已经达到三十多亿元，被冠以"收购王""商业天才""北京李嘉诚"等称号。

"327事件"里，袁宝璟因其特殊的资金来源与雄厚背景，同样成为了大赢家。

1996年袁宝璟在四川广汉的期货生意受挫，损失达九千余万元，他认为系刘汉所为（刘汉在成都做期货生意，在当地较有影响）并因此怀恨在心。后出资十六万请原辽阳刑警汪兴实施报复，谁知后来汪兴却反目成仇，因此事一直恐吓、敲诈袁宝璟，袁遂又雇凶杀死汪兴。2006年3月17日上午，袁宝璟在辽阳市以注射方式执行死刑。

就这样，所有这些在"327期国债事件"中代表多方的人物，始于相同的赌局，在后来的数年里成为人生的"赢家"，却又在公众的赞美声中跑到了相同的终点……

26. "327"魔咒，大输家？

管金生

"327国债事件"最后判定使拥有十四亿资产的万国证券，瞬间损失国有资产九点六亿元。如此壮举，结束了他的中国证券业的职业生涯。

在他被判十七年监禁之时，中国第一大证券公司——万国证券也分崩离析。管金生时代就此画上休止符。

2015年6月，管金生第一次直面"327"国债风波，他说自己这一生吃这么大的亏，就是没有放下自己内心的骄傲和清高，他说："我这人最大的特点是不服输，读研究生不服输，在国外拿学位不服输……"而这种永不服输的性格，既成就了他，也毁灭了他。

"我如果当初可以克服自我，做自己不愿意做的事情，不断地向交易所上级部门、再上一级部门去奔走，说不定真的能改变现实，扭转乾坤！"言语间似乎还带着不甘和后悔。

然而，尽管世人始终唏嘘管金生的惨败经历，但现在反观"327国债事件"来看，虽然管金生从一个"证券教父"变成了"悲情教父"，是当时输得最惨的，但在服刑七年后，他因保外就医而出狱，到最后却能够安享晚年，相比之下，倒也不失为一个不错的结局。

唐万新

唐万新曾是资本市场最显赫的大佬，其创始的德隆系一度控制资产超过一千二百亿。

在"327事件"中，唐万新在国债期货市场上被强行平仓，亏损达一亿元。

之后，唐万新开始玩起了"坐庄"的游戏，逐渐形成了"德隆系"，在某种程度上做到了最大。这也成为后来著名的"德隆案"的缘起，据说该案的涉及面庞杂，案卷九百多本，公诉人宣读起诉书就用了四十多分钟。德隆系公司变相吸收公众存款四百五十亿元，其中未兑付金额一百七十二亿元，涉嫌非法吸收公众存款罪；自1997年3月至2004年4月，德隆系公司使用两万四千七百零五个股东账号操纵新疆屯河、合金投资、湘火炬三只股票，累计盈利九十八点六一亿，涉嫌操纵证券交易价格罪。2004年唐万新四十岁生日后第十天，合金投资遭遇跌停，次日，老三股全线连续跌停至全面崩盘。转瞬间，德隆帝国分崩离析。最终，唐万新因涉嫌变相吸收公众存款和操纵证券交易价格非法获利，2004年底被警方逮捕入狱服刑八年。

唐万新白手起家，从照相店老板到叱咤风云的资本大鳄，从善庄美名到身陷囹圄、疾病缠身，一时间由风光无限变成永久的寂寞。

张振新

1994年，年仅二十三岁的张振新成为万国证券大连营业部的总经理。刚一入行，张振新就经历了人生的第一次风浪——"327事件"。万国倒闭后，张振成立了大连网信创业投资有限公司和联合创业担保集团。在不到二十年的时间里，张振新逐步获得租赁、小贷、银行、基金、证券、保险经纪、第三方支付、货币兑换、金交所等多种金融牌照，同时还积极向P2P网贷、现金贷、区块链等互联网金融领域布局，打造了独树一帜的资本派系"先锋系"。

然而从2018年下半年开始，据先锋集团内部人士称，张振新在区块链业务上就亏掉了几十亿。

根据《21世纪经济报道》提供的一份核心材料显示，先锋系在金交所产品、P2P平台和先锋系私募基金的借贷余额就达七百亿元。

2019年9月7日，张振新注销了自己的社交账号。而他发布的最后一条消息是："男人的牺牲精神从高到低：生命、金钱、名誉、时间。"由此可见人类视为至宝的生命在张振新眼里竟低于金钱的价值。

9月18日，张振新因酗酒过量在英国伦敦切尔西·威斯敏斯特医院去世，享年四十八周岁。

卫哲

1970年出生的卫哲少年成名，年仅二十三岁时就已经在中国证券市场崭露头角，成为管金生的秘书，之后他仅用了三年的时间就成为了证券部副总经理。然而，"327事件"后万国证券破产了，卫哲不得不又开始了新的职业生涯。很快，他又用了三年，成为普华永道历史上最年轻的合伙人。

三十二岁时，卫哲成为百安居中国区的总裁，这又意味着，卫哲成为了世界五百强中国区总裁中最年轻的一位；四年之后，马云如愿以偿挖到了卫哲出任阿里巴巴总裁。

卫哲在阿里巴巴就职期间，阿里的营业额从十三点六亿元上升到了五十五亿元，利润也从二点二亿元上升到了十四点七亿元，以不斐成绩帮助阿里于2007年在香港成功上市。

四十一岁，卫哲却因阿里巴巴B2B公司所谓"诚信事件"遗憾地离开阿里，开始了他新的商业帝国打拼，进入投资领域，管理着巨额美金。在我所知道的"327事件"中，结局最好的人就是卫哲了。

我与"327事件"枭雄擦肩而过

1994年我在天津做国债回购的时候与中经开就做过多笔业务，还带李殿明去过它北京的总部考察，我与其一名业务老总肖占峰还很熟悉，那时的中经开还是很低调的公司。

在"327国债事件"发生后，我曾在沈阳与新疆德隆的唐万新见过面，那时我代理的一栋办公楼要卖，唐带领团队来到我这里看楼，他看上去十分矮小精干。他们正准备买大楼做证券公司的营业部，而巧的是，唐万新已买的证券公司正是我原来上班的公司——沈阳合作银行证券部。

1998年，我在沈阳以天辰集团名义接待了与我同龄的卫哲先生，当时他是东方证券投资银行部总经理，我们谈起"327事件"时，我才知道他是证券教父管金生的秘书，他对我详细诉说了三年前发生的细节。他是应我好友张辉的邀请来指导建设大型连锁超市的，张辉在我的帮助下发家致富后，杀入了超市连锁行业，建立了当时闻名沈阳的天辰超市。此后，我每到上海，都要与卫哲见上一面，最后一次，是在 2007 年马云举办的阿里巴巴上市满月庆祝酒会上，我们同桌共叙，甚是激动，他当时是阿里的 CEO。

袁宝璟是我的辽宁老乡，他创建了建昊集团，我在 2000 年第一次去美国的时候，与建昊集团证券投资部两位总经理同行，此后到北京就常去建昊集团位于东二环富华大厦的办公室与这两位美国同行的老友聊天。袁宝璟在时，也常与他聊几句，他给我的外表印象是十分憨厚的。

再说说张振新，和我同龄，1971 年生，他和我的好友大连中创证券总经理少衡是东财大学校友，关系十分密切。2004 年，我和张振新一起参与投资了《银行家》杂志的股改，分别成为了重要股东，我们经常在《银行家》举办的论坛上碰面，我也去过几次联合担保公司办公室找他聊天，张振新看上去温文尔雅、头脑敏捷，是个低调行事的人。但是，我绝没有想到他最后的结局竟是在英国自杀身亡。

本来，"327"只是一个国债期货产品的代号，后来却好像变成了一个魔咒的代号。自 1995 年 2 月 23 日那天晚上开始，一个潘多拉的魔盒就此打开，中国资本市场上的"赢家"在迅速积累财富、挥霍财富、构建自己帝国大厦的同时，也染上了嫉妒、灾难、疾病、贪婪和罪恶……而与魔鬼为伍，却是一个天大的赌注，也许有刹那的欢乐，而灵魂却终将灰飞烟灭。

27. "518"赢下一台公爵王

惊天动地的"327 事件"后，我依然经常去找李涛和张晨阳，在他们的股票操盘室里，各路信息在这里汇聚，每天沪深交易所开市，这里就像指挥部一样紧张，股市上的任何变化都会引起一番热烈的讨论。

我和李涛、晨阳讨论最多的还是"327 事件"后对中国证券行业的影响问题，所有人都拭目以待万国证券与管金生的危机怎么处理？国债期货到底还能不能开？而此时，远在英国的巴林银行因期货交易失败而倒闭的消息传出，亚洲、欧洲和美洲地区的金融界也引起了一连串强烈的波动，对国内的期货业更是火上浇油。

与此同时，我还经常抽空去看望大学同学老吴，一年前我们一起做了多笔 925 的国债现券，现在他升任为外贸证券营业部的总经理。他的营业部位于城市主干道青年大街的中心位置，沈阳标志性建筑国贸大厦的一楼。老吴升任总经理有半年多了，最近却一直闷闷不乐的，原因是沪深股市一直是熊市，十分低迷，我每次去找他都看到空空荡荡的股票大厅和无精打采的工作人员，每天也就几笔交易，股民几乎都被深度套牢。

我联想到这段时间去沈阳人寿证券也是如此，交易大厅看不见几个股民，大户室里一群以炒股为业的股民都在打着扑克消耗时间。

这一连串的现象引起了我的注意，我想起自己曾经压在玻璃台板下的炒股秘笈，我谨记的炒股原则就是："我行我素法——股市行情千变万化，股市信息真真假假。不妨当别人为买股票疲于奔命时，你静观其变；当别人大量抛售，避之若祸时，你又收进一点，这凡是股市中有建树人的做法。"

李涛跟我说："这轮上证指数是从 1994 年 9 月从 1052 点下来的，原因是在 1993 年到 1995 年期间，国家大力推行国债，开始了国债期货市场，吸引了几乎百分之九十的资金，造成股市持续下跌，现在大盘在 500 多点横盘，我们人寿证券目前无论是自营业务，还是股票经纪收入都严重亏损。"

"那还能再跌吗？我想买点股票怎么样？"我问道。

"大面上已经没有再继续跌下去的可能了，很多股票已经见底，唯一不确定的是下一个牛市什么时候开始，你投入进来就要有长期准备。"李涛说。

在股市上，"长期准备"意味着要有半年以上的资金安排，不能急用钱时忙割肉，我心领神会了。

那时，在沈阳，我出门就打车，有时自己开车的瘾上来了，就给司机双倍的钱，开一下出租车过过瘾。此时，我在合作行人事处时的师傅崔敬已经调到银行实业公司当总经理了，他从此告别了自行车，配上了日本产的黑色尼桑公爵王，当时的市场价是四十万，我师傅没事就开着它拉着我和朋友一起喝酒聚会。我也因此对这款公爵王产生了兴趣，它无论从动力、内饰、外形虽然都很中规中矩，不是很张扬，但却透着不可小觑的贵族气。我不禁对自己说，我也要买一台同款的公爵王轿车，还必须跟师傅这辆车的颜色一样。

这边有了买一台公爵王的想法，那边又对股市观察了一阵子后，我决定在股市上搏一把，目标赚四十万，给自己买一台公爵王。

1995年的4月初，我将手上由全国各地的交易员朋友送我的二十万婚礼红包，再向一个我曾经帮助过的好友借了二十万，共计四十万拿到外贸证券开户。因为老吴在那里当总经理，他是我最信任的人，我平时就将股票账户放他手里，我只需要发送买卖指令由他交易就可以了。同时，我又让在上海交易所里当"红马甲"的内弟帮忙推荐十只股票，基本条件是股价低于资产净值。紧接着，我又拿着这十只股票让李涛和晨阳过目，他们最终帮我确定了六只，同时又推荐了他们认为有价值的两只，这样不到两天，八只股票选定了，我将它发给老吴，让他每周花掉十万，平均每只股票买五万，一直到四十万全部买完。

老吴却一向严谨，胆子也不大，他认为我此举近乎疯狂，"玉哲，你自己只有二十万，那你就买二十万不就好了？现在股市行情这么差，人人谈股色变，你这不是拿钱打水漂吗？要知道借钱炒股，是炒股大忌啊！"他的好言相劝却完全对我不起作用，我很肯定地相信，牛市即将到来，我的资金翻一倍是很轻松的，而我必须投入四十万才有可能赚四十万，才能实现买车的目标。

从1995年的4月10日起，老吴开始按照我的指令买股票，一天或两万或三万的，目标是一周花掉十万。到了4月底，我问老吴："买得怎么样了？"他有气无力地说："已经买了三十万了，但现在账面上浮亏三万，你选的股票有的还在微跌，我劝你最后这十万还是别买了！"他又开始苦口婆心地劝我。

"老吴，你们证券部现在每天有多少股民来看盘？"我并不接他的话茬，直接问他我想知道的事情。

"也就十个八个人吧，有不少人都割肉清户，发誓再也不炒股了，我现在每天都是怀着沉重的心情在替你买股票啊！你知道吗？我这个营业部你是唯一一个还在买股票的人。"老吴无奈地说。

"老吴，下周把剩下的资金全部花完，我既然决定了就不怕赔，按照现在这个价格不可能再跌到哪里去了，大不了赔上我自己的二十万，借的钱是能还上的，没问题，你放心吧。"我只得安慰他说。

"好吧，那我明天继续买！唉，我就是看着这每天往水里撒钱，心里太难受了，以后，这种事你可千万别让我干了。"老吴无可奈何地摆摆手。

五月的沈阳进入了春暖花开的时节，这段时间，因为我心里有了回沈阳辞职创业的想法，便让崔敬拉着我找他的朋友关系，寻找可以创业的好项目。每天，我和师傅坐着他那台崭新的公爵王奔波于沈阳的大街小巷，拜会各路商界人士，获取很多信息，内心充满自信，心情也无比愉悦。一时间，竟然将买股票的事儿也忘了。

5月18日上午9点半，我正躺在床上看书，手机就响了，一看是老吴打过来的。

电话里传来老吴急切的声音："玉哲，大事不好了，今天沪市A股跳空130点，以741点开盘，现在满盘全红，所有股票都在跳空上涨，你要我买的股票还有五万元没买呢，现在这个情况还买不买？"

"啊？"我一听就急了，"老吴，这怎么回事？五月初你不是说都买完了吗？"

"唉，这事儿怨我，这股市不是一直都在跌吗？你不在股票营业厅工作，你不知道啊，我周围的人都认为我疯了，说我在坑自己同学呢！所以，我就留了五万，想着万一出现问题，我多少给你降低点儿风险。这几天也还正犹豫呢，谁知道今天就突然涨成这样了。"老吴叹口气说。

"算了，三十五万都是股票也行啊，"我只好又安慰他，"剩五万资金就先别动了，你看看股民什么动态，我一会儿就过去找你。"放下电话，我马上打给李涛问情况，李涛对我说："5月17日，证监会暂停国债期货交易，期货市场上的资金短线大规模杀入股市，现在的暴涨就是这个原因。"

我了解了情况，便不紧不慢地开始洗漱、吃早餐，磨蹭到11点才打车到了老吴的证券部。刚一下车，就被眼前的场景惊呆了，营业部门前的广场已经挤满了自行车、摩托车和小轿车，我费力地绕过这些交通工具，往门前走，身边却挤满了急匆匆从四面八方赶来的股民，想进证券部大厅根本就不可能，人群里，人们不断翘首向里张望着，大厅里传来"780了！""800了！""哎哟，810了！"这些兴奋的声音，随之而来的是股民们或惊讶或后悔或仰天长叹或捶胸顿足的各种表情与动作。我只得赶紧打电话给老吴，老吴在电话里大声喊着："快！走后门！我叫保安带你进来，这里都乱套了！"

保安让我从后门走进柜台里，我一看，营业部大厅里黑压压一片，全是焦虑不安的股民,所有人都呐喊着,看着股票的显示大屏,屏幕上则是一片久违的红色,那些数字全都在疯狂地跳动,涨幅惊人!柜台里,老吴带领所有的工作人员已经一改平时闲散的样子,急急忙忙地奔跑于各个窗口之间,应付着股民的咨询与下单,看样子全都急红了眼。

我走向一个角落,坐了下来,默默看着这厅里厅外的一切,心中十分确信,我期望的牛市的确已经开始了,只是没有想到,竟是这样的狂热飙涨,还"高台跳空",简直太意外了!中午闭市,我和老吴一起去食堂吃饭,忙得满头大汗的老吴神情有点发蒙。

他扒了一口饭,边大口嚼着边兴奋又急切地说:"你是不知道啊,我给你打完电话,股民就涌进来了,还越聚越多,都知道股票跳空上涨了,股民们都疯了啊!我们不得不求助国贸大厦增加保安,不然,我们这大厅的玻璃门肯定被挤碎了!"

我点点头,说:"是啊,从去年九月到现在,八个多月的熊市了,股民被深度套牢,都憋疯了。今天,我打听到因为国债期货业务被叫停,所以,从那里撤回的资金都杀回了股市。不过,从上午看,股民虽然人来得多,但还在观望发生了什么事情,买卖单并不多;下午你再看看股民的反应,如果买单增加了,而我所有的股票只要是翻一倍的就立刻给我抛掉。"

"我下午肯定会很忙,来不及帮你操作,这样吧,我将股票清单给你,上面有买价和数量,你在大户室找一部电脑,你就看着行情,想怎么卖告诉小张就行。"老吴回答说。

"好,你忙吧!"我决定自己亲自看盘了。

下午开市的时候,我查阅了我的八只股票,最少的也有百分之五十的涨幅,有个别的已经翻倍了,只是,成交量不高。又看了一会儿,我决定打车去沈阳人寿找李涛和晨阳这哥俩问问。

到了人寿证券营业部,人山人海的情况更加严重了,我直接去了大户室,大户室里热闹非凡,人人都像被打了鸡血,全都忙着各种操作,不少人正在调动各个账户向股票账户存钱,还有不少人开始蠢蠢欲动准备下单。我见到李涛,他也正忙得脚不沾地,我大声对他说:"兄弟,晚上有空喝酒啊,今天大牛市来了,咱得庆祝一下啊!"

"今晚肯定不行了，"李涛冲我摇摇头，"今天这个行情，在股市历史上还是第一次，晚上我们研究部肯定得开会到半夜，太激动人心了！"李涛说完头也不回，就忙去了。

我也没想到，牛市要么不来，要来竟来得如此之快，令人猝不及防。好在我有三十五万的低价股票，只要明天股民的买单量上来，按照我的投资原则，交易大厅人满为患的时候，就是我出货清仓的时候了。

5月19日，股市大牛市到来的新闻报道搅动了整个社会，全市各家股票营业部比前一天更加火爆，临近中午的时候，我在外贸证券大户室里开始列出了卖单，先卖成交量最大的四只股票，这批股票全都已经涨了一倍，小张只用了十分钟，就轻松卖完了，我的账户上立刻有了四十多万现金，我的投资成本全都收回了。

到了中午，忙了整个上午的老吴一见我就说："剩下的你能不能再等等卖，你看股民都疯狂了，大家全在买股票，哪有傻子卖股票的？"

"行，那我就等等，今天我就卖这些了，反正我的投资收回了也安心了。"我答应了他。

"还是我太保守，当初最后的五万也给你买了，现在就能多赚好几万。"老吴满脸遗憾地说。

"这就是为什么我不愿意到股市上来的原因，在现场，情绪总是被干扰，明明自己的判断是对的，一被干扰，马上就可能变卦。"我一边帮他解释，一边又严肃地对他说，"但是，老吴，这回你一定要记住我的话，明天肯定还会涨，但是不管未来还能涨多少，我都不后悔，明天你必须给我全部清仓，我还要用赚的钱去买车呢！"老吴郑重地点了点头，"行，放心吧，我安排！"

5月20日，谷雨，天气一改昨日的阳光灿烂，变成了阴雨绵绵。外贸证券部里却依然人声鼎沸，人们下单的势头十分汹涌。我端坐在大户室，开始陆续下单，不管涨多少，毫不犹豫地全部清仓。因为我所有的股票都是在最低价时买的，现在每只都至少翻了一倍。到了中午，股市达到了900点高位，我基本上卖掉了所有股票，只是象征性地留了两千股金杯股票作为纪念，因为金杯汽车是沈阳第一只上市的股票。

抛完股票，我的账户上显示出了七十九万现金，我顿时觉得神清气爽，站起身，大踏步地走出了买声震天的证券部，头也不回地去找我师傅崔敬喝酒庆祝去了。

5月21日上午，老吴把钱从股票账户转回到我的银行存折，还埋怨我说，再等几天出手，会挣得更多。

可是，中午，风雨突变，沪指从900多点瞬间滑落，一路横扫买盘，大庄家开始巨量出货，全盘皆绿，刚才还兴高采烈的股民瞬间目瞪口呆，用老股民的话说，那真是逃都来不及啊！仅仅三天，牛市行情竟然宣告结束了！

历史上经历这波牛市的老股民们至今也记忆犹新，在"327国债"事件之后，国债期货关闭第二天股市就出现了井喷行情，1995年5月18日到22日股指从582点涨到926点；紧接着5月22日到次年1月19日股指又从926跌至更低的512点，股市从此进入了长达七个月的熊市。

时至今日，沪深股市再也没有出现过像"518"这样跌宕起伏的行情，两个大熊市之间稍纵即逝的三天大牛市被我奇迹般地抓住了。这次大牛市送了我一辆梦寐以求的尼桑公爵王。

半个月后当我驾驶着人生第一辆高级轿车时，不由回想起在天津奋斗的那两年，一切都是那么刺激而圆满，一段年轻而奋进的时光，永远让人难以忘怀，而此刻，我也该为这段旅程画上一个完美的句号了。

28. 股市，再见

1995年5月31日，我正式从沈阳合作银行证券部辞职了，离开了奋斗整整两年的公司，所有同事都对我的离开表示了惋惜。我回到在银行上班的第一个部门人事处，去和于处长以及同事们告别，于处长说："小董，你是我们合作银行第一个主动辞职的大学毕业生，看来是银行的环境限制了你的发展啊，我衷心希望你能去开创一片广阔新天地，干成大事业了，可别忘了我们啊！"

"谢谢您的教诲，我会一直铭记的。我的成长是合作行带给我的，我会努力奋斗，为合作行和帮助过我的师长们争光。"不知不觉，我的眼眶竟红了。

在辞职后的几日内，我决定先清空然后关闭所有股票、基金账户，还有些零星的内部股卖不掉的，放在父母那里保管。从今以后，我要远离股市，同时我希望自己是以一个股市赢家的身份退场。

当时，在上海有一个最厉害的炒股高手叫杨百万，我一直很羡慕他的经历。他早年从炒卖国库券起家，然后炒股票，是中国第一个在股市上赚到一百万的人，我步其后尘，虽然晚了几年，但是，我也是从零起步，自1992年1月开始炒卖沈阳的基金认购证；到公司集资炒股、和炒家杨雄炒马钢股票认购证，1994年又连续炒作了北京王府井、天津磁卡认购证；在天津时给朋友帮忙倒腾国库券赚到了四十多万；最后在"518"行情中又大赚了四十万；算下来，仅仅三年半，我累计在股市上也赚得了一百万。我想，人生起起伏伏，我不会永远这么好命，有了赢的体验，接下来我会有更重要的事情去做。何况，如果现在收手，未来多少年以后，我还能保持一个"董百万"的绰号，倒也很有意思。

在后来的经商过程中，经常遇见炒股的人，不是说知道某只股票内幕、认识哪个庄家，就是说可以给你配资金炒股，还有的要我投资股票基金，我一律不为所动。多年以后，人们便不再怂恿我参与一切与股票有关的事，连我自己都差点忘了，我曾经是一名红马甲交易员，还有过"董百万"的绰号。

但是，在我人生的旅程中，第一桶真金白银是股票、证券所给予，我对此依然怀有感恩之心，只是绝不敢贪得无厌，见好就收，适可而止是我认为在金融江湖行走的金科玉律。

1995年6月12日我的新事业——沈阳华山典当行开张了。这标志着我在沈阳合作银行人事处、证券部的铁饭碗彻底结束了，我将换一个与证券行业毫无关系的身份重新披挂上阵，后面的人生虽有千难万险，但今日想来我却从未后悔过……

第五章

华山论剑（一）

1. 选择典当行

1995年6月12日，沈阳市和平区南京南街198号，一处坐西朝东面向大街的门面房前，两个醒目的木制金色大字"典""当"分别挂在了大门两侧的墙上，大门上方还挂着一块"沈阳华山典当行"的烫金铜匾，阳光下闪闪发亮。上午10点58分，一阵阵鞭炮齐鸣，人群中响彻着掌声、恭喜声，人们纷纷涌来向我握手表示祝贺，从今天起，我就是沈阳华山典当行的总经理了。来宾中有我的师傅崔敬、工商局个体处罗思尧处长和沈阳房产局的坤哥、斌哥；我三个结拜兄弟俞小建、德伟和何晓明；张辉和他的铁杆兄弟姜阿中；还有沈阳人寿的李涛、张晨阳以及我的大学同学老吴。我的大学同学刚子和我的表哥大军则成了我的团队成员。

开业仪式十分简短，在罗思尧处长和张辉及我自己分别致辞，几位嘉宾共同剪彩之后就在一场歌舞中结束了。中午在一家酒楼，大家推杯换盏，祝贺我年仅二十四岁就创立了一家金融机构，期待我在新的领域里继续开创奇迹。

自此，从1995年6月至2002年7月，我就干上了典当行这个古老的金融行业。我没有想到的是，在这七年间，竟让我从证券公司的天上人间来到了金钱的地狱。在这里，我所接触的客户与以往大不相同，他们都是或多或少在社会上备受金钱折磨的人。人性中的贪婪、欺诈、狠毒、弱肉强食都在这个舞台上轮番上演，它让我不得不面对邪恶而战，为了正义而绞尽脑汁，拼尽全力。终于，我一步一步地从地狱中走了出来，看到了久违的阳光和智勇兼备的胜利，这一堂人生课，一上就是七年，它让我知道，磨难永远是人生最好的老师，一切让你哭、让你痛，让你受苦受难的经历都弥足珍贵。

话说回来，我为什么要从证券行业跨界到典当行呢？

此事说来话长，记得我在沈阳合作银行总行人事处上班时，就看见行里计划处、信贷处的职员年纪轻轻就能在社会上呼风唤雨，原因是他们可以依靠银行的信用背书和提供贷款的权利，资金给到谁，谁就可以解决项目上的燃眉之急，这让我看见了"金融"的力量。后来我个人通过炒股，再到天津交易中心当交易员，仅仅三年时间与金融打交道，赚的钱就是父母几辈子赚不来的，这些也都是拜神奇的"金融"所赐。

因此，在5月份我决定辞职，开始寻找新的项目时，我就打定主意，干什么都不能离开金融，我于是开始寻找适合个人干的金融机构。

一日，我去到沈阳市人民银行人事处看望处长石岩峰，两年前我们曾经一起去过两次北京人总行，从那时起一直保持着联系。

石岩峰十分热情地把我让进屋，"听于处长说，你在证券的表现非常出色，说你是难得的人才啊！"

我有些不好意思地说："过奖了，都是大家帮忙。当初，我们一起去北京两次，也是您一路提携，那真是令人难忘啊！"

"哎，不敢不敢，我可没帮什么忙，都是你自己办事能力强，我是很是钦佩啊！"石岩峰说着直摆手。

"我听说，您现在是人事处一把手了，那给我个机会请您喝酒呗，我把于处长也叫上，咱们一起聚聚如何？"我继续说道。

"谢谢玉哲老弟，不过，时间定在下个月怎么样，我这段时间在帮我们唐行长办理调动北京的事情，事务比较多啊。"

"行，石哥，下个月我来张罗庆祝宴。"我笑着说定了这件事后，说出了此行的目的，"石哥，我还有一件事想找您帮忙，我想了解下，现在有什么金融机构是允许个人干的？"

石岩峰闻言会心一笑，用手指点着我说："玉哲，你这肯定是又有什么想法了吧？要辞职？好事啊！趁年轻就得多闯闯，不然，到我这四十岁的年纪，在银行干久了，就没你这勇气了。我现在就找我们行非银行金融管理处的庄处长，帮你问一下。"说完他就拿起电话，用手指往下划着办公桌玻璃板下的机构电话表，打开免提，开始拨号，"喂，庄处长吗？我是人事处老石。"

"石处长啊，我是老庄。"

"庄处，我有个朋友，沈阳合作银行的，他想咨询个问题，现在有什么的金融机构允许个人干的？"

"石处长，你朋友是想自己起炉灶吧？"电话那端哈哈一阵大笑说，"您让他来找我吧，一句半句说不完。"

"好，我让他现在就去找你，你给指点指点啊。"石岩峰又叮嘱了一遍。

我谢过石岩峰，就出门坐电梯到了庄处长办公室。非银行金融机构管理处是人民银行一个权利非常大的部门，除了银行体系外，证券公司、信托公司、保险公司、交易中心、金融租赁公司、担保公司、典当行等都属于这个处管辖。见到庄处长，我先介绍了自己，庄处长上下打量了我一下，说道："既然是石处长介绍来的，我也不转弯抹角啦，这个政策允许个人干的行业，归口是我们人民银行，目前允许下发金融许可证的目前只有典当行一个行业，现在典当行的执照是由我处和沈阳市工商局个体处、沈阳市公安局特业管理处三家联合审批的，当然以我们人民银行为主。"他一边说着，一边看看我，看我听得很认真就继续说，"我们现在为防止大量社会资本进入典当行，引起管理的混乱，已经停办执照的审批，还要将有居民存款行为的典当行关掉。""啊！"我一听，心里一凉，本来允许个人干的金融行业只有典当行，但现在又不批新执照了。庄处长又看我一眼，继续说，"估计明年人总行还会下发典当行管理办法，到那时办理新的执照就更加困难了。"

"哦……"我低头沉吟片刻，又问道，"我还想问问，过去我是做证券行业的，那在这方面有没有允许个人参与的机会？"

"小董，你要是干证券的，我就直接说了，目前，凡是个人、私人企业承包的证券公司营业部、办事处、信托公司代理处、交易中心席位都在进行清理整顿，决不允许私人参与，已经参与的责令关闭。并且，人民银行将要对证券公司、信托公司再来一轮大整顿，估计关闭合并的公司在百分之五十以上，这条路现在根本走不通。"庄处长很明确地回复了我。

"哦，原来是这样。"说着我站起身，"庄处长，十分感谢，您说的我都明白了，那今天我就不打扰了，改天再来向您请教。"说完我就起身告辞。"呵呵，别客气，有问题再来！"庄处长和气地站起身，送我走出了办公室。

从沈阳市人民银行出来，我不禁回想起庄处长的一席话。是了，自"327事件"与英国巴林银行倒闭事件之后，国务院与人民银行牵头的一场金融大整顿果然开始了，未来，一半以上的证券公司、信托公司都将被清算、接管、关闭，我个人能够及时撤离就是明智之举，怎么能再去蹚这趟浑水呢！看来能做的只有典当行这一条路了。

其实，之前我对典当业也做了点研究，我知道典当业是人类最古老的行业之一，堪称现代金融业的鼻祖，是抵押银行的前身。自创立后一千八百年以来，无数行业都湮灭在历史的洪流中，只有典当业顽强地生存了下来，坊间还流传着与此有关的数不尽的故事和神秘人物。改革开放以来，随着市场经济的进一步发展，国有银行的私贷业务已经远远不能满足日益增长的融资需求，在这种情况下，典当作为在一定程度上开展私贷业务的金融机构，就理所当然地具备了重新问世的客观条件，并成为银行贷款业务的一个有效补充。1987年12月，四川省成都市开办了新中国第一家典当行——成都市华茂典当服务商行，率先恢复了典当业。而自1987年开始，这个行当由中国人民银行负责监管。

在我当时的认知中，能拥有一张开办典当行的金融机构许可证是件了不得的事儿，因为有了它就可以抵押放款和融资了。庄处长说现在已经停办此类执照了，看起来，现在只有购买已有的执照这一条路了。

2. 新兵上阵

我师傅崔敬在五爱街那边办公，信息十分灵通，他知道我想要做典当行生意，便约我去他办公室与一位工商局的罗处长见面。这位罗处长刚刚退休，曾是沈阳市工商局个体处的处长，对典当行的事情比较了解。他介绍说沈阳现在有三十家典当行，主要集中在和平区北市场和皇姑区北行一带，解放前，那里就是老沈阳最主要的古董与旧货市场，典当行也多数都开在那里。这些典当行门面很小，股本都在一百万以内，以小额典当为主，当品主要是金银首饰、手表、手机、传呼机、家电、摩托车、貂皮大衣和文玩之类。

"目前这个行业在沈阳重新发展不到五年时间，所以有经验的典当师傅特别少，各家典当行经常被骗，损失也不少，效益并没有外界想象得那么好啊！"罗处长感慨地说。

"罗处长，感谢您的介绍，您真是这方面的专家啊！"我听着他娓娓道来，不免钦佩，随后又问道，"我想跟您咨询一下，我现在要回沈阳创业，想承包经营一家典当行，不知道罗处长能否帮忙找找，看看有没有合适的？""那没问题，"罗处长很热心地应承道，"这些典当行我基本都熟，我现在就给你问！"说着就拿起电话拨打起来，很快就有一家回复，愿意将典当行承包给我们。据罗处长说，这家典当行被骗了一笔巨款，正在打官司，目前已无力继续经营，但又舍不得卖执照，听说有人要承包，便正中下怀。

接下来的一周，我们双方顺利地在罗处长的斡旋之下达成了协议，我以每年二十万的承包费用连续经营十年，然后归还经营权，在我经营期间自主经营、自负盈亏、自负法律后果。整个过程，我始终信心十足，心想，天津这么大的证券市场我都能运作自如，何况一个小小的典当行呢！我为自己终于可以开始典当行这个新的创业项目而感到无比兴奋。

执照搞定了，我继续沿用了原来的名字"华山典当行"，一来是执照注册地在皇姑区华山路；二来取意"自古华山一条路"，我希望我的典当行能成为急需资金者的华山之路。

至于当品，则与那些三十余家典当行的小额典当不同，我的定位在大资金上，当品以汽车、房产和大型设备为主，要赚就赚大钱。可是这样一来，就需要雄厚的资本金了，我测算了一下，目标融资额是一千万。

我先后找到了我曾经帮助过的金县信托的孙姐和五爱证券的张辉，告诉他们这次是我个人的创业项目，需要两位给予帮忙。他们直接就回复我，让我拿主意，怎么操作都听我的。我便重操旧业，让孙姐以最优惠利率给五爱证券做了一笔两年期的一千五百万融资，然后再由五爱证券借给我的华山典当行八百万借款，剩下七百万由五爱证券自行安排，我和张辉约定各自承担金县信托的利息。

这样，典当行就有了八百万资金，我将它存在了合作银行天合支行的李大姐那里。李大姐是这家支行的行长，去年刚到任不久，我曾经帮她做了一单放款业务，让她收获颇丰，这回她见我要大干一场了，便又主动给了我两百万的信用贷款。到此，我的华山典当行的资本金一千万就到位了，这样的资金在当时沈阳的典当行业绝对已是龙头老大，我心中未免十分得意。然而，就是因为资金到账快，我又急于放款赚钱，而自己却还是个新手，让我不知不觉走进了陷阱，三年里多次险些破产，这是后话。

华山典当行开业时除了我，还有四位员工。一个是我的大学同学刚子，他本来已在沈阳市房产局上着好好的班，硬是被我说服，办了个停薪留职过来跟我一起干，他和我一样在典当行业纯属小白。

第二个是和我从小一起玩到大的表哥大军，他比我还瘦小，初中毕业就开始混社会了，虽然只比我大一岁，但是干过多种工作，江湖经验丰富，为人仗义讲究，后来给一个大老板开车，跟着吃香喝辣的见过点儿世面，谁知那老板赌博破产了，一夜间人就消失了，还欠了他几千元工资，我表哥从此萎靡不振，常常借酒浇愁。他的奶奶（就是我姥姥），非常心疼又无能为力，有一天找到我说："大哲子，听大军说你发财了，买了辆几十万的好车是吧？"

"是的，姥姥，您要有空我拉您兜一圈去？"

"我还坐什么车呀！我是让你给大军找个工作，你看，你俩从小玩到大，你现在发财了，他呢？唉！"姥姥叹口气又说，"大哲子，姥姥替大军求求你，让他给你开车吧，你们兄弟俩一起干行不？""行啊，姥姥，我答应你，就让大军和我一起干，让他先到我那里当司机，这几天就上班。"我拉着姥姥的手答应了。"哎，那敢情好啊！"姥姥眼含泪花，轻轻地点点头。这样，表哥就成了公司的司机兼车辆抵押部经理。

后来，一位当地公安分局的科长推荐了他二十八岁的侄女李辰来上班，我一看她长相甜美，很是干练的样子，公司正好缺个负责接待和办公室行政工作的人，就将她留下了。

最后一位，是我从报纸上招聘的会计兼出纳二十三岁的赵日红，平时我们都管她叫小赵。

我们的办公室是一处二百平方米的门市房，门前有一个小院子，可以停三部汽车，再往外就是城市的主干道南京南街，离典当行不远五百米的地方，有一个327路公交站，这趟公交车是从沈阳站始发，终点是郊区苏家屯区政府，因为是苏家屯区市民进出城的唯一一趟公交车，所以常常是挤得满满当当的。自从我的"典""当"两个大字挂在墙上之后，每当有327路车经过，车上的乘客都会好奇地向里张望。之后，我竟发现在开业的前十天，典当行的客户居然都是327路的乘客或者是与之有关的人。

起初，因为我们五个人都没有做过典当业务，我就请来罗处长给大家讲课。他讲课没有课本儿，也没有课表，常常是现场有人当什么就讲什么。记得他给我们讲如何典当金首饰的时候，就是因为一个客户进来，要当一条金项链。那是一位中年女士，当她从脖子上摘下那二十几克重的金项链时，我们竟没有一个人敢上前去接，只见罗处长戴好预先准备好的手套，向那位女士微微一笑，很轻松地接过项链，先拿在手上仔细看了一圈，就将它放在天平一端开始称重，一边嘴里还跟我们说着注意事项，称重完毕，他就教李辰和小赵如何开一张标准的当票，如何保管好当物，又如何付款确认，最后如何有礼貌地将客户送到门口。回来又针对如何辨别黄金等首饰说了满满的一堂课，其中最重要的是辨别相关证书。很快，不到十天的时间，李辰与小赵就忙乎起来，接二连三地办理了好几笔327路公车下来的乘客所带来的黄金首饰典当业务，罗处长有空也常过来看看，有错误及时纠正。

我认真观察了一下，没事就和这些"327"的客户聊天，原来"327"路过的苏家屯区有一个鲜族人的聚居区叫作浑河铺，那里有几千户朝鲜族人，其中很多人都在韩国打工或者有韩国亲戚，他们素来喜爱黄金，因此多数人都会有些金条或黄金饰品，而他们经营的小生意又常常需要用钱，所以，华山典当行的开办就正好满足了他们的需求。

他们还告诉我，以前用钱都要去北市场，需绕路走好远，现在，下了公交车就到，十分方便。

这个小业务，让华山典当行在最初的几个月里，每月都可以平均放款二十万左右，获利约一点四万，完全覆盖了公司里五个人的工资、水电、午餐和汽车加油的费用，而典当行的房子又是张辉免费借的，没有租金。这下子，我们算是来了个开门红，我心里更加得意起来，看来典当行这个项目算是选对了。

3. 右舵凌志跑车

华山典当行成立后，我需要打开两个市场：一个是汽车，另一个是房产。为了招揽业务，我们在《沈阳日报》和《沈阳晚报》上每周各打一次广告，然后由大军负责接听问询电话。大军哪里干过这样的事儿，每次一接电话，他就像电话里的人要吃了他一样，说话结结巴巴的，恨不得立刻把电话挂了，直到陆续接了十来个电话后，他熟悉了各种话术，倒也能对答如流了。可是另一个挑战又来了，客户咨询完，就得把车开过来评估，这又把大军紧张坏了，他只能装作很懂的样子，围着车左转三圈，右转三圈，看看发动机，摸摸方向盘，好在之前开过车，说话才没有穿帮，每次也总得把我和刚子叫到一起来，才过了验车这关。评估完了就得给当金，这就得我和刚子商量了，可是，我们这也是新媳妇坐轿——头一回啊！就算有罗处长给培训过了，但是自己独立上马，还是心里没底。这给多了，自己吃亏；给少了，客户又跑了，难免纠结。最后还是决定，先吃点亏，当金比市场价适当取高一些，这样才好吸引更多客户。万事开头难，终于，一番手忙脚乱之后，到开业第一个月月底，我们在汽车典当这项业务上有了个开门红。

在典当行里，每天都能遇到各种各样的人，每一个当品背后都有一个或大或小的故事，每一次讨价还价里也有着各种人性的博弈。在这里，金钱体现的不仅仅是一件商品的价值，也不是我做交易员时候的一个数字，更多时候是我成长阶段的学费。

第一笔学费是缘于一辆凌志SC400跑车。那天，当它开进我们小院的时候，它的美艳就惊到了正坐在办公桌后面的我，我下意识地起身走出去想看看是怎么回事，就见院子里一个三十多岁，眉眼清秀却略有些阴沉的男子正打开车门下车，他身材修长，一身浅灰色的皮尔卡丹，人还没走近就闻到了满身古龙香水的味道，这是我第一次见到可以和这款跑车如此匹配的人。他走下车，掏出打火机给自己点上一支烟，很潇洒地吐出一个眼圈，抬着下巴看向我和大军，"谁是老板？"

我突然心中一动，朝大军努努嘴，"他是！"

大军一愣，随之立刻反应过来，但也很紧张，毕竟他给原来老板开的只是桑塔纳。他"嗯！"了一声，就故技重施，煞有介事地围车转了三圈，我则在一边看着，这辆车真是太漂亮了，整体车身线条流畅，透着珍珠般光泽的白色车漆使它看起来像个华丽而冷艳的王子；车厢里是几乎全新的淡黄色真皮内饰，沉静而柔软，让人很想亲近；打开发动机盖，V8发动机被擦拭得一尘不染，微微透着金属特有的光芒。大军上车一试，那声音安静而平稳，堪称完美。我不禁扭头看看院里停着的那辆三个月前新买的让我得意非凡的公爵王，此刻它竟就像一只丑小鸭那样傻傻地呆在那里。

我问那凌志男，"这车你最快开多少时速？"

他满不在乎地说："二百六十公里，从沈阳去大连也就一个半小时。"我一听，不禁暗暗咋舌。当时，沈阳到大连高速公路号称神州第一路，全长三百六十公里，那时也没有限速，常常可以看见有车速在180码以上的车在上面飙车。1997年的时候，我曾经开一辆宝马525与一辆素不相识的奥迪飙车，时速达到二百公里，已经紧张得手心里全是汗，可这主，居然开到260码。

我转到车后看看，又问："这车你怎么挂个粤C牌照，是广东那边的？"

"怎么，这你都不懂？"那凌志男冷冷看了我一眼，"行家都知道，我这右舵车就是方便跑珠海和澳门的，我是沈阳人，这不是着急用钱才开回来嘛。"

我知道沈阳正在清理右舵车，不给这类车上牌照和过户，听说明年还会禁止右舵车上路行使。但是，香港和澳门那边确实都是右舵车为主的，我在广东也常看见右舵车行驶在马路上，上个广东车牌也很合理。

大军看完车，觉得各方面都不错，查看手续也没有问题，行车证和附加费本都是珠海的，便问道："你这台车多少钱买的？"

"全部下来一百多万。"

"那你现在想要用多少钱？多长时间？"

"二十万吧，两个月。"凌志男淡定地说道。

大军将我拉到一边，小声说："玉哲，他要的不多，但有两个问题，一是珠海手续，无法判断真伪；二是，右舵车，死当后不好处理。"

我听他说着，不禁又看看这车，真是打心眼儿里喜欢，眼睛都拔不出来了，想想现在账上有八九百万，每一天我都得付融资的利息，现在一下就来二十万，哪还顾得上那么多，便说道："做吧，先扣两个月利息，防止风险。"

典当行汽车抵押贷款的流程是这样的：车主咨询，典当师做车辆的评估，然后双方议价，接着签署一份汽车质押典当合同，放款给当户，车辆入库，到期还款，最后车辆出库。而这次为了防止风险，我要求支付当金时，先扣除两个月利息，这样凌志男实际到手是十八万。

大军听了我的吩咐，便上前告诉凌志男，这笔业务成交，但要提前扣除两万利息。凌志男点头同意，大军就让他去李辰那儿办手续。李辰拿着他的身份证开当票，签订合同，封存行驶证和合同。凌志男一改方才的傲慢，很认真地配合，还很热情地给我们递烟，直至一切办完，他从典当行拿走了十八万元现金，出门打上车扬长而去。

此后，不知何故，这凌志男就再也没有出现过，一开始，大军联系他，他还回复，说自己在广东，一时半会儿回不来，让我们自己处理。可是，三个月后，他竟然换号了，再也联系不上，这辆凌志就成为了我成立典当行以来第一台死当的车，而不知何故，我心里竟没有半点不高兴。

当大军把凌志从车库里提出来，洗完车，又放在我面前时，我不由得轻轻抚摸着车身，再次赞叹道："真是太酷了！"我迫不及待地打开车门就坐了进去，准备开出去拉拉风。因为是右舵车，所以还得先改变驾驶习惯，开起来很别扭，尤其上高速公路，过收费站还得下车绕到左边去交钱。但是这一点儿也不妨碍我体会驾驶这辆车的乐趣，开动时，动力绵绵不绝，声音却低沉而持续，像在按摩椅上被按摩一样，六秒百公里的瞬间提速，人坐在上面"嗖"地一下就有巨大的推背感，真是太爽了。

半个多月后，等我过足了开这辆跑车的瘾，有个疑问却渐渐浮现在我的脑海里，这部车如果正式从海关进口，最少也要七十万，加上进口车附加费十五万，新车整车就得八十五万，二手车最少也得四十五万，可是我们给出的价格只有十八万，这个车主也太便宜典当行了吧？他要用钱完全可以直接去珠海二手车交易市场不就完了。

我让李辰给珠海车管所打电话，看看这车手续有没有问题？一问之下，我们立刻傻了，这车手续竟然是假的，珠海车管所登记的牌照是一辆捷达车，不是这台凌志跑车。我们被骗了！现在只能再查查裸车到底值多少钱了。

我想起来我那辆公爵王是从沈阳一家叫做大昌进口车贸易公司买的，听说公司两大股东大伟和阿杰在沈阳的进口车领域做得最大，我让大军马上去找他们评估一下。

两个小时后，大军黑着脸回来了，他气呼呼地说："玉哲，我们被骗惨了！

不只这辆车，库里还有一台白色林肯和一台灰色的凌志400都是假手续，是沈阳几个在广东九江镇那边倒走私车的人干的，他们在那边买完车，套上假手续，再回东北以典当的名义换取现金，然后一走了之，一台至少赚了我们十万元。""啪！"我气得一巴掌拍在了桌子上，手心拍得生疼，我清清楚楚记得当初来当车时这几位"大哥"的样子，包括每个细节和表情，他们看上去个个衣冠楚楚，谈吐不凡，原来都是一个团伙骗子。大军也自责地说："都是我的错，只关注车子本身状态好不好，就没好好验验手续和身份证，这帮人胆子也忒大了，我还听杰哥说，那几个小子他都认识，还跟他说沈阳有一家刚开业的典当行，老板是个啥也不懂的有钱人，车开进来就给钱！杰哥说，原来是你们华山典当行啊！"听他说完，我恨不得有个地洞钻下去。再看看刚子和李辰，他俩也是愣愣地看着我。半晌，还是我先开口了，"刚子，你和李辰统计一下那帮人在华山这里死当了几部车？如果补沈阳手续的话需要多少钱？市场上能卖多少钱？"说完我又回身吩咐大军，"你没事就去大昌车行待着，跟大伟哥和杰哥多学习点进口车的门道，今后一旦有典当车辆业务，就请大昌车行的师傅给评估，让杰哥调查手续，我们付费。如果骗子们能把大昌行的杰哥都骗了，我们就停办汽车典当。"

后来，那部我最喜爱的凌志SC400跑车以五万元卖掉了，原因是右舵车不能补办手续，净亏十三万，这是我人生中最惨痛的一个教训。库里还有一辆林肯、一辆奥迪A8和一辆凌志400，一共三辆车都是广东那边走私过来的拼件车，故障率高，全套假手续，最后处理完这些车一算账，我们总共亏损了四十三万。仅仅半年不到，我们其他正常来典当的车辆才赚了十几万，被骗损失的却有四十几万。我们刚刚开业的典当行仿佛被蒙上了一层阴影，工作时也没了欢声笑语，还都得了个多疑的毛病，看所有来当车的人都像个骗子，轻易不敢接车。

大军在那天以后，有事没事地就在大昌车行里待着，他现在的身份是华山典当行的副总经理，在车行也能被高看一眼。他逐渐跟杰哥的弟弟成顺熟络起来，经常在一起喝酒。成顺和大军同龄，常跑广东，是负责大昌进口车的驻广东代表。一次他们在一起喝酒，成顺喝大了，透漏了大昌赚钱的秘密。原来，在广东佛山下面有个九江镇，是全国规模最大的走私各种进口汽车、配件、组装的集散地,价格也最低。沈阳市面上流行的各种豪华车像奔驰S级、宝马5系与7系、凌志L系与G系、奥迪A6与A8以及美系的林肯、凯迪拉克,日系的丰田、日产、本田等一多半的汽车都来自九江镇,其中又有一半是由大昌车行卖的,成顺就专门负责采购和往沈阳发货。大军听他说得忘乎所以的样子,又开始问起典当的细节。原来,典当进口车不是简单的检查发动机那么简单,还得看是否是割顶车、切小嘴车、抬发动机车,车速表也要检查是否动过等。

第二天,大军急切地跑回来对我说,"咱们不能只是指望大昌行的师傅,这不是长久之计,一定要自己掌握所有门道,今后的典车业务才能不被人骗!"

他和我商量,可以利用成顺的信任关系,他先去一趟九江镇看个究竟。

我彻底明白了大昌车行的秘密,他们大厅里摆的车都是进口全价的,报关单也是真实的,可这些都是幌子,明白此中道理的人想要便宜又好的进口车,只要跟他们说好,大昌车行保证十五天后你就能开走想要的车,价格最低能够比正规渠道省二十万以上。

不入虎穴,焉得虎子,为了弥补我们之前的损失,我同意了大军的建议,"好吧,大军,你尽快跑一趟广东九江镇,看看那边是什么情况告诉我,有必要的话,我马上动身和你汇合!"

4. 到九江镇取经

九江镇是佛山市南海区的一个乡镇,地处南海区最南端,由原九江、沙头两镇合并而成,位于北江与西江之间,是一个具有八百多年历史的古商埠,历史上商贸之风鼎盛,素有"小广州"的美誉。一般人总是会把它和江西的九江市混淆。

大军坐飞机到了广州,成顺到机场接他,路上开车九十分钟到了九江镇。在成顺的带领下,他考察了一家又一家修车家庭作坊,每一家都让他看得眼花缭乱。

这个西江边不起眼的小镇,是中国加工走私车的大集散地,这里有着全广东技术最精湛的汽车维修工人,他们能将压扁的、中间切开两半的、把车顶锯掉的废物变成新车，甚至可以将右舵车改为左舵车。镇里还有"一刀车""二刀车"等走私车，价格都十分便宜，这种车基本都被分离成不同的部件，然后当作废品来过关，进来之后，再由工人拼装成整车。

走私车的来源也有几种：国外的被盗抢车辆、报废或走私零件拼装车辆，也有少量整车走私，其中买卖被盗抢车辆被抓获会罚得比较重。而很多走私车是事故车、报废车，或者是经过飞顶拆卸处理的，虽然经过重新组装刷漆，外表光鲜靓丽，但存在很多安全隐患，这种车辆根本达不到原先设计的安全标准。

九江镇就是寻找进口汽车的天堂，到了这里才发现无论多么牛的豪车，都不过曾经是一堆烂铁，或者是一堆堆的零件。大军马上将这里看到的情况报告给我，让我马上动身飞广州，"玉哲，你得来看看啊，这现场的震撼力可比我跟你说的还要夸张十倍啊！"他的声音很大，以至于我在电话这头都好像看见了他唾沫星子乱飞的兴奋劲儿，弄得我也迫不及待地想去探个究竟。此外，目前在沈阳已经涌现出了大量进口高档轿车，有着非常大的融资需求，华山要想吃下这块蛋糕，就得熟练这项业务才行。而如今我们每月的放款额也已经达到了二百万元，在库有十五辆车，防范风险刻不容缓。想到这里，我立刻订了机票，飞往广州。

到了九江镇，大军和成顺每天带我到各家工厂、仓库走访，一见之下，我的惊讶之情比大军更甚。这里每一家看上去毫不起眼的临街门脸，走进去都有一扇隐蔽的小门，推开它再往里走，眼前就豁然开朗，都是一个个或大或小的院子，上面搭着雨棚，下面就是堆放着各种汽车零部件，还有各类缺顶的、少发动机的、缺四门的报废车。你只要选好自己想要的车，最多三天，你再来的时候，就有一辆几乎全新的车摆在你面前。

"在这里，如果把两辆车放在一起，一辆是新车，一辆是经过切割组装后的二手车，一般人从外观上根本就看不出区别，就是开惯车的老司机也常常看不出来！"成顺见我正对着一辆拼装好的宝马7系来来回回看着，便得意扬扬地说着。

而这个镇子上，这些作坊的老板都是一副老实巴交的农民模样，技术工人也总是一脸的油迹斑斑，永远看不清长得啥样，可是，就是这拨不起眼的人，这个世界上最先进的汽车在他们手上，就如同孩童手里的乐高玩具，拼拼插插就是一番新气象。

难怪当时广东沿海流传着这样一句话：无论什么新款轿车今天到了香港，明天就能出现在我们的街头。

追寻历史来看，当年的广东汽车市场，就曾是日本旧车的天下。最初走私过来的更多是丰田、皇冠、佳美，还有各种破损的本田、马自达等日系车，一般来说，这种走私车比市场上正常卖的新车要便宜一半还多。尽管车况不佳，却能迅速占领广东的汽车市场，在当时夏利、桑塔纳、捷达走红全国的时候，同样价钱就可以买一台丰田皇冠，对于务实的广东人来说，具有极大的诱惑力。

而在商家来说，走私轿车虽然风险很大，但是利润更大。圈里人流传这样的说法，走私两次，如果失手一次就是不赔不赚。走私三次，如果失手一次，那么就是一夜暴富。因而在沿海各地，靠着走私"发财致富"成为千万富翁的人不计其数。

那时，当地不少走私团伙已经形成了走私汽车的"专业化集团"，有专门负责从国外走私进口汽车的、专门从事走私汽车仓储的、专门负责运送走私汽车的以及负责编造各类证件的，他们根据分工不同，各自负责一段，走私汽车在这里完全是"专业化细分"运作，而且"信誉度"很高，一旦在哪个环节失手，负责该环节的还会对车主负责赔偿。

成顺在这里的工作就是代表大昌车行接单、订车、送车。客户要购买什么款式的车，他就去找到当地合适的供应方，拿钱订车，然后，等新车准备好后，就开始接车运输。运输通常有两种方式：一种是火车运输；另一种是派司机自行开回。

成顺告诉我，他曾经三天内往返广州和沈阳，一个月干五六次，人都累垮了，因为这样走要比火车快四天到达，这是针对一些紧急客户的，而那个月全是急单，害得他都快累吐血了……

我们就这样在小镇上一连溜达了三四天，算是粗略了解了九江镇的概况，成顺便准备带我们更深入一点。一日下午，成顺接了一个电话，然后神秘兮兮地问我："怎么样？今晚要不要跟我去码头看提车？""好啊，"我很兴奋，"什么时候？""今晚 12 点，我来接你们，现在我带你们去见识一个汽车市场。"成顺说完就带着我们去了当地一个大型市场，这里一看就是当地实力最强的车行展场，每一家都有几十辆车在展示，而且几乎都是纯新的。它们主要展示的是广东最流行的几款车：本田思域、本田雅阁、丰田佳美和日产风度，但是，他们的商标都是花标，也就是看起来是进口车，其实是组装的套牌车。比如，将 SKD 进来的雅阁组装成整车，再把广东当地厂的 LOGO 换到车头上，这就是套牌车了。由于东西都是按配件进口，关税特别低，这种组装出来的雅阁比正常进口的雅阁便宜得多，卖给客户的时候再贴心地送上本田 LOGO，极大地满足了客户的虚荣心。当时，一部新款雅阁只有十八万，配上全套国产手续后在各地非常容易上牌，这使得市场上对此供不应求，而每辆车至少有五万的利润，也让内地很多汽贸公司争先恐后地来卖这种车，在他们看来这是一笔好生意，哪里还管它有什么法律风险。我心中惊叹，真是大开眼界，难怪这里市场如此繁荣，对于爱车人来说，实在是物超所值啊。

参观完这个大型市场，成顺带我们去吃了晚餐便让我们先回去休息了。

半夜 12 点，成顺准时来接我们，汽车疾驰到一个码头旁边，当地一个老板叫阿龙的迎上前来，他和成顺打了个招呼便带着我们朝岸边码头走去。大约过了半个小时，黑暗中，我隐隐绰绰地看见一艘渔船在月光下慢慢向岸边靠过来，船上漆黑一片，什么也看不清。我们身边不知什么时候已经开过来一辆吊车和一辆平板车，月光下，几个人影在微弱的手电光下忙碌起来，也就十分钟的时间，一辆轿车被吊下渔船轻轻放在了平板车上，旁边一人对平板车司机挥挥手，平板车迅速启动，很快就消失在夜幕中。另一辆车也被吊下来了，身旁的阿龙冲成顺点点头，什么也没说，打开车门就坐了上去，车被无声无息地开走了。我回身看向渔船，只见那船轻轻地滑离了岸边，渐渐远去，只有月光下的水面上荡起一圈圈的波纹，又很快恢复了平静，仿佛什么也没有发生过。

成顺开着车带着我们跟着阿龙，说要去他家里看车，来到阿龙的院子，两辆虎头奔驰已经静静地等候在那里。一辆全新的是黑色 S600，这辆车全税的价格要在二百万以上，我估计成顺的拿货价是八十万，大昌则至少要卖到一百六十万元。另一辆是白色的二手 S320，这是一辆奔驰公司的展览用车，九成新，这在沈阳也至少得一百万，而成顺估计是五十五万左右拿下的。这样的走私车业务，大昌做得驾轻就熟，因为它三天内就能办好沈阳车牌，所以，图便宜还想买豪车的客户就蜂拥而至，大昌车行的生意在当年可谓盛极一时。

跟着成顺看完这家车行，我心里也蠢蠢欲动起来，第二天，就和大军去了一家熟悉的车行，老板姓黄。一走进院门，就看见他新进的三辆凌志L400停在那里，都是切顶棚车，我上前仔细查看了三部车的细节，发现其中一辆车原表只跑了三万英里，车龄两年，我和大军商量决定买一辆车回去，一来看看整个完整流程到底是怎样的；二来，成顺带我们看了这么多天也得给个面子，让他在当地好做；第三，当然是我在九江镇逛了一周后，那辆曾经爱不释手的公爵王再也看不上眼了，我也想低价买辆豪车开。经过和黄老板商量一番讨价还价，最终我选定了其中一辆，并要求车漆重新漆成冰咖色，谈定车价二十二万，三天后交货。

三天后的半夜，我们再次来到黄老板家里的时候，看到了一部崭新而完美的凌志车，我不禁惊叹，这个院子里总共也就两个修理工，一个简易的树杠，而凌志汽车在业内一直号称是高科技的代表，在这里它竟然能这么容易就被组装好。三天前，为防止老板调包，我还偷偷在那辆车上至少留下了五处记号，现在一检查，记号都在。我们坐上车，开车出去试车，在镇子里的几条不大的马路上时而加速，时而急停，所有车灯、音响、电动座椅、天窗、雨刷器都一一试过，完全没有问题。我开着它，很是顺手，好像已经开了很久一般，心里还有点不敢相信，身下这辆顶级豪华车将属于自己了。

完成了验车，我委托成顺将它运回沈阳，运费三万，他立刻派人开走了，告诉我一周后在沈阳交货。

我在九江镇待了十天，回沈阳准备接车，大军则留在那里继续跟着成顺学习，半个月后才回来。他一回来就委托大昌给我的新车上了沈阳牌照，而那辆公爵王则找机会卖掉了。

之后，华山典当行再次在报纸上刊登业务广告，汽车典当成了重点打造的业务，我们又重新租赁了大型库房，平均典当金额达到每个月三百万，在库车辆三十部，但是当车风险却直线下降，我们彻底弥补了开业时的亏损。

以后的几年时间，我到广州办事都会刻意前往九江镇看看，那里成交的车价对沈阳二手车典当的资金安全至关重要。

九江镇后记

今天，当年中国最大加工走私车的集散地九江镇已经不复存在，当年它已经形成了一条完整的走私网络。2007年1月，据《信息时报》报道：在中国境内，在每一年半的时间里，某汽车走私集团从中国香港买车运到越南，再从越南偷运到广西，后分批运到广东佛山南海九江镇，最后从那里发送到全国进行倒卖，先后有两千零四十三辆汽车通过这个途径走私到中国内地出卖，偷逃税款高达二点二亿多元。

后来广东警方破获的陈乃强、陈乃智两兄弟的特大汽车走私案件，涉案金额更是达到三年六个亿，那是九江最后的"辉煌"。

之后，被砍掉走私车生意的九江镇退出了广东汽车的历史舞台，失去了往日的活力，镇上你能见到的那些保安、面包店老板、货车司机都可能是当年的"顶级技工"，他们对汽车的看法还跟二十年前一样，不过就是大型的可以开的乐高玩具而已，而在精明而侥幸的商人眼里，他（它）们却是人们追名逐利的工具。

5. 程云发借款（一）

从九江镇回来，不久就是春节，亲朋好友们不免一番相聚。又过了一阵儿，王大义打来了电话，约我今晚去他家聚会，说财院的程云发也来，他还约了另外两个同学。

王大义是我大学里一位经济系的教授，他家和我父母家是前后楼，我和他经常一起聊天，他还在我的毕业论文上给予了指导，因为年龄比我大不了几岁，所以后来就干脆叫他"大义"了。大义在调入电大之前，曾在沈阳财经学院当过辅导员，带过一届学生，而这届学生有十几人是大义最喜爱的，他们每年有两次聚会，一次是大年初五；一次就是大义生日。初五聚会，就在大义家里举办，我和电大同学吴嘉林作为大义在电大工作期间的得意门生应邀参加。每次同学们都各尽所能，带酒的、带菜的，非常热闹，大义也总和同学们喝得没大没小，不亦乐乎。

财院的同学中有个叫程云发的，特点有点儿和我类似，满脑子都是赚钱的念头和想法。他上班两年后就辞职去满洲里当国际"倒爷"去了。每次聚会，他都会跟大家侃侃而谈，说起他在中俄边境的满洲里做生意的见闻。他告诉我们，北京经满洲里至莫斯科的铁路全长九千多公里，国际列车每周对开一次，运行六天六夜，这趟国际列车就是那些国际"倒爷"的主要交通工具。而这条线路在程云发的眼中，熟悉得如同回乡的乡间小路。

最开始的时候，由于倒卖的货物量较少，每位"倒爷"只能带火车上限定的最多三十八公斤的货，或者给些好处费让别人帮忙捎带。后来，生意实在太好了，有人竟然买断一个车厢，整整十七个包厢都是货，客运列车秒变成了货运列车。

在中国单价一百五十元人民币的皮夹克，在俄罗斯能卖到一千五百元人民币。尽管当时的版型都是按照中国人的体型制作的，膀大腰圆的俄罗斯人穿在身上并不合身，但他们却并不介意，照样疯抢。

列车进入俄罗斯境内，每到一站，"倒爷"们就拎着装满皮夹克、羽绒服的箱包挤下车，而站台上早就挤满了等待抢货的俄罗斯人。一时间，中俄边境掀起了全民边贸的高潮。倒爷地域也从最初的黑龙江"倒爷"、北京"倒爷"，发展到后来主要以福建和浙江地区为主的"倒爷"。

因此，程云发也常常煽动我们说："1993年起，满洲里就取消了边防证制度，全国各地的商人可以自由往来，这个原来三四万人口的小城已经容纳了二十多万的外地人，现在的满洲里处处是商机啊！"

他的讲话极大地影响了那些还拿着"铁饭碗"的同学，纷纷感慨自己"一眼就能望到老"的生活！

而在我们当中，程云发的经历讲完了通常就轮到正在天津交易中心工作的我，我也绘声绘色地跟他们讲南下广州、深圳那些对于这帮同学也是遥不可及的事情，尤其是在全国背国库券的历险记，大家都听得啧啧称奇。无形中我和程云发就成了这帮同学眼中的时代弄潮儿……

当晚，大义家里，我们来了四个同学，程云发带了两个最要好的同学周岩和大利，他们现在经常帮着程云发忙些事情。餐桌上，还是大义主持饭局，他说："玉哲，今天找你来，是因为你开了典当行，可以为个人和企业融资，而云天呢，这几年在满洲里干外贸，现在想扩大生意规模，但需要资金，今天，你们就在一起谈谈，看看能合作不？"

我笑着说："王老师，您看云发，每年春节聚会，就他一年比一年发福，这肯定是在那边发财了，我当然愿意跟他合作了！"

程云发一听乐了："玉哲你这是笑话我啊，你不知道啊，在满洲里，没有酒量什么都做不成！老毛子能喝、蒙古人能喝、黑龙江人也能喝，我每天就是喝酒做生意，做生意喝酒。这不，比毕业时胖了三十斤了！你哪天来，我带你喝酒去！"

"嗯，满洲里我也是真想过去看看，"我点头说道，"就是太冷了，我虽然是东北人，但我更愿意往南方走，广州、深圳、海南现在更是创业的热土。"

说着，我话锋一转："云发，那你想怎么合作呢？"

程云发正色说道："玉哲，我现在想开发进口车业务，每次发两辆到沈阳，估计一个月能周转一次，这期间我就把车放于你公司做抵押，你给我融一笔钱，我好从俄罗斯再订车，这样，我的资金就周转起来了。我保证在你的库房里始终存有足量的车做抵押，按月付你利息，就是利息你给个优惠，怎么样？"

我听他说着，看了看他身边的周岩和大利，他俩也正全神贯注地看着我，我料想这哥俩应该是负责在沈阳给云天联系买家的。在20世纪90年代初，沈阳进口二手车市场十分发达，那时，谁有渠道弄来进口车都能让人高看一眼。

我对他们说："哥几个，不瞒你们说，这事儿我了解。去年底，我去了广东南海的九江镇，那里的进口车渠道非常畅通，沈阳大多数的进口车都是那里过来的，包括我开的凌志400，都是从那边定的，你们现在从满洲里进车，有价格优势吗？渠道是否畅通？还有像同行挖坑什么的这些风险你们怎么防范？"

大利开口回答说："玉哲，这个卖车渠道我和周岩都摸过了，风险防控我们也都有准备的！"

看来，程云发他们是把事情都摸清楚了，但是这毕竟是在走钢丝，我不能拿典当行铤而走险，便对他们说："这样吧，既然是大义老师牵线的，我得帮这个忙。但是，云发，你从满洲里来的车手续有可能不全，按照典当行的要求不能抵押贷款，最好的办法是以你个人向我个人借款，车辆作为辅助抵押品这样来办理，利息我给你最优惠的。"

程云发认为可行，在他们三人看来，这是十拿九稳的生意，万事俱备就等钞票进账了，有我借给他们的三十万，他们再自筹三十万就齐了。

其实，那时候，程云发在满洲里的边贸生意已经到了破产边缘，他找到周岩和大利，就是想利用倒卖进口车打个翻身仗，而我并不知情，只是出于对大义的尊重和哥们义气才借出了这笔款项。

6. 程云发借款（二）

我与云发个人签订了三十万的借据，他从满洲里带人开回了两辆挂有俄罗斯牌照的奥迪A8车放于华山典当行仓库，除了一把车钥匙没有任何其他手续。程云发的操作手法就是车放到华山典当行的库房里，周岩和大利带买主来看，买主同意了，交钱拿钥匙提车，车款存于典当行账户；同时，程云发再开下一批车过来，然后将卖车款留出我们说好的利息，转回程云发的银行卡。我记不清他们周转了几次，有时候卖得快，有时候卖得慢。这样操作大约半年后，一天，一部警用面包车停在了华山典当行的门口，车上下来四五个警官，程云发带着手铐，穿着拖鞋，也被带下了车。他们直接来到我面前，一个年长的警官问道："你叫董玉哲吗？"

"是的。"我点点头，心想，坏了，一定是程云发出事了。

"你找个没人的房间，我单独和你说话！"警官语气十分生硬地说。

我让大军带其他人去了会议室，自己则带这位警官来到我的办公室。

"我是沈阳市铁西区公安局经侦大队王警官，这是我的工作证，"他一边说着，一边将工作证在我面前晃了晃，继续说，"我们今天带程云发来是要查没一辆走私车，这是这辆车的照片，你看看，在你库里不？"

我接过那张复印纸上的照片，仔细看着，心里却在琢磨，我要说有，这台车就得被没收，云发得去蹲监狱，我就损失三十万，不说吧，属于不配合工作，怎么办呢？还是先问问情况吧！

想好了，我便问道："王警官，请问这程云发是犯什么事了吗？他欠我个人钱，这辆车是抵押在我这儿的，你能告诉我怎么回事吗？"

"本来不应该告诉你的，但是，你也受损失了，你也想赔个明白是吧？这是满洲里海关办的案子，程云发从俄罗斯那边开过来多辆汽车，一般规定进口非正常买卖车辆在中国只能停留十五天，现在都超期限，程云发已经承认这些车都被他卖给辽宁人了，涉嫌走私汽车，我局与满洲里海关正在联合追缴这批车辆。"

我倒吸口凉气，这回程云发是彻底栽了，我的三十万也完了。我试着上前套近乎说："王警官，我老爸是铁西公安局户政科的老董，您看这件事能不能有别的办法，我这可得损失三十万啊？"

"哦，你是老董的儿子，这个买卖是你个人的？"王警官问道。

"不是，我和别人合伙干的，我是总经理，不过，云发是从我个人借的钱，典当行只是借地方存车，你们这要是把车开走，我不是竹篮打水一场空吗！"

"小董，你老爸退休了吧！即使不退休，他也管不了这事。你老爸是局里的好人，我们都承认，不过，啥年代了，不好办啊！"王警官意味深长地看了我一眼。

我一看，这是说我爸死脑筋，不知变通啊，可老爷子一辈子清廉有度，从不乱来，对我做生意也是这么要求我的。我想想程云发的这事儿我也有责任，明知山有虎，偏向虎山行，另一方面也还有师生情谊在里面，我也不能怨谁了，损失也只能自己忍了。我咬咬牙，问那警官："我能和云发说几句话吗？"

"可以，不过今天我们丑话说在前面，这辆走私车我必须开走，我也不难为你，你的损失今后自己向程云发去要吧。"

我强忍着心中万般无奈，说："好吧！"

我和王警官一同来到会议室，程云发满脸愧疚地看着我，他脸上有几道伤痕，好像挨了揍。他无奈地说："玉哲，对不起了，车子给他们吧，我在满洲里栽了，欠你的钱我这辈子只要有活路，都会还你的。"说着他拷着手铐的手"咣当"一声砸在桌上。我看着眼前这个只比我大两岁的兄弟，几个月不见仿佛苍老了许多，我有些不忍，可是想想我的三十万，又心里委屈。

停了半天，我说道："云发，既然你带他们来了，我知道你是没办法了，这车不给他们，咱俩都遭罪啊。"我转过头让大军把钥匙取来，很不甘心地对几个警察说："走吧，取车去！"

程云发的汽车发财梦就这样刚刚开始就结束了，连累我也损失了三十万。之后，大军多次去他家里追讨欠款，每次都只拿回两千或者三千的，他父母为他愁白了头，唉声叹气的，他妹妹倒是很有骨气，程云发出事后，一直都是她帮他解决遗留的问题。程云发被判入狱，出狱后，跑到了海南做生意，后来也常打电话过来，但说自己也只能糊口。随着时间推移，我的不甘心也渐渐淡了，只是和大义却因为这件事而少了往来。

两年后的一天，我让会计小赵拿来所有别人向我借钱的借条，一数，大约有五十万，最大的那张就是程云发欠的三十万，这些欠条上的每个人都曾经是我的朋友，却因为这些债务让我们友谊不再。我不由想起了我的师傅刘兴宏那块粘满借条的黑板，这时我突然明白了他当年不愿意借钱给我的心情。我让小赵拿过一个大烟灰缸，点着打火机，把手里的借条点着了。看着火苗渐渐吞噬掉所有借条，我刚才还百感交集，或愤怒，或不甘，或委屈的心，突然变得轻松了，心底竟然是从未有过的敞亮。小赵看着我的举动，泪流满面地说："董事长，这可是我们宝贵的凭证啊！没了欠条谁还能还钱呢？"

"不要了，都不要了！这钱一次次要不回来，伤了和气，也伤了自己，不值得！小赵，这一把火是人生财富，我们已经赚到了，我们没赔。"我语气坚定地说。

7. 假日本人出现

1995年的10月，华山典当行开办了房产抵押贷款业务，当时沈阳市房产局刚刚开始进行房产抵押、质押登记工作，这项工作可以为债权人提供法律上的保障，避免一房多主，一女多嫁的诈骗发生。华山典当行主管房产贷款的是我和刚子，我曾经在房产局实习过，有很多老朋友，包括产权登记处处长王伟斌，刚子则在沈阳市住房积金中心工作过，房产局那边也有不少熟人。

我之所以看中房产典当，是因为其金额比较大，一次性放款多，利息收入也高。当然，风险也大，问题也多，常常会有清退租户难、变现难、法律纠纷多的问题。典当行刚开业，我就遇见这样一个客户，他给华山典当行带来了巨大的变现风险，也把我带到了违法的边缘。

十月的一天，典当行里来了四位男士，领头的一个三十来岁，操着南方口音，瘦小、白净，他穿着西服打着领带，一副很精干的样子；紧跟其后的一位，五十多岁，中等身材，满脸皱纹，戴一副粗边框眼镜，穿着"黎明"工厂字样的工作服，怀里捧着一个大个的档案袋，看上去像某个工厂的厂长；他旁边站着一个胖子，也是中等身材，三十左右，贼头贼脑的，满脸堆着笑；最后一个，应该是负责开车的，黑脸膛，目光炯炯有神，虽然精瘦却走路都带着风，看样子是当过兵。因为前一天，刚子接到了一个自称是潘先生的电话，咨询房产典当的事情，约好今天来拜会，所以现在，他们就按约定时间过来了。

我和刚子在会议室接待了他们，领头男子是董事长叫沈建华，自称是日本华侨；穿黎明厂工作服的是沈阳黎明商业劳动服务公司的总经理张中华；满脸堆笑的胖子是沈董事长的助理潘建，之前的电话就是他打的；黑瘦男子则是潘建的好兄弟王长河。互相交换名片后，潘建说："我们沈董事长公司与黎明商业劳动服务公司共同成立了一家中日合资的金属制品有限公司，现在从日本进口的货物已经到达了大连港，我们需要一笔钱去交关税提货。这位是黎明劳服的张总，也是合资公司的总经理，他带来了黎明商业大厦房产证，我们准备用大厦的第八层做抵押，贷款一百二十万。"

一旁的张中华配合潘建，麻利地打开档案袋，拿出一个褐色的房本。我接过来仔细验看，房本产权人是沈阳黎明商业大厦有限公司，面积八千平方米，共八层，没什么问题。我抬头问向张中华："你们抵押黎明商业大厦第八层，贷款的目的是什么？"

"我们黎明商业劳动服务公司与沈董事长共办合资公司，沈董他们出的是日本进口金属原料做投资，我方出的是大厦第八层房产做投资，现在我们急需用钱把大连港的货物提出来，只能用这房产做抵押，卖掉货物后再赎回房产。"

我又问对面的沈建华："你们的货价值多少？"

"一亿日元的稀有金属原料，合七百万人民币吧。"沈建华昂着脑袋，略有些不屑地回答我。

"好，那我们现在就去看房，我们开车跟着你们。"我起身让刚子去开车，一群人就向外走去。

张中华的黎明劳服属于沈阳黎明发动机集团，是位于沈阳东部的一家大型军工企业，它周边是成片的家属楼、中小学校、医院、百货大楼、加油站、消防队等，整个区域自成体系，倒也热闹。但是，这里却是将20世纪90年代东北国有企业的衰败体现得最淋漓尽致的地方，到处是无精打采的下岗工人，街边全是些小歌厅、洗头房、游戏厅、台球社、麻将馆、串吧，很多人放下了原来令人傲娇的国企身份，艰难谋生。

我们两部车停在了一处广场旁，这里是黎明集团家属区的商业中心，一栋灰色陈旧的八层商业大厦出现在我面前，它外部墙皮大都已经脱落，斑驳一片，外窗玻璃上也都蒙着一层灰，整栋楼看上去就像一个颓废的老人。走进大厅，里面只有零零落落的几个柜台在忙着甩货，其他的都盖上了一层布，上面也满是灰土，一片萧条景象。我疑惑地看向张中华，他连忙解释说："今年年底，大厦就要关门歇业了，集团正在谈重新招商合作的事情。"

"哦。"我点点头，一行人穿过大厅，走进一部老旧的货梯，直达顶楼，出来一看，这里已经变成了一个巨大的仓库，里面堆满了破旧的柜台、装饰材料和各种积压的商品，这就是想要抵押的第八层了。我和刚子环顾四周，整层走了一圈，退到一旁低声商量，这层楼抵押一百二十万倒是不多，但是如果死当的话，再处理就难了，必须得看看整个大厦的招商情况。但是有黎明这家大国企的背景，死当的概率应该不大，而我们账上还有近千万资金急于放款，这个虽然对方并不知道，但我们自己清楚，确实需要做一个大单来解决巨额利息。

沈建华看我们在一边窃窃私语，好像有点犹豫的样子，就走过来很有信心地说："这个大楼一百二十万肯定是值的，它是国企的资产，不可能死当在典当行的，我们货物只有要从港口一提出来，就能获利三百多万，用不了一个月就还给你们了，还有什么担心的呢？"

旁边的张中华拼命点头，潘建也笑眯眯地晃着他的胖脑袋说，"这房子抵押也只是短期过度，后面还有大用处，我们也不想借很长时间的。"

"好吧,"我拍板了,"那就明天让刚子和你们办理对接。"

第二天,刚子按照房产典当的程序开始与对方签合同、办理公证、到房产局办理抵押登记,三天后,他们拿到了典当行开出的一百二十万元支票。这单业务对典当行来说是当时最大的单笔业务,每月利息六万元,黎明劳服到期时续当或者赎当都可以。

我们都很开心,以为做了一笔好生意,却没料想,这笔生意带给典当行的麻烦这才刚刚开始,而其中的各种纠葛与不良影响却一直干扰了我两年时间。

大约过了一个月,到了沈建华那边需要交利息或者还本金赎房产的时间了。刚子打电话过去催了几次,沈建华让他去找潘建,潘建却说正在跟张中华沟通,直到时间都过期一周了,张中华的电话总算来了,但却只字未提付利息或赎当的事儿,只是说要跟我商量点重要事情,马上来典当行找我,我告诉他,我就在办公室等他。不一会儿,只见张中华满头大汗地走进门来,我给他倒了杯水,让他坐下再说。他端起水一饮而尽,气急败坏地说:"董老弟啊,真是抱歉,一个月前,我们四个来的时候,我没说实话,还充当了帮凶!"我一惊,站起身问道,"怎么了?""唉,这个沈建华说自己是华裔日本人,我只看了他的护照,也无法确认真假,两个月前他和我们劳服公司成立了一家中日合资企业,我们急于摆脱国企的困境,前期根本没做任何调查,就被他的花言巧语迷惑了。他说的用进口的七百万稀有金属跟我们合资,可是,我刚从大连港调查回来,根本没有这批货,他把我们给骗了。沈建华之前让我拿大厦八楼抵押贷款,走了好几家银行都不肯贷,所以,他才让那个潘建找到你们华山典当行的。我其实很不情愿把房产抵押给典当行,利息这么高,万一死当了,我怎么向总公司领导交代啊,说不定,我还得进监狱!我这下是全完了啊!"说着他捶胸顿足的,满脸都写着"懊悔"两个字。我一屁股跌坐在椅子上,心想我也太倒霉了,竟然遇见一伙骗子,合伙骗取了典当行一百二十万。想想一个月前,四个人一本正经地来谈生意,说得头头是道,谁知竟然是……

虽然我知道黎明大厦的房产办了他项权利证,资产不会丢失,但是一旦死当,等着卖出去再收回资金,那可是遥遥无期啊,这对于始终强调资金必须快速周转的典当行就是个大窟窿。不行,既然事情已经这样了,我必须做点什么,避免死当。

想到这里,我对张中华说:"老张,你可把我害苦了啊,我是一片好心帮你们渡难关,你们却是合起伙来骗典当行,现在你跟我说说,那一百二十万拿走后都去了哪里了?"

张中华回答说:"不瞒你说,从你这拿走的一百二十万,当时就还了王长河五十万,给了我十万,我拿去给劳服公司的人员补了几个月的工资,其他的,我后来了解到,都被沈建华拿去赌博了。现在,这每月的利息六万元,他都拿不出来了,我已经对他进行了最后通牒,如果再不拿出来,我就去自首,跟他一起进监狱。"张中华嘴角抽动着,狠狠地说道。

我强压着怒火,心里冷静一想,还是把钱拿回来最重要,万一老张真把沈建华给告了,公检法一介入,肯定把房子列为赃物,我们想拿回钱更是没指望了。

于是,我对张中华说:"老张,你别冲动,目前这沈建华也不算犯罪,最多就是参与赌博。他只是虚构了一笔资产和你单位合资,你是自愿拿出资产抵押的,如果资产没了,老张你肯定有罪,而沈建华和你也就是借款关系,你现在当务之急是必须稳住他,让他继续找钱把你的房产赎出来,你才不会承担法律责任。"

听我说完,张中华不由得叹了口气,"你说得也对,我也不想把事情搞僵了,我只想拿回单位的房产,然后赶快和这种人一刀两断,再不来往。"

"咱们这样吧,"我想了想对他说,"老张,我看你也是老实本分的人,也一把年纪了,这房子要死当在我这里,你肯定是完了。你今天来我这里的事先不要和沈建华讲,我呢直接找他过来,就问问他准备怎么还典当行的钱?有什么情况我再通知你,我们必须联手对付沈建华,你看怎样?"

"哎,好的。"老张千恩万谢地走了。

8. 连环骗局

张中华前脚离开,后脚我就把刚子叫了进来,告诉他这事儿的原委,让他约沈建华尽快到典当行来一趟，逼他想办法还款。

下午，刚子正和我说着话，沈建华和潘建就溜达着走进了我的办公室，见他们进来，刚子不客气地问道："沈总、潘哥，你们贷款已经过期一周了，现在准备怎么办？"

潘建还是那副笑嘻嘻的样子，"嘿嘿，你们别着急啊，我和沈总正在跑省工行，准备办理三十万美金的信用证，钱一下来就能还你们了。"

"你们不是说大连的货提出来，卖了就有钱还款了吗？怎么又变成信用证贷款了？你这不是骗我们吧？"刚子明知故问。

沈建华眼中精光一闪即逝，摆摆手说："怎么是骗你们呢，唉，也是我之前有些旧账被催得紧，所以从你这典当行拿出的钱先挪了一部分还了钱，这样资金就不够了，也没法去提货。但是我现在已经和本溪一家企业订购了一批出口日本的矿石，合同也签好了，正在找运输公司。这个业务是可以在省工行开立信用证的，开出信用证咱们就皆大欢喜啦。"

我不动声色地说道："沈总，典当行逾期，罚息很多，你得尽快办啊，我们也不能等太长时间了！"说着，我换了个语气，"不过，刚听到你说需要运输公司，我倒有个事儿可以跟你说说。"

沈建华眼睛一亮，"董总，你是有运输公司？"

"嗨，我们不是有几台死当的苏联产的太脱拉汽车嘛，所以就注册了一家汽车运输公司，目前正准备找点业务经营呢。"我说道。

"太好了，那我们这批矿石运输就委托董总了，你们还可以赚一笔运费呢。"沈建华煞有介事地说着。

"行，那谢谢沈总了，"我转头冲刚子眨眨眼睛，说，"刚子，你跟进一下，到矿上看看，有多少吨，找人算算运费？"

沈建华接过话茬，说："我们定的是后天去本溪，省工行的经理也一起过去验矿。"

"那好，后天晚上你们回来，我们再见面谈。"我起身送走了沈建华和潘建。

回来，我嘱咐刚子："这次去本溪，你坐沈建华的车，看他们搞什么把戏，另外，你和王长河联系一下，侧面打听打听，看看王长河为什么借钱给小沈？"

"好！"刚子答应一声儿就出门去了。

到了后天，刚子和省工行的两位信贷员，跟着沈建华和潘建坐上一辆面包车前往本溪桓仁县。

从沈阳到桓仁县共有二百公里，此时正赶上12月初，天寒地冻的，他们下车后还得步行半个小时才走到矿里，这可把刚子和两位信贷员给冻坏了。因为大雪覆盖，啥也看不清，当地人就用手一指前面的几座山头，说这里就是矿山。然后，拿了几大块矿石样品给他们看看，就都装到了车上。一位自称是矿上负责人的，还给每人准备了一只野山鸡，也一并放到车上后，面包车一行就这样下山了。中间趁着没人的空隙，刚子不时给我打电话，汇报所见所闻。银行的人则走了个过场，拿着野山鸡十分满意地回家了。后来，沈建华被抓后，潘建交代说，那天的一切都是沈建华安排他干的，他提前一天就去了那里，看矿的人是雇的，野鸡是自己买的，还特意选择了走半个小时路的地方，天气又冷，一切都是为了让银行的人自己放弃认真考察的想法，草草收场。

刚子和王长河单独见面，喝了一顿酒，回来告诉我，原来长河和潘建是好朋友，潘建离婚后，生活很惨，他很想帮他一下。恰好潘建遇到沈建华，以为他是个有钱的日本外商，自己的命运发生了转机。沈建华不仅编造了身份，还编造了一系列项目，忽悠潘建也投资，潘建认为是个好机会，就向长河借了五十万，说好一个月连本带息还给他，结果一直也没还。长河却是挪用了五十万公款帮助的潘建，这事儿被长河老板知道，就又逼着长河向潘建和沈建华逼债，说拿不回钱就要报警。长河这才加入了四人队伍来我们华山典当行贷款，拿到一百二十万后，直接从小沈那里划走了五十五万，其中还有五万的精神补偿。现在，长河已经回单位上班了。长河让潘建离开沈建华，潘建则坚持非得让沈建华多弄些钱补偿他才走。

我一听，这都哪儿跟哪儿啊，简直是个连环套，这沈建华骗了潘建，潘建骗了长河，然后，他们联合骗了张中华，再一起来骗我们典当行。我越想越不是滋味儿，便决定让刚子继续跟进。

考察完矿山的几日后，沈建华和潘建来到了典当行，沈建华开门见山地说："董总，我是来和你的运输公司签协议的，银行的信用证下周就要打给我们了，我们有了运输公司的协议，银行就会直接打过来一笔运费，应该有二百万。"我想了想，自己没什么风险，就同意了。"好啊，恭喜你了，沈董事长，你们马上就可以赎回你的房产了，我们运输公司也开张大吉了。"我笑笑说。

当天，我拿出刚刚办下来的运输公司公章，与小沈签订了二百万的运输合同。同时，为了防止沈建华再玩什么花招，我们又签订了一个补充协议，如果，矿上运输合同执行不了，这笔钱直接转为还款典当行房产抵押贷款的资金，剩余资金返还给沈建华名下公司。

当晚，我和刚子请沈建华和潘建吃饭，饭后，我提议去潘建家里坐坐，我想看看潘建的家庭环境也顺便认个门儿。

我一路开车，在潘建的指引下来到了沈阳东塔机场附近的一片平房区，在一排排的一模一样的房子中找到了潘建的家，打开锁着的房门，一股寒气迎面袭来，我不禁打了个哆嗦。时至寒冬，别人家早就用上了暖气，这个房间里却和外面一样冷。屋子里只有简单的家具，没有生火的土炕和地炉子，脸盆里的水已经冻成了冰坨子，用家徒四壁来形容它一点儿也不为过。我问潘建："这就是你家？""是的，回来早时自己生个炉子，屋子里就暖和了，今天回来晚了，就只能开电褥子睡。"潘建不好意思地回答。

"沈总，你住哪里？"我转头问沈建华。沈建华一看这情形也忙不迭地说："我住附近的东塔宾馆，老潘这条件是太差了，我准备明年给他买个房子。"

我听明白了，这大概就是潘建一直铁了心跟着沈建华的原因吧。

看来，这潘建也是个老实人，是贫穷让他当上了骗子沈建华的帮凶，可是，他外表憨憨的样子，要是再学会了沈建华的骗术，那杀伤力可就更大了。

9. 原形毕露

一周后，潘建来电话说，明天就会有一百万运费打进运输公司账号，到账后，希望我们能取十万现金出来，先借给他们作为下一步的公关费。我一想，只要资金能进来，典当行对典当房产的应收利息和本金就有了保障，便答应了。

第二天一早，沈建华和潘建两人带着一身的被窝味儿就走进了典当行，会计小赵则等着隔壁银行一开门就去查账户，果然，有一百万进账了，她照着我之前的吩咐取出十万现金拿回来交给他们。沈建华伏在桌上认认真真地写了个收条给我，按上手印，收条上说明这十万是他个人借款。潘建将这一沓现金一一放进事先准备的一只黑色袋子里，胖胖的脸上又露出了笑嘻嘻的模样。

又过了一周，第二个一百万进账了，沈建华又跟我借了十万现金，这样一来，扣除支付典当行的十二万利息和滞纳金后，账上剩下了一百六十八万。我吩咐刚子，"赶紧让潘建过来聊聊，就说看看什么时候开始拉矿石，咱们这边得雇佣司机。"

另一头，我拨通了张中华的电话，"老张啊，沈建华已经弄到了钱，目前在我账上还有一百六十八万，可以覆盖你抵押的房钱，但是这是用于我的运输公司进行矿石运输的，你看看要不要去跟沈建华谈谈，是不是先还你们钱，不然，真要是让我们去矿里拉矿石，这钱就不能赎回房子了。"

张中华听完，撂下电话就又给沈建华打了过去："沈建华，我现在在华山典当行，你马上过来，我知道你弄到钱了，赶紧把黎明劳服的房子赎回来，不然，我就让黎明集团公安处去抓你！"

张中华的口气十分强硬，电话那头的沈建华吓得生怕把张中华逼急了，真找人来抓他，他的好戏就唱不下去了，忙不迭地答应立刻来典当行。

半个小时后，沈建华、潘建、张中华三人齐刷刷地出现在我公司的会议室，双方一见面就吵翻了天，我一推门，只见张中华已经一把揪住了沈建华的衣领，瞪着眼睛要动手，我连忙上去制止，"老张，有话好好说，来，都坐下来商量吧。"张中华这才松了手，鼻子里重重"哼"了一声一屁股坐在会议桌旁。

"沈总，我说两句吧，"我给他们开了个头，"黎明劳服是国家资产，再不赎回去，你们双方都得吃不了兜着走，运矿石的事情可以后面再想办法。"张中华一听就直起了身子，对着沈建华大声嚷嚷着说："你看，董总也这么说了，你必须得先把我的房子赎回来，不然我就去告你！"说完，一巴掌重重地拍在桌上。沈建华被他拍得瘦小的身子微微一抖，无奈之下，只得说道："好吧，那就赎当，不过，你要先把拿走的十万块钱还给我。""行，一百二十万你还给典当行，那十万我去筹钱，咱们就算互不相欠了，以后就各走各的路，别再来往了!"张中华气呼呼地大手一挥,仿佛要把什么东西全都从自己身边清理干净似的。

接下来,我们开始各自办理手续,一百二十万归入典当行,典当行将房证还给张中华,我在中间做个担保,让张中华尽快把十万还给沈建华。典当行和沈建华也解除了运输合同协议,剩余款项返还。

我本以为这场房产典当风波就这样平息了,至于沈建华身后还有什么钱财往来就与我无关了,谁料想,半年后,有一天沈阳市公安局经济侦查支队的两名警察找上门来了。

他们要求查看我们运输公司的账目,原因是他们在调查省工行一笔两百万款项的诈骗案时,发现这笔钱流向了我们账户,会计小赵跟他们做了对接。查完账,他俩来到了我办公室,其中一名姓王的警察说:"有个叫沈建华的你认识吧?""认识!"我回答道。"他打给你们运输公司的两百万款项属于诈骗所得,我也看过账目了,你们现在必须马上把剩下的一百三十二万退回原账户上。"我大吃一惊,反问他们究竟发生了什么事?王警官说:"沈建华,原籍上海郊区青浦县人,伪造日本护照,自称是日本人,去过日本一年打工,会点日语,在上海时就曾因为诈骗罪被判两年。这次是省工行报案被骗三十万美元信用证,沈建华是主谋,现在已被我们市局经侦抓捕归案,承认了全部犯罪事实,我们现在就是协助追账,挽回银行损失。"原来是沈建华犯案了,我记得张中华提起过,他先是取得了潘建信任,然后骗了王长河,再后来骗了黎明劳服,然后来骗我,最后又骗了省工行贷款,是个连环套。王警官继续说:"他根本什么业务都没做,骗了钱就去赌,赌没了再去骗!"

我心想,我也是受害者啊,把钱退回去,我的损失又找谁去呢,便对他说:"警官同志,要不你们今天先回去,这事儿我也得跟律师碰碰,明天答复你们吧?"

"好吧。"两名警察走了。因为华山典当行一直挂靠在一个法制部门下面,去咨询下相关事宜十分方便。我去找了有关领导,他们说不用怕,从法理上你也是受害者,他们回馈我的话让我放了心,沈建华骗钱的过程与我并无多大干系,第二天我向经侦处回复了我的意见,又协助了几次调查之后,那两位警官再也没有出现了。

第五章 华山论剑(一)

又过了几个月，潘建到典当行找到我和刚子，满脸悔意地说，他和沈建华在一起的这一年就像一场噩梦，每天都在提心吊胆地编瞎话，这段时间公安局也总找他，生活更加令他感觉失望。我只得安慰他，让他踏踏实实去找个事情，不要再玩这些引火上身的事情了。

后来，听说这个沈建华被沈阳市中级人民法院判了无期徒刑，他没有上诉。而被他诈骗的省工行这笔三十万美金，直到1998年作为不良资产剥离的时候被转给了华融资产管理公司。

第六章

华山论剑(二)

10. 枫林公司

我在典当行的日子远没有在合作行证券部那么一帆风顺，遇见的常常是些旁门左道之辈，至于社会上各式各样的骗子那更是比比皆是。就在我和沈建华签完黎明劳服大厦没几天，正高兴呢，就又遇到了这样几个人。

那是八月里的一天，外头艳阳高照，大中午的，天气酷热难当。典当行院外开进一辆 S320"虎头奔"，车上下来两男一女，男的都是三十岁出头，这么热的天居然还是一身西装革履；女的很漂亮，二十五六岁的样子，高挑个儿，一张瓜子脸，身上穿着一条鹅黄色的连衣裙，手上捧着几个文件袋。我和刚子刚吃了午饭，准备午休，见他们进来便只能作罢。走在前面的一位男士很有礼貌地递上一张名片，我一看是沈阳枫林贸易有限公司的副总经理肖晓龙，"你们是要办什么业务？"我问道。"我们想来典当一处房产。"肖晓龙回答说。"是什么房？"见是房产业务，刚子也走了过来问道。"是一个商业网点用房，即将竣工，就在沈河区市府大路上，我们的购买价格是一百九十万，现在想做抵押，三个月，借款一百万。"说着，他身旁那位漂亮女子就将手上的文件袋递了过来。刚子翻看了一下，对我说："合同、发票、准住单都在，但是没有房产证，按规矩，不能做抵押！"肖晓龙一听就急了，连忙解释，"我们房产证正在办理，这是刚刚买的门面房，已经交了全款。现在有突发情况，公司急等钱用，要是等办完证，那就来不及了！"说着他松了松脖子上勒得有点紧的领带，脑门微微沁出汗来。因为刚顺利签完黎明劳服一百二十万的合同，我自以为还是很有经验的，何况账上还趴着那么多钱，得放出去啊！想到这里，我挥挥手，"先去看房吧！""行，你们开车跟上我们！"肖晓龙高兴地招呼着我们。刚子有些迟疑地看看我，又看看外面火辣辣的太阳，没说什么，一回身就去开车了。我们跟着"虎头奔"来到沈河区的一片工地边停下，这里是沈河区的中心区域，位置非常不错，这个新小区一共五栋七层的居民楼，都已经封顶，工人们正在给外墙作粉饰。肖晓龙带着我们来到一栋临街的居民楼旁，这里的一二两层都是门市房，工人们正在进行收尾工作，看上去，如果进度正常，再有一个月应该就可以入驻了。"这就是我们买的门市房，进来看看吧！"肖晓龙带我们走进了门市房里，我和刚子上下两层都认真看了看，房子很好，没什么问题。我提议大家到售楼处去看看，我想了解下附近的商业门市房都是什么价位！

我们走进售楼处，发现它的房产开发办公室也在这里，便让肖晓龙引荐一下他们的负责人。这家房产公司的经理姓赵，他笑眯眯地将我们迎进了他的办公室，眼光却越过我看向后面的肖晓龙，假如我脑后长了眼睛，这时，我一定可以看到肖晓龙冲他眨了眨眼睛，可惜我并没有。

我在一张椅子上坐下，问赵经理："你们公司的主管单位是谁？""这是沈阳市建行自己的地产公司，我就是建行办公室派过来兼职管理的，这里主要是盖家属楼满足行里内部职工需求，只有临街的一些门市对外出售，枫林公司买的就是这块地方。"说着他抬手指了指墙上的建筑效果图。

"那真是有缘啊，我也是银行出身，刚刚从沈阳合作银行辞职和朋友新办了这家典当行，"我一听是同行，心里就生出点亲切感，"我姓董，就叫您赵哥吧，我经验不足，你得多帮我把把关啊！"

"哦，那咱们可都是一个系统的。没问题，我可以担保，枫林公司的确是买了这间门市房，钱款都交了，抵押贷款一百万值啊！"赵经理肯定地说。

"太好了，那能否请你们建发地产给我出份声明：枫林公司款项交齐，在抵押期间一切权益归典当行所有？"

赵经理很爽快地就答应了："好的，我这就安排人办理！"

我又转向肖晓龙身后的男子，他是枫林公司的法律顾问张阳，我对他说道："本来，没有办理房产证的房子我们典当行是不受理的，但是，看你们着急用钱，建发地产又做了担保，我可以帮助你们，但你们得写个承诺，说明在抵押贷款期间，该房产不能发生任何租赁、转让和手续丢失补发的事情，所有权利归于典当行。""行！我马上办！"张阳答应得也很爽快。

因为不用去房产局做抵押登记，因此放款速度非常快。第二天，枫林公司的三个人就办完所有手续带着典当行的八十五万支票走了，这次我是上打租三个月，直接扣掉了十五万利息，免得刚子到了一个月又得打电话追。

一个月很快就过去了，我估计枫林的房产该收房了，就叫上刚子开车过去看看。到了那里，赵经理正在办公室里坐着，见我们来了，就把我们请进他的办公室喝杯茶。他说这边的办公室马上就撤了，他也要回建行上班去了，这个项目他兼职了快三年，非常辛苦。我跟他聊了一会儿，见一切按部就班的，枫林的门市房也紧锁着大门，便放心地告辞了。

又过了一个月，进入秋天了。一日，赵经理来了电话，说要到典当行来找我说有重要事情商量。我突然有种不祥的预感，不会是枫林公司出了什么事吧？当时沈建华事件已经让我忧心忡忡，这枫林的一百万再出什么幺蛾子，那就糟了。

没多久，赵经理开着一辆黑色蓝鸟轿车就进了院儿。他一脸黑线地走进我办公室，说："董兄弟，我得跟你们报告一件事情，那个枫林公司购买的门市房其实只交了二十五万的定金，后面的一百七十万根本就没付。"

"什么？！"我和刚子一脸惊愕，"你们记得上次那个肖晓龙带你俩到开发公司看房子，让我出证明的事吧？其实在这之前，是肖晓龙悄悄拉我单独出去，让会计给了我一张一百七十万的支票，告诉我明天下午存进银行就行。我当时还纳闷，你有钱还贷什么款？但是也没有想太多，我就想，既然他们付全款了，我就出个证明也没啥。所以，我就给你出了证明。"我和刚子越听越迷糊。"可是，你们猜怎么着？"赵经理继续说道，"那肖晓龙让我周五存的支票，到了周一下午，银行却告诉我说是空头支票，根本没钱！我打电话过去问，肖晓龙就说有急事把资金抽走了，然后就今天推明天，明天推后天的，一推就一个月。你和刚子上个月来找我，我还在跟他们要钱，我知道一旦要不回来，你们典当行受损失，我这出证明文件的也得担责任啊，没准我银行的工作也保不住了！"赵经理说着一屁股坐在沙发上，不停地唉声叹气。"那后来呢？"我追问道。"你们走后，我去了几次枫林公司，查明白那大老板叫吕燕峰，是个混社会的大哥，公司里养了很多劳改分子，他们干的就是敲诈勒索、坑蒙拐骗的事，每次去我都胆战心惊。我向那吕老板苦苦哀求，后来都下跪了，也没用，他们还说，如果我再去骚扰他们就送一盘录像带给我单位，里面有我一夜情的录像。"赵经理边说边抹眼泪，原来，他们交定金二十五万那天

第六章　华山论剑（二）　221

晚上，肖晓龙和张阳请他去喝花酒，他喝醉了酒啥都干了，却被肖、张二人录了像，不仅如此，他们还给了他五万块回扣。"哎，我现在是被吕老板给抓住小辫子了，你们可得小心，那个肖晓龙和张阳表面看着文质彬彬，其实都是大流氓啊！"

我和刚子听得肺都要气炸了，我大骂老赵："老赵你怎么也不早说啊，你这不是把我们往火坑里送吗？我这刚刚创业，你就和他们勾结把这一百万给霍霍了，你这人的良心哪儿去了？你还吃喝嫖赌都全了，活该被威胁，你真是给我们银行人丢脸啊！"刚子也激动了，说："我们就是相信你们开发公司的证明，才给他贷的款。现在这损失我看是拿不回来了，你们建发公司得赔偿！"

老赵低着头，像个被霜打的茄子，蔫了。他一言不发，闷着头一口一口地抽着烟。

我来回踱着步，默默地在心里念叨着："冷静！冷静！"现在，如果我起诉建发公司，单靠一纸证明，典当行很难告倒建发公司，最多也就是工作人员渎职，内部处理就行了，老赵肯定得受处分，也有可能被免职；而那枫林公司，因为手续齐全，我也告不了他诈骗，最后他虽然一开始损失了二十五万定金，但后来在典当行拿走了八十五万，这样还净赚了六十万。那么我们典当行就成了最倒霉的一方，八十五万资金肯定是拿不回来了。

一番盘算后，我定了定神，对赵经理说："老赵，你我现在是绑在一条绳上的蚂蚱，枫林公司已经从我这里骗得了现金八十五万，现在，离到期日还有二十天，我们只有联手对付他们，把钱要回来才行。这样一来，我就可以把证明还给你，你就丢不了工作，进不了监狱了，我也没有损失了。""真的？你能办到？"赵经理拿烟的手微微一抖。

"嗯，不过你得配合我！现在你先回去吧，等我消息。"我肯定地点点头

赵经理一把上来握住我的手，"董兄弟，你有本事开典当行，肯定也有本事把钱要回来，我的前途就全指望你了！"说完他千恩万谢地走了。我看着他的背影，心里很是难受，要不是为了讨回我的钱，这人真该让他去监狱里待几天啊！

11. 遇上黑道

送走了垂头丧气的老赵，我紧急召开会议，刚子、大军、李辰、小赵四人先后来到我办公室。刚子详细说明了枫林公司典当房产的事情，以及刚刚建发公司老赵讲述的一切，说我们这笔业务有可能损失百万，大家开个会，研究一下该怎么办？

大军因为最近一直在跟大昌车行打交道，那里在社会上混的人比较多，而他以华山典当行副总的身份已经结交了不少人，他说他可以去了解一下这个吕燕峰和枫林公司。我点点头，"好，那你去大昌那边打听一下，我可以通过法院的关系看看有没有线索。""那我去找律师和公证处的关系，咨询一下，也做好万一要打官司的准备吧。"刚子也给自己安排了任务。"李辰，小赵，你俩就继续忙自己的事儿，关注一下，最近先不接房产方面的业务。"我说道。"好！"她俩点头同意。都安排妥当，我们各自忙自己的事去了。

一周以后，大军那边传来了消息，原来这枫林公司在五爱市场附近的一栋办公大楼里办公，他们包了整个六层一层，专门做家电贸易。但是，他们和一般正常贸易不同，都是先以付定金的形式骗取南方大量家电厂商的货物，然后跳楼甩卖，所获收入全部当作利润。很多厂商驻东北的经理都被他们吃请一条龙后录了像，再被用各种软硬兼施的方式强拉入枫林公司，转身就一起去骗老东家的商品，像康佳、容声、TCL、格力等多家企业都已经被骗了几百上千万的比比皆是。你跟他打官司还赢不了，因为他们高薪聘请法官和律师，早就把相关法律研究透了，事先在合同上都做好了手脚。

我这里也找到了沈阳中级人民法院执行庭的一个朋友，他一听说吕燕峰这个名字就警告我说，"玉哲，你最好别沾上吕老板，这人黑白通吃，在中院告他的案子有的是，都堆在那儿，没有法官愿意接。他在各种关系上花钱无数，躲远点吧，你整不过他的！"

刚子则找了一名资深律师，得到的答复是典当行几乎不可能通过建发公司的一纸证明打赢官司。

所有的消息都是坏消息，都在告诉我，华山典当行想挽回本息一百万的损失几乎是不可能的。

我和大军、刚子几乎白天黑夜地泡在一起，商量如何对付吕燕峰。我分析，吕燕峰过去有前科，进去过，现在做大了，"小流氓"变成了"大流氓"，再也不想进去了；人也学聪明了，不再打打杀杀，而是撒了大量金钱，找了很多保护伞，但是，这正是他的一个软肋。再有，他养了那么多打手，目的就是威胁那些被他软硬兼施拉下水的人和那些南方厂商驻东北的经理，这些人肯定也是敢怒而不敢言，而这也正是我的突破口。于是，我让大军去想办法找一个办事放心的兄弟，打入他内部，去搜集一下吕老板的个人信息，尤其是家庭成员信息备用，我心里很清楚，既然明的咱们干不过，就来暗的，我已经开始悄悄谋划了一场暗战……

一周后，那个办事的兄弟回来了，他交给大军一张写满字的纸，大军给了他一个厚信封。看完那张纸，我对大军说，"走吧，我们一起去会会这个黑道吕老板。"二人到了枫林公司楼下，我刚要下车，大军一把拉住我："玉哲，他这楼上社会人太多，你就是个书生应付不来，还是我一个人上去吧，你留在这儿，万一有什么事儿，也好有人在外面去想办法。"我知道大军在社会上也混了多年，多少有点胆识，便答应了，只是嘱咐他说："要小心，别硬来，不行先下来，好汉不吃眼前亏！""行，放心吧，我也没什么家伙儿，也不会跟他来硬的，吕老板不会怎样的。"大军挥挥手，说完下车快步进了楼里，很快就消失在黑暗中。

我等了半个多小时，正有些焦急，就见大军急匆匆小步跑着从楼里出来了，他拉开车门坐上车，全身微微发抖，一脸惨白。我看他完好无损地出来了，心里倒是松了一口气，等他缓了缓神，方才问道："快说说，什么情况？"

"嗨，你没上去就对了，那上面一层全是流氓，有光头的、有纹身的、有满身肌肉块的，个个都瞪着眼睛看着我，像要吃了我似的，他们让我在门口等了半天才让我进去。唉，我也算见过不少场面了，可走进那吕老板办公室，腿都直打哆嗦，那墙上挂的一对日本战刀，冒着寒光，杀气腾腾啊！"大军说着那战刀仿佛还心有余悸，他定了定神，接着说，"那吕老板就坐在那日本刀前，都没有正眼看我一下。那个肖经理也在，他说，'房子不还没到期吗？你找上门来是啥意思？'我说，'是没到期，但是我听说，你们房款没交齐，我们感觉被骗了，现在是想提前收回这笔资金！'"我话音没落，就听那吕老板重重地'哼'了一声,拖着长声儿说,'这是我和建发的事,跟你没啥关系吧?他都给你出发票和证明了,你还怕啥?麻利儿的,哪儿来就哪儿去啊!'我一听就明白啦,那意思是说,我就骗你和建发了,你想咋的?你想告就告,赶快滚!'我一看再不走就得讨打了,但我也不含糊啊,临走还丢了一句,'吕老板,后会有期吧',我就赶紧出来了!"

大军边说边擦着汗,看来这枫林公司还就是个刀山火海啊,难怪建发的老赵去一次就吓尿了。

我一边听着大军的描述,一边开着车离开了枫林公司,不多久就开到了附近的建行五爱支行停了下来,我对大军说:"我有一个电大的师弟在这里上班,你在车里歇会儿,我去找他一下。""行,我等你。"大军还有些惊魂未定,正好休息一下。我电话打过去,师弟徐岭就从里面迎了出来,我们就在外面站着聊起来。寒暄过后,我问他:"徐岭,你听说过枫林公司或者吕燕峰吗?"

徐岭惊异地回答说:"那还能不知道?师兄,你跟他们有事吗?这个公司就在我这里开户,他还有几个隐蔽公司账户也在这儿,每天转款非常复杂,行长告诉我们都不要过问枫林的事情,跟黑社会似的!"他的口气透着一种神秘感。

"师弟,我实话实说吧,那枫林公司欠我一百万,他们先骗了建发公司,又拿假手续骗了我们,我这儿正上火呢?"

"什么?师兄,一百万,这么大金额!"

"是的,唉,也是我经验不足,师弟能不能麻烦你一下,给我秘密查一下他的账户情况,我现在需要这个信息,这对我非常重要。"

"好,师兄,你别上火,这事儿,我给你办,就是千万别往外说!"徐岭上前握着我的手,很慎重地说。

"好,放心吧,我等你消息!"

12. 智斗吕老大

告别徐岭,我就和大军回到了公司。我立刻叫上刚子一起,开始部署下一步的行动计划。我分析像吕老大这种人，最怕的就是他骗人的手段被公诸于世，这样他就无法继续在这个行当里干下去了；而我之所以让徐岭去查他的账户信息，就是为了知道他的资金往来，我一旦拿到这些藏着他所有秘密的信息，他就不得不就范。我也不怕他打击报复，聪明的话，他会主动化解矛盾，因为我只不过是他众多骗局中的一单小生意而已，他没有必要搞得鱼死网破。因此，我决定先等等徐岭的信息。

三天后，徐岭给了我一卷打印出来的枫林公司以及其他隐蔽公司的账户情况，一看之下，还真吓了我一跳，这枫林公司还真是了得，不仅转款非常频繁，而且每笔资金的资金量也很大，笔笔都在五十万以上。而这样频繁在各个账户里来回倒账，是很难让公检法追踪到它每笔钱的真正去向的，这个吕燕峰，真是十足的狡猾啊！我不禁暗叹。

有了这些信息，我的腰杆就挺起来了，我终于可以和吕燕峰正面开战了。我让刚子准备了一个信封给大军，里面是徐岭交给我的枫林公司的账户信息。这回，还是让大军单独去送信，但我告诉大军，尽管去，不要怕，俗话说得好，"狭路相逢勇者胜，勇者相逢智者胜"，揣着吕燕峰这些秘密的大军无疑是有了智勇双全的加持了。

临行前，大军先给肖晓龙去了个电话："肖经理吗？我是大军，我想再去一趟你们公司，见见吕老板。我这里有点东西要带给他，你给说一声儿吧。""行，你直接过来吧，我们大哥在这呢！"肖晓龙出人意料地爽快。我心里却很清楚，因为在几天前，我就已经让大军跟肖晓龙递过话去，说我们华山典当行的背后老板是省法院的人，大家都是道上混的，彼此给点面子，所以这回，肖晓龙对大军还算客气。

大军被我和刚子送到枫林公司门口，就上了楼，昂首挺胸地从走廊两边那些流氓打手们的中间穿过，径直走到了吕燕峰面前。他从容不迫地从西服内口袋里拿出了那封信，慢悠悠地说道："吕老板，我们家后面的老大让我送封信给你，请你过目，我先走了。"说完就大摇大摆地往外走，还没走出前厅，就听后面肖晓龙追上来大喊着："大军，慢走，慢走，我大哥有事找你！"大军闻听，嘴角微微抽动了一下，随即转头，故作惊讶地问道："怎么，有事儿？""是我大哥，他说还有事儿找你！"肖晓龙喘着粗气，悻悻地说道。大军假装很不情愿地再次走进吕燕峰的办公室，只见刚刚脸色还很难看的吕燕峰，瞬间就堆上了笑容，他请大军坐下，又催促女秘书说："快，给大军泡点好茶来。"女秘书答应一声，转身就出去了。大军也不客气，走到沙发前，一屁股就坐了下去，还跷起了二郎腿。吕燕峰走上前和颜悦色地说："大军，你们典当行和建发的事啊，都是那肖晓龙给弄错了，你可别见怪啊！我这就让他给你们开张周五的支票，把一百万一次性还给你们，怎么样？咱们两家呢，这就算不打不相识，交个朋友吧！我还听说你家老大是省高法的领导，有机会让我做个东，大家认识一下怎么样啊？"

大军还是一脸不乐意的样子，"吕老板，您名声赫赫，我们这些小公司可不敢高攀啊，我看还是把典当行的事情先办完吧！事情解决完了，后面的事儿都好说。"

吕燕峰被大军顶了一句，心里虽不乐意脸上却并不表露，他说："行，我这就让晓龙抓紧办好，咱们来日方长吧！"

大军起身告辞，"好，吕老板，那我就先走了，周五我等肖经理的支票了。""好，你请！你请！"吕燕峰说着就把大军送出了门。

大军故作镇定地走下楼，到了楼下，他紧走几步来到我们车前，整个人如释重负一般，他一把拉开车门，冲着我们就嚷嚷开了，"吕老大同意还钱啦！""太好了！"我们三个人在狭小的车厢内击掌庆贺，很是兴奋。看来，那封信是打到了吕燕峰的七寸，我这计划的第一步就算完成了。

第二日正是周四，下午4点的样子，肖晓龙带着会计将一张一百万元的支票放在我桌上，上面日期写明是次日周五的。他颐指气使地说："这支票你们收下，明天去存就行，但是钱到账后，这房产所有手续除了我以外不能交给任何人！"说完，不等我们答话，就急匆匆地走了。我们几个人看着这张支票，不禁又喜又忧，喜的是支票终于到手了；忧的是这枫林公司开空头支票可是出了名的，多少人都在这上面栽了跟头，想跟这吕燕峰做生意，长一百个心眼儿都不够。想到这里，我拿起电话拨给了徐岭，"师弟，我已经收到枫林公司一张你们行的支票，金额是一百万，你帮我查一下，看看它账户上现在有多少钱。""好！"徐岭答应一声，没过多久，电话就回过来了，说枫林的账户上只有六十三万，根本不够一百万的，我一听，果然是不出所料啊，"不过，"

徐岭又说道,"他们经常随时就会有资金进来,然后瞬间就转走的。"徐岭建议我们明天就去五爱建行同一行内开立一个临时账户,支票则放在徐岭那里,一旦枫林账户里有一百万现金,他立刻就将支票兑现,当时就办行内划款,只需要两分钟,钱就能到我们典当行的账户上。"太好了,真是朝中有人好办事啊!"我不禁暗自感慨,如果吕燕峰知道了我们这步棋,肯定得气疯了,我也要让他尝尝被别人戏耍的滋味。

"谢谢师弟了,但是你会不会有风险?那吕老大可是个混社会的!"我关切地问道。

"师兄,没事儿,我做得秘密,外人是看不出来的。我也是看你急得直上火,我就豁出去了。再说,这坏人咱就得让他吃点亏!"徐岭笑呵呵地安慰我说。

"好的,师弟,那你还是要小心!明早8点我准时去开户,然后我就在你们行门前的车里等信儿,咱们随时保持联系!"我嘱咐完徐岭,就让大家去做准备了,我心里却微微有些紧张,因为一出好戏马上就要开演了,希望不要演砸了。

第二天,我们公司全体出动,典当行上午关门歇业。小赵和李辰先在五爱建行里办好开户手续,就在大厅里等徐岭的指示,她俩得随时准备办理存支票的业务,只等一声令下,就以最快速度完成存支票和转账任务。我和刚子、大军则守在银行门外的车里待命。我听徐岭说过,每天上午9点多时,肖晓龙、张阳和会计就会来银行办理业务。

大约9点,五爱建行的清算员先回来了,他第一时间找到徐岭,告诉他枫林公司进了一笔七十万的资金,徐岭立刻通知了小赵,然后打电话给我,"师兄,太幸运了,枫林刚进账七十万,现在账面上有一百三十多万,我已经让小赵存支票了,我自己亲自把枫林公司的进账单先录入电脑,估计十分钟左右就可以转款了。""好,知道了!"我压抑住内心的兴奋,一回头,却看见车子右侧,一辆黑色奔驰急停下来,车上下来的正是枫林公司的肖晓龙、张阳和女会计,他们下了车就迅速直奔银行大门而去,我们三个人的心顿时就被提到了嗓子眼,这帮人果然是每天都准时来转款!我拿起电话拨给徐岭,告诉他枫林公司来人了,我看到银行大玻璃窗内徐岭接起我的电话,抬头看向正往里走的肖晓龙一伙人。再往里,我隐约看到柜台前,会计小赵正在办理业务，跟柜台里的人不时说着什么。电话里徐岭低声说道："看见了，我刚把枫林公司的钱进账，正在办理从枫林账户划款，还没办完，需要复核员录入，快了。"说着就把电话挂了。随后，就见徐岭走到枫林公司的女会计面前说了些什么就离开了，那个女会计无奈地在一旁不耐烦地等待着。

五分钟过去了，就见小赵和李辰出来了。她俩小步跑过来，脸上肌肉很紧张，表情十分古怪，直到上了车，才忍不住地笑了出来，激动地说："董总，钱已经进账了！"顿时，我们五个人都快热泪盈眶了，刚子也激动得直拍我肩膀，拍得我生疼，多少个日夜的煎熬终于释放了！要不是坐在车里，我们都得跳起来。此时，银行大厅里徐岭正对着肖晓龙说道："肖总，你们账户上只有三十多万，今天你要汇的八十万不够。"肖晓龙一愣，说："不可能啊，小徐，你给我好好查查，今天账上应该有一百三十万，怎么会不够呢？"

"嗯，我查了，本来是有一百三十万的，但是今早华山典当行存了一张一百万支票进来，这笔钱被划走了，所以就不够了。"徐岭一本正经地回答他。

"不可能，华山典当行今天存进去，得下周一才能过来，怎么今天就付出去了？"肖晓龙不可置信地问道。

"华山典当行在我们行也有账户，同行内可以直接划转，当时到账，不需要清算所转。"徐岭平静地回复他。

肖晓龙闻言震惊了，他回身问了问女会计，女会计告诉他是可以这么操作的！肖晓龙气得把手里的烟屁扔到地上，狠狠地用脚踩了踩，指着徐岭说："小徐，你可别让我发现是你们谁在里面捣鬼，不然，我非把他腿打折不可！"说完，气呼呼地走出了银行。我远远地看见肖晓龙气急败坏地往外走，决定上去会会他，我拉开车门，整整衣服，带着刚子和大军，优哉游哉地走上前去，"哎，这不是枫林公司的肖总吗？你也到这儿办事？"

肖晓龙没想到会撞见我，恨恨地说："董总？哼，你挺厉害啊！居然暗算我们。"

"你们支票开给我，我正常收款，不是很正常吗？怎么是暗算呢？"我无奈地耸耸肩。

"行，咱们走着瞧！"肖晓龙扔下一句话，头也不回地走了。

终于，在有胆有智的师弟徐岭的帮助下，我斗赢了流氓公司，提前七天安全收回了典当资金。随后，我通知了建发老赵，只说一百万追回来了，他惊叹不已；而枫林公司吃了个哑巴亏，只得逼着要拿回手续，好去继续要挟老赵。我让老赵赶紧登报挂失，等他做完这一切，才把原手续给肖晓龙返回去，后来听大军的一个朋友说，那肖晓龙拿着这堆废纸交给了吕燕峰，吕燕峰狠狠地给了他一巴掌。

此后，我听说在2000年前法制不健全的沈阳，吕燕峰成为了一线的黑道大哥，为人更加凶残，出门带着保镖，后腰上常别着把五四式手枪。他开过几家著名夜总会，很火爆，被称为"夜场拿破仑"，暗地里却是控制了沈阳整个夜场的兴奋剂生意。我则对他"敬而远之"，安心做自己的事情。我相信，天道轮回，善恶有报，世事总是有安排的。

13. 老炮雷爷

有句话叫"出生牛犊不怕虎"，在典当行最初的经营中，我就是这样一个愣头青。在我看来，典当行的客户都是生活工作中遇到困难的平常人，他们因为缺钱都处在水深火热之中，而我就是一位"白武士"可以令他们在最短时间内拿到资金，帮助他们化解危机。谁知，到了后来，我这"白武士"却成了倒霉蛋，每次到了赎当或者支付利息的时候，这些平常人却变成了"江洋大盗"，每每都将我逼于破产的边缘。在这些人中，给我印象最深的是一个叫雷家友的沈阳老炮，江湖人称"雷爷"，他就是这样一个让我跌破眼镜，吃尽苦头，却也让我的人生成长向前迈了一大步的人。

这个雷爷作为沈阳最早一批靠做建筑行业起家的老板，20世纪80年代时已经是超级富豪，进入90年代中期，他的四个儿子除了吃喝嫖赌啥也不干，整日在外面惹是生非，败掉了雷爷很多资产，他的家族企业也出现了逐渐衰败的迹象。据说，那时他一喝大酒就大骂几个不孝之子，他的儿子们都躲得他远远的。

那一日，雷爷的车路过我的典当行，就下车进来询问，"那个，你们这儿都可以典当什么呀？"刚子上前接待了他，"我们主做汽车和房产抵押贷款业务，其他的金银首饰也做。""哦，娱乐城能不能当？""什么？娱乐城？"在旁边的我不由地起了好奇之心。"对，我是个建筑商，眼下有个项目缺乏资金周转，我名下有个娱乐城，想拿它抵押一百五十万出来，你们典当行能办吗？""嗯，这样吧，我们先跟你去看看！"我说道。因为娱乐城这种项目我还从来没有遇见过，眼见为实，我决定先和刚子跟他一起过去看看再说。

雷爷的娱乐城位于铁西区中心地段，这是一栋很气派的、通体蓝色的大厦，楼顶有一个很大的金黄色的雄鹰标志，远远看去，就像悬在空中似的。这栋大楼有九层楼高，在周围大片的低矮建筑中显得极为突出，大厦一至六层整个都是雷爷的"大华娱乐城"，如果晚上来，这里肯定是一片灯火辉煌。

我们跟着雷爷走进娱乐城，领班带着几个服务员蜂拥而至，每个人都毕恭毕敬的，好像生怕踩了什么雷。雷爷却看都不看她们一眼，大摇大摆地带着我们往前走。我打量着四周，这娱乐城豪华装修，但装修显然已经过时了，客人不是很多。

雷爷带我们走进一间豪华包房，桌上已经备好了茶水和水果，他取出一支烟，领班赶紧给他点上，他抽了一口说道："我这娱乐城里有餐饮、洗浴、棋牌、唱歌和客房，前几年十分红火，这两年我也没有精力管它，交给我两个兔崽子……"说到这儿，他停了停，眼神里有着强忍的怒意，他狠狠抽了口烟，继续说，"目前除了第六层都被抵押了，这第六层面积一共两千平方米，评估最少也得有三百万，按你们的行规五折算，我想应该可以抵押贷款一百五十万，我工程上急用，你们看可以就马上办手续。"

我打量着雷爷，他看上去五十多岁的样子，胡子拉碴的，穿着的黑色西服上衣松松垮垮的，神情却是不怒自威，身边人似乎都很怕他。我建议雷爷带我们去六楼转转，回来再商量。雷爷起身亲自带我们转了一圈，这层主要是客房区，一共有几十个房间，基本都是闲置状态，我和刚子商量，可以给雷爷放款，不过，要先收他三个月的利息，这样他只能拿到一百三十万。我们回到包间，告诉他我们的决定，他想了一会儿，又猛抽了几口烟，说："行吧！一百三十万就一百三十万！"

第二天，刚子就和雷爷带着他的会计开始跑房产局和公证处办理抵押登记手续，不到两天就全部办好了，雷爷顺利地从典当行拿走了一百三十万支票。

那个年代，小企业想从银行贷款是最难的，即使银行行长同意给你贷款，也最少需要一两个月的时间。典当行则不同，小件金银首饰，基本上在一个小时内就可以放款，汽车需要半天时间，房产手续齐全最快三天就能放款，所以，即使典当行利息有银行的五倍之多，还是有大量的客户需求。这雷爷三天不到就拿到了急用的钱，言语中不时对我们表示出感激之意。两天后，他在大华娱乐城宴请了我和刚子，谁知，酒过三巡，他却诉起衷肠来，"我那四个儿子没有一个争气的，每次都气得我肝儿疼，但是现在想起来啊，也不能都怪他们，我年轻的时候也是这个样子，混社会、打架斗殴、争地盘，隔三岔五就进了局子。后来跟一个大哥去了工地搬砖，管物料，最后熬到当了包工头，日子才过得像个人样。我干的工程质量比较好，一传十，十传百，就不断有人把我介绍给其他客户，工程越做越大，这些年在沈阳市内和郊区都没少盖楼，赚了不少钱，这座娱乐城和后面的整个小区都是我建的，我开这个娱乐城就为了公司内部接待用，也不怎么赚钱。以前，每天到我这里免费吃喝的有权有势的人多了去了，那会儿，真是热闹啊！现在呢，看我不行了，这帮人也就很少来了。"说完，他端起一大杯白酒一饮而尽，他自己喝着不算，还一个劲儿拉着我和刚子喝，我俩这点酒量早就被他灌醉了。

当时我并没有觉得雷爷有什么不好，觉得也就是个白手起家的性情中人，性格粗点，脾气大点而已，他看我和刚子大概就像看自己儿子一样。

直到有一天，我妈让我回家吃饭，说我爸有事问我。晚上7点，我匆匆赶回家，一进家门，就感觉气氛凝重。老爸在里屋没有出来迎我，我妈轻声对我说："儿子，你爸今天生气了，我劝也没用，就因为你办典当行的事儿。"

我站在里屋门口，往里张望，我爸背对着我坐着，我试探着问道："爸，你有什么事儿找我？"

"你眼里还有我这个爸？你为什么从银行辞职不和家长说？"父亲并不转身，怒气冲冲地质问我。我知道父亲一直对我在银行的工作很满意，所以当我从银行辞职的时候并不太敢对他说。

"爸，合作行的证券公司制度太死板了，不适合我的发展。我辞职办典当行也是有准备的，没有告诉你们，是怕你们担心，所以想干出点成绩再说。"我解释道。

"哼，你这是本事大了，翅膀硬了，父母的话根本不听了啊！"父亲的声音还是充满怒意,"今晚,先把这件事放放。我问你,你是不是把钱借给雷家友了?"

"是的,怎么了?"我惊愕地看着父亲,我爸怎么会问这事儿,"他拿房产给我做的抵押贷款。"

"怎么了?哼!你借给他多少钱?"

"一百五十万。"

"什么?这么大一笔钱?你这一百五十万是谁的钱?"老爸的声音大了起来。

"我开办典当行融资一千万,借给雷家友的也是这里面的钱。"

"咳咳……"老爸突然咳嗽起来,后背剧烈地抖动着,他拍着里屋的桌子怒吼起来:"你,你要把自己毁了啊!那老雷,就是个大流氓,滚刀肉,整个铁西公安分局都整不了他,你是真不知天高地厚啊,那老雷肯定不会还钱的,一百五十万,我们家就是砸锅卖铁也赔不起啊!你真是害死父母了!你这么不愿听父母的话,一意孤行,还和社会流氓混在一起,你牛啊!啊!我跟他斗了这么多年,没想到自己儿子跟他搅一起了,行!我这就和你断绝父子关系!你别再回来了!"

我被老爸这顿突如其来的咆哮惊得不知所措,眼泪刷地就下来了,我没想到老雷竟然是这个背景!一百五十万看来也要泡汤了,所有恐慌、懊恼、担忧、焦急的情绪一股脑儿地从我心里升起来。我妈也在那里哭起来,搂着我肩膀,对我说:"儿子,别急,我认识雷家友,他娱乐城的卫生执照还是我给办的,我去求他给你还钱。"

我脖子一拧,用手抹了下眼泪,情绪激动地冲着里屋叫道:"我不管雷家友是什么流氓,我一定会一分不少地把钱拿回来的!我绝不会连累你们!但我得跟您说,我没跟流氓搅在一起!等拿回钱来,我们再恢复父子关系吧!"说完,我一转身,拉开门就跑出了家,隐约听见我妈在后面叫我:"儿子,儿子,你别急啊,哎呀,老董,你怎么说这么无情的话……"

后来,母亲单独来找我,她对我说:"你走后,你爸就病倒了,他说不会原谅你这个臭小子,唉,你这个祸闯得太大了!你不知道,他和雷家友打了十几年的交道,深知这个老雷的手段,他是没想到自己儿子跟他搞到一起去了!"我安慰我妈说:"您放心,我没和他搞到一起,我一定会把钱要回来的!"

自那以后，就好像有一块大石头压在了我的胸口，我爸那抖动的背影常常浮现在我眼前，可是年轻气盛的我却愣是不去家里安慰老父，一心只想着怎么和雷家友斗智斗勇，把钱拿回来。

说起来，因为在创办典当行时，我才刚回沈阳半年，整个参加工作时间也不长，对沈阳当地这些所谓黑道白道的事情并不了解，我开始后悔应该早跟父亲说说我开典当行的事儿，最起码他一个老公安能提前提醒我一下，而现在只能见招拆招了。

我和刚子开始关注雷爷的一举一动，没事就假装过去看看他，跟他聊个有的没的，顺便流露点话语，提醒他典当的房产就快到期了。三个月的时间很快就到了，果然，不出老爸所料，雷爷要起了流氓本性，他回复我说：“小董，我现在困难啊，到处都是来要账的，这不还赶上了春节，这钱估计是还不上了。这样吧，过了年，我别的项目钱上来了，再还你们。”他口气很轻松，但很明显，他根本不会还钱，对付我们，就一个字"拖"！

我认真思考起来，如果起诉他，老爸那天那么着急地骂我，就是在告诉我，公检法拿他也没办法，他跟他斗了那么多年早就斗伤心了；如果把他这死当的六楼拿出去卖也不成，因为这六楼与下面的一至五层是连在一起的，要卖就得一起卖，谁敢单买一层空中楼阁呢？

我和刚子非常焦虑，每日苦思冥想，茶饭不香，终于，有一天，我一觉醒来，仿佛灵光乍现一般，突然有了办法，"对，就这么办！"我打起精神，出门去找刚子，准备商量着给这个沈阳老炮唱一出"苦肉计"！

14. 寻机要账

临近春节还有十天，我和刚子买了一箱五粮液，准备去给雷家友送礼。我拨通了雷家友的电话，"雷爷，您在娱乐城吗？我和刚子想去看望您！""哎哟，巧了，我正想找你，你们晚上来吧！我还有几个朋友也来，一起喝酒啊！"雷家友大声说着。

"好嘞，雷爷，晚上我带箱五粮液过去啊！"我连忙答应下来。

放下电话，我对刚子说，今晚可不是真去喝酒，一定要见机行事，咱们得打亲情牌，雷爷的四个亲儿子吃喝嫖赌俱全，没有一个好的，这是他最大的遗憾。所以，"苦肉计"第一步就是先跟他讲亲情，雷家友是瘦死的骆驼比马大，解铃还需系铃人，只有他主动想还钱，咱们才能达成愿望。

晚上，我和刚子早早地就到了娱乐城，雷家友正在一间最豪华的包房里宴请客人，他给我们介绍说，这是做房地产的黄老板。我定睛一看，这位黄老板大概五十岁，满脸横肉，穿着圆领黑色背心，手上带着劳力士金表，无名指上是一个五克拉的大钻戒，膀大腰圆的，一看就是个厉害角色。此刻，他正大大咧咧地坐在主位上，雷家友在他左手边，右手则是娱乐城的总经理湖南妹子于莉娜，她身边还坐着一个精干的年轻人，应该是黄老板的助手。雷家友招呼我们坐到他左侧，看我们坐定下来，便向黄老板介绍道，"黄老板，这两位年轻人是我最近非常看好的人，有文化，有胆量，年纪轻轻才二十多岁就开了典当行，比我儿子还小，可人家干的事儿可不小。也不怕黄老板笑话，几个月前，我就是在他们华山典当行用大华娱乐城的房产做抵押，才支付了黄老板你这个项目上的工程款，要不然，你我这个春节都过不下去啊！"

我和刚子一听，不对啊，这是让我们过来一起向甲方逼债呢，唉，别无他法，只得顺着雷家友的意思，向黄老板点了点头，证明他说的都是实情。

黄老板听罢，看向雷家友说："老雷，难为老兄了，可是我也难啊，去年我都差点破产了，银行说好的贷款说停就停，本来以为世界上最讲信用的地方就是银行，可我看最坑人的就是他们，说什么政策调整了，贷款说不放就不放了，我这等着回迁的好几千号老百姓要是闹起来，不得闹出人命来吗？还好，老雷，你那笔款算是帮我渡过了难关，小区也按时交付了，春节前老百姓都能乔迁新居，我也算死里逃生了。来，我先干为敬，感谢老雷和你们这两个小老弟啊！"说完，端起二两一杯的五粮液咕咚咕咚一饮而尽。

听黄老板这么说，我倒觉得这雷家友还算讲究，有点江湖大哥的风范。半年前，我也帮助过的沈阳商鼎地产、浏阳河地产和巴黎春天地产融资，都是因为国家信贷政策变化，我用以贷引存业务帮助他们渡过了难关，今晚这个黄老板遇到的是相同的情况。

一旁的于莉娜见状，一个劲儿地向黄老板劝酒，娇滴滴地叫着黄哥长、黄哥短的，不到半个小时，几个人就喝完了一瓶白酒。雷家友一看差不多了，借着酒劲对黄老板说："老黄啊，马上春节了，你无论如何得给我点儿吧？我们的垫款都快一千万了，这要账的是天天堵在门口啊！"

黄老板喝得满脸通红，摇晃着身子对雷家友说："老雷，我要有还能不给你吗？要不这样吧？那和平大街沿街的门市房都是我的，你选两套，是顶账还是拿它抵押，都行，明天就去办，怎么样？这可是我最大限度地帮助你了啊。"

我在一旁，却一点儿也没喝多，一直留心地听着他们的谈话。现在看来，这雷家友是确实没钱，他今晚找这黄老板来也是想要回钱来好过年关的。看起来，这苦肉计是刚开场就演不成了，必须得另想他法。突然，我脑中闪过了黄老板刚才说的话，他的意思是可以拿和平大街上的门市房抵账？这可是个好机会啊！那和平大街可是沈阳最重要的大街之一，和平广场、省委办公楼、市人大、中山公园、八一公园、马路湾、沈阳六院、省体育宫等著名单位和景点都在其沿线，和平北大街还是金融机构林立的地方，假如华山典当行能在这条街上有一席之地，那就太完美了。我心里想着这些，脸上却不动声色，此时，第二瓶五粮液也被他们四人干光了，几个人醉醺醺地聊起了沈阳的江湖风云。黄老板一把搂着雷家友的肩膀说："前年，我要对和平区南八条一带进行动迁，和平区黑道大哥李凡带了一百多流氓来工地闹事，想讹我钱，我一个电话打给你，你二话没说就带着十卡车的民工来了，他们都戴着安全帽，手拿镐把、铁锹、钢管，下车就列队，李凡那帮流氓一看，来了这么多不要命的人，立刻就吓得全跑了，我在现场还捡了几把长杆火药枪呢。那次，我是真见识了雷爷您的厉害了！你这兄弟真是仗义啊！"

"那还用说，"莉娜妖娆地走过来说道，"我们雷爷，平时虽然爱骂人，谁都怕他，但是，特别讲义气！"雷家友也喝多了，含含糊糊地应承着，搂着黄老板，你一杯我一杯的，第三瓶又喝完了。我和刚子一看这情形，悄悄退到一边，随即溜了出来。

我对刚子说："刚子，今晚黄老板说的拿房顶账的事情我看有戏，咱俩明天找雷家友商量一下，先去看看，如果房子好，我们就把雷爷欠典当行的一百三十万转到黄老板的房子上来，如何？"

"玉哲，我也是这个想法，现在直接让雷爷还钱完全没有可能，老黄还欠他一千万没给他呢。"刚子说。

"好，咱俩回吧，明天联系！"我挥挥手和刚子道别。

15. 顶房清债

第二天直到下午 3 点，雷家友的酒才醒，手机刚开机，我的电话就进去了。先问候了一下，就跟他提起了黄老板的门面房，我对他说，我们可以帮他卖房抵债。"那太好了，我就说嘛，还是你这脑子好使啊！"雷爷一听就来了精神，他马上联系黄老板，让他派人去典当行，然后带我们一起去看房。

我跟着黄老板的手下来到位于和平区和平南大街与南八马路的交叉路口，黄老板早已等在那里，他开发的房地产项目就在这里。这是一个由十栋住宅楼组成的小区，外面沿着和平大街和南八马路的街边是一排两层楼的门市房，目前可以看的只有四处。黄老板和雷爷陪着我们一处一处地看，雷爷一边还讲解着这里的构造如何，那里又是怎么设计的，每个地方他都如数家珍，因为整个小区就是他承建的。我看好了一处五百六十平方米的门市房，对雷家友说："雷爷，这个门市房我看不错，明天，我带公司专业的人再来看一次，中午我们典当行见面谈如何？"雷家友闻听不禁大喜，"行啊，那太好了，你要是喜欢，你们典当行有钱，就卖你们吧？"

"我一个人说了也不算，明天让公司人来看完我们再做决定吧。"我回应了他，就匆匆回去和大家商量了。

第二天上午，我们典当行全体出动，两辆车，八个人，一到和平南大街的门市房前，就开始楼上楼下地认真查看。这处房子临街面很长，门口可以并排停下五辆轿车，对面除了宽阔的街道，就是街心特有的绿化带，树木茂密，景色很美。起初，大家还以为这个房子是要来典当的，当听我说，是要买下来当新办公用地时，所有人都兴奋不已，因为毕竟之前的办公场所是张辉借给我们的，院子小不说，还地处偏远，朋友们都笑称是在城乡结合部。

中午时分，我们回到典当行，雷家友也来了，老远就看见他拖着臃肿的身躯走过来，拿着电话大声嚷嚷着，我估摸着今天已是小年，这电话应该全是来要账的，他这是年关难过啊！雷家友将和黄老板签订的抵账协议拿给我，我和刚子接过来仔细算了一下，这五百六十平方米门面房，抵账价格是每平

第六章　华山论剑（二）　237

方米五千元，总价二百八十万，价格还算合理。

看罢，我对雷家友说："雷爷，你之前欠了典当行一百五十万，加上这个月的利息七点五万，一共是一百五十七点五万，现在这房款二百八十万，我们买下来，扣掉你欠款，还应付你一百二十二点五万。你看这样行不？剩下房款中的这一百万，我们典当行给你两辆汽车顶账，剩下的给你二十二点五万现金，怎么样？"我一口气把话说完，重点强调的是，今天可以付二十二点五万的现金。因为我知道雷家友的小算计是出了名的，他小事装傻，大事从不糊涂，我这个方法，既帮他还了典当行的借款，又不用再还每月七点五万的利息，还能拿到现金，何乐而不为呢？

果然，雷家友沉吟片刻，问道："你们给我什么车啊？"我连忙招呼大军，"把白色林肯和黑色奥迪开过来，让雷爷过目。"刚子走上前对雷家友说："雷爷，你那台旧皇冠还是拿去顶账吧，今天就开林肯走，大过年的，也威风一下。奥迪您也可以拿去顶账，最少可以顶六十万，您还赚了十万呢！我们就是给您帮个忙，我们典当行根本也不缺房子。"

"好小子，你这是得了便宜还卖乖啊，"雷家友心有不甘地叫起来，"你们典当的车子一部最多三十万收的，现在两辆车就赚我四十万，还说我捡便宜了！"我笑笑，并不作声，我知道，雷家友这是想讨价还价，尽管这二十二万现金对他来说诱惑太大了，却还是在做最后的挣扎。

我借口抽口烟，走到了外面，这时，大军把两辆车从库里开了出来，雷家友上前去绕着车走了三圈，突然转身，对着旁边站着抽烟的我说，"好吧，小董，我同意你的方案了，马上拟协议，今天，我就带刚子去把典当行的购房手续全办好，你把现金准备好！"

"好的，雷爷，"我心中一喜，"跟您办事就是爽快，今后，还得请多关照我们晚辈了。"雷家友叹了口气，无奈地挥挥手，"罢了，罢了，也只能这样了！"

春节后，经过简单的装修，华山典当行乔迁新居，从此我们迈上了新的台阶。此后，一直到2003年，我在这里陆续开办了商贸公司、拍卖行、房产销售公司、广告公司，组建了沈阳当地小有名气的"海融集团"，这里成为我在沈阳商业奋斗的大本营。这座风水不错的房子，给我留下了太多值得回忆的商战往事。

这单业务我们从雷爷那里赚到了三十万元的利息收入，抵账的两辆车是死当车，我们的成本是五十万元，所以，我们相当于总价二百万元，单价三千五百七十元买下了一栋门市房。之后，为了把资金盘活，我又将这所房子评估到三百五十万元，从银行贷款两百万元，马上回笼到典当行的资金池继续生息运转。

　　至于我父亲那里，我先让大军买了些礼物，借着过年去看望我父母，在家里，不经意地说起我们典当行马上要搬新家的事儿。随后又大讲特讲我是如何与雷家友斗智斗勇的事儿，老爸一开始还不理睬，后来忍不住就开始追问细节，直到确认我追回了所有欠款，还换了新办公楼，这才长出了一口气。大军劝他说："大姑父，玉哲创业非常不容易啊，他带着我们这几个兄弟没日没夜地干，遇到坏人还得跟他们斗，我们经验少，吃亏上当是免不了的，也是吃了不少苦头的。好在，我们现在把所有事儿都解决了！"老爸听了嘴角微微翘起，露出了久违的笑容，他拍着大军的肩膀说："大军，你告诉玉哲，大年三十回家吃饭，我们一起包饺子啊。""哎，好嘞。"大军高兴地跳起来，拔腿就走，他迫不及待地要把这好消息告诉我。

　　雷家友则从那天和我签了协议后，就把座驾改成了白林肯，更显雷爷派头。一个月后，他带着满嘴酒气来到我们的新办公室，他腿脚更加不利索了，上楼很费劲，我们都不在，李辰接待了他。雷家友坐在前台对面的沙发上大骂，说一定要找我和刚子算账，说他吃了亏，两台车顶高了。李辰一边安抚他，一边发短信给我，说千万别回来，老雷在耍酒疯呢！以后，每隔三四个月，老雷就来大骂一次，酒醒了就矢口否认说自己绝不能说这样的话。

　　后来，老爸让我妈特意去了趟大华娱乐城找他，问问他和我典当娱乐城的事儿，雷家友对我妈说，"我和你儿子没账了，这小子头脑聪明，反应快，是个做生意的好材料，他可是占了我不少便宜，一点儿亏都没吃啊！不过，我是很羡慕您有这样一个好儿子啊，比我那几个小兔崽子强多了！放心吧，以后我不会再去找他了！"

　　我妈将雷家友的话转述给我，我心里总算松了一口气，这场有惊无险的典当风波总算是结束了，它差点让我们父子断绝了关系啊！

第七章

华山论剑(三)

16. 章铁军办业务

20世纪90年代初期，沈阳皇姑区有大片面积的老旧平房区，这里房屋非常陈旧，基础设施很差，每当雨季来临，整个街区都会"水漫金山"，令百姓们苦不堪言。到了冬季，没有暖气，百姓只能靠烧炉子取暖，屋子里常常会发生二氧化碳中毒事件；再要遇见下个大雪，厚厚的雪层更会将很多房子压塌，造成人员伤亡。政府因此而发起了皇姑区棚户区改造工程项目，这使得沈阳市涌现出一批胆子大、社会关系硬的人纷纷参与了这项工程建设。但是，因为动迁户多，关系复杂，各色各样的人为了各种利益都冒了出来，给施工与建设单位带来很多麻烦，所以，干这个项目的，没点儿黑白两道的手腕，根本不可能顺利完成。前面说的雷家友与黄老板，干的就是和平区范围的棚户区改造工程，当时拆迁户中有人找流氓闹事，黄老板就是叫来了雷家友的民工队，经过一番厮杀才解决了问题。

一般棚户区改造是在划定的整片拆迁范围内，按照取得的土地面积，增加容积率，把老百姓安置到一个集中的片区，俗称回迁户小区。这些小区工程质量、户型都很一般，没有任何绿化景观，花钱原则是能省即省。剩下好的位置，就会被开发成商品房，它们外观靓丽，户型多样，工程质量优质，实行封闭式物业管理，小区还会进行绿化和园林建设，然后卖给大单位或者早期富起来的个体户。章铁军，就是靠此起家的开发商，他创办了当年的亚明房地产公司，自任董事长，历经四年多的时间，进行亚明街道的棚户区改造工程，安置了一万多户居民。经他手改造的成片住宅楼改变了这个地区落后的面貌，章铁军因此也发了财，成为当地的著名企业家，人也因此飘了起来，开始盲目投资。

我和章铁军认识是因为1996年10月份的一笔典当业务，可是1997年12月底，他却跑路美国，留下了大把债务。其中，也包括我的这笔典当款，我们典当行不得已才在 1998 年春节起诉他，最后由他委托的继任者李红江接手办理，到 1998 年年底才结束了这笔业务。而这其中，则发生了很多至今都令人难以忘怀的故事。

那是 1996 年，华山典当行成立不久，我们就开始在主流媒体的报纸上打广告，招揽生意。

十月的一天，公司里来了一对中年男女，二人都是大高个儿，仪表堂堂，气派十足。男的头顶有些秃顶，大脑门锃亮，脸宽鼻阔，浓眉大眼，身着一套条纹西装，内里一件白衬衫，咖啡色领带，脚上穿着一双古铜色意大利皮鞋，手里拎个同色的公文包；他身旁的女子，看上去大约比他小七八岁的样子，一头褐色的披肩卷发，脸上带个大墨镜，衣衫华丽，手里拎个法国香奈儿的包。这两个人一进门就引起了我们的注意，这是何方大神光临了？

李辰连忙起身问道："先生、女士，请问你们想办什么业务？"

"报纸上打广告的华山典当行是这里吧？"男的声音洪亮，带着堂音。

"是的，先生。"李辰细声细气地回答他。

"嗯，我想咨询一下房产典当的事情。"男的又说道。

"好的，这边请，我带你去见负责房产业务的董总。"说完，李辰就带着他们往我这边走来。

我办公室的门是开着，外面来人的谈话早就传了进来。我起身迎接他们进来，二人落座，我将隔壁的刚子也叫了过来。

男的先自我介绍说："我是沈阳市亚明房地产公司的董事长章铁军，这位是我的太太蒋春红，也是我们房产公司的财务经理，我们这次来是想咨询一下，这个房产典当的业务怎么做？不瞒你说啊，我公司目前资金紧张，急用现金一百万，你们典当行能给我贷款吗？"

我看着这对气质不凡、衣着华丽的地产商伉俪，心生好奇，他们这样的人也缺资金？心里想着，嘴里却没停，我和刚子也都自我介绍了一下，然后简单介绍了房产典当的业务要求，主要是要有房产抵押。

章铁军听罢，立刻说道："董总，我们是盖房子的，房产有很多，我打算用没卖出去的商业用房做抵押。但是，你也知道，这类房产目前都是还没有办产权证的。"

"这确实是个问题，"我点了点头，但是在那时，我们典当行刚做了一笔沈阳枫林公司用购房发票做抵押的贷款业务，也是没有房产证，是让开发公司出个证明手续办理的。那时，这笔业务还没有出事，所以我心里并没有什么担心；而出于放款的迫切心理，我是愿意每笔都做一百万以上的业务的，既省事又能赚大钱。想到这些，我便继续对章铁军说道："我们可以先看看房子，房子没问题，如果是你们公司没有卖的，也可以考虑用购房发票办理。"

"那太好了，你们这是雪中送炭啊！真是太感谢了！"老章响亮的声音震得我脑袋里嗡嗡作响，"不过，我有个小要求，"他突然又压低了声音，"一会儿去我公司看房，如果有人问，你们就说是来买房子的，我们夫妻不想让外人知道我们到典当行来借钱，名声不好，董总，拜托了，千万记住。"

"这没问题，我们不会说的，现在就出发吧！"说完我站起身就往外走。"好好，你们跟着我们车。"说完，章铁军夫妇就紧随我们出了门。

站在院子里，我向他们瞥了一眼，只见他们上了一台灰色的尼桑帝王轿车，这种车在沈阳很少见，是尼桑系列里最顶级的品牌，当时的沈阳市面上能卖到八十万左右。他们让司机开着车，在前面带路，我和刚子、大军开着尼桑公爵王紧随其后。

我们很快就到了他的办公室，位于一处两层的办公小楼里，他让我们三人坐下，夫人蒋春红亲自给我们沏茶。我一眼看见大班台的背后是整个亚明地区的开发地图，上面星星点点的标记着已竣工和未竣工的楼宇。章铁军指着这张图上某些位置对我说："我开发的这片住宅，临街一至二层都是商业网点，面积不大，但非常抢手，我事先给关系户留了十几套，我打算就从这批房子里选出几间抵押给你们，等他们交了钱，我再赎回来。"

说完他又转向蒋春红说："蒋总，你带三位去看房子，看完后，这也临近中午了，我请三位兄弟在隔壁的天天渔港吃个午饭，您三位千万别推辞；另外我再叫一下我的拜把兄弟亚明派出所的张所长和街道的关明主任来作陪，正好一起聚聚，怎样？你们先去看房吧。"

"好！"蒋春红答应一声，就带着我们，叫来一个售楼处经理一起去看房。我们一共走了五处，都是一样的房型，每间一百二十平方米，都面朝亚明大街。房子质量很一般，目前售价是每平方米三千五百元。五处都看完了，我们鞋上弄的全是土，售楼经理一看，竟找来一只吹风机在售楼处门前对着我们几个人的鞋就使劲地吹。

17. 章铁军的手段

我们在自己的鞋子接受了吹风机的"高级待遇"后，走进了隔壁的天天渔港。在包房里，章铁军向张所长他们介绍我们三人说是在银行工作的朋友，正在帮助亚明公司办贷款；张所长和关主任都是四十多岁、年富力强的样子，说话简短有力，看得出来他们与章铁军的关系不一般，话里话外地替他歌功颂德。席间，只听关主任问章铁军："章大哥，你那个大佛计划进展到什么程度了？现在关心这个计划的领导老多了，都认为你要为沈阳放一颗卫星呢？"

我好奇地听着，心想，这是什么计划？大佛和卫星有什么关系。我看看章铁军，他听到这个话题，似乎十分烦恼，挠挠光溜溜的脑袋，说道："有些麻烦啊，我这个大佛的设计是一波三折，我们国家的民政部门管这事，但是没有人懂；大佛的式样国内没有人懂设计，只得请台湾人过来，台湾人到大陆又是台办的事，这统战部又要插手。我现在已经让台湾设计师设计了第一稿，高度九十九米，将来会是中国第一高的坐佛。我计划将它放在沈阳东部的棋盘山景区，可这又得要国家旅游局和国家宗教局的批复，沈阳的地方干部没一个能做主的，所以，我现在是处处碰壁啊！"

我听着他乱七八糟毫无逻辑的回答忍不住问道："章大哥，您说的大佛究竟是怎么回事？您不是房地产开发商吗？"

话音刚落，一旁的蒋春红抢话说："你不知道，我们家章董事长这个人，就是想法太多，他受了中国首富牟其中的影响，天天研究伟大的事业，这不，他竟然要在棋盘山建世界上最高的坐佛，这投资模型才出来，就已经花掉好多银子啦！"

章铁军瞪她一眼，"女人家知道啥，男人不做大事情有什么意思？那个牟其中就是个超人，我是由衷地佩服。我说夫人，当初，我要不是胆子大，人聪明，就亚明地区的棚户区改造这种烫手项目，哪个公司敢接手？我接了不说，没花钱，还给干成了！"章铁军说着话一脸掩饰不住的得意。

这时，派出所张所长也接上了话茬，"没错，大哥真是勇者无敌啊，刀山敢上，火海敢下，这亚明地区是沈阳市治安案件发生最多的地方，我之前这个派出所常年有空缺，没人愿意来干，干不出成绩还经常被流氓欺负。现在，大哥搞完开发，每名警察分一套房，还送派出所一栋办公大楼，两台警车，十台摩托车，我们亚明所现在的民警在皇姑区是最肥的岗位，我也因为大哥的豪气，才坐稳了现在的位置啊！"

我这才明白，看来这章铁军是个玩空手道的高手啊！不仅如此，还竟然要修大佛，是个干大事儿的！我心中不免生起了些许敬意，从那天起，他几乎就成了我眼中的牟其中第二。

他的空手道是这么玩的，在沈阳市推出二十片棚户区改造项目后，有关系的都抢最好的地段，都是拆迁户少，治安环境好，周边有好中小学的片区。而章铁军曾在政府部门干过，1992年三十五岁时下海，他接手的是根本没人要干的亚明片区，人口稠密、素质差、地段不好，尤其是地痞流氓很不好惹，这里一直是令地方官员特别头疼的地方。章铁军却将这些不利条件化为有利因素，他给政府打报告，表示要利用棚户区改造，一举解决当地的居住环境、治安环境和商业服务业环境，还要建立重点小学和外资学校，而他真正的目的是要政府给出所有免税和优惠政策。结果，没想到，区委领导居然在讨论后决定，如果章铁军真能把这件事干成，要什么条件都支持。于是，他要来了几乎所有的扶持政策，免土地出让金、免配套费、免营业税和所得税等，最后就只需要个盖房子的建筑成本，他却又打报告从政府借来了两百万的启动资金，房子就一点点盖起来了。

而对于当地的地痞流氓，他的办法更绝。他找到张所长，宣讲他的计划，如果亚明这事干成了，你的房子得到了，你的工作业绩全市出名了，升个区副局长没问题！张所长回答他，说我这里人手不足，没人愿意跟流氓们真打真干，不好调动。章铁军当即许诺，表现好的，他每人奖励一套房子，他让所长在全区招警察，说肯定很多人会为了房子调到亚明所，而为表示他的诚意，章铁军答应先送两辆金杯面包车给所里，张所一听立马干劲来了，回去就迅速张罗起来。紧接着，章铁军又找到亚明街道的关主任，如法炮制，允诺一番，让关主任把一切容易上访的、跳楼的、有上面关系的，当记者、当教师的这些人都密切注意起来，提前安抚，在分房子的时候略加照顾，不能惹出大事，叫停工程。经过一番运作，章铁军的房地产事业当年的所有成本竟然只有每平方米六百元，而开动迁大会时竟然没有一个捣乱的，每个警察都是精神抖擞，严阵以待，当地流氓也知趣，躲得远远的。章铁军则经过三年奋战，解决了一万户的回迁任务，这对广大棚户区百姓确实是做了一件大好事；他自己也赚了个盆满钵满，成了当地的风云人物，而张所长和关主任也在那顿午饭后的半年内都升职了⋯⋯

午饭后，我提议去看看大佛的模型，章铁军故作神秘地说："我可以带你们看看，这可是商业机密，从不对外的。"

我们来到章铁军办公室旁边一处紧锁的门前，章铁军掏出钥匙，亲自打开房门，我们跟着他进门，只见整个房间就是一个大沙盘，沙盘的正中间是一个坐姿大佛的石膏像，虽然只有三米高，但却难掩其雄浑之气。章铁军说，刚离开一周的台湾设计师，就是一直在这个房间进行创作的。我们都看傻了眼，这大佛如此气派，若是加到九十九米，那会是什么感觉呢？章铁军开始给我们算账说，这是一个伟大的项目，准备投资五亿元，门票加上香火钱大约十年就能收回投资，而这五亿元投资将由全国的佛教各级协会组织来筹集，并按筹资比例分成。我围绕着大佛转了一圈，心里默默打定主意，马上就放给章铁军一百万贷款，结交这样的神人值得！

第二天，刚子和蒋春红就办理了以五套商业网点房做抵押，典当一百万的业务，不过，这次我是以典当行购买的形式放款，相当于典当行以每平方米一千五百元的价格购买亚明房地产公司的网点用房。补充协议是，三个月后亚明房产公司可以接受典当行的退房，退房补偿为每月四万。这个业务只用了两天就办完了，但是，我和章铁军的故事却才刚刚开始。

18. 章铁军跑路

华山典当行与章铁军快速办理了一百万的放款业务，令章铁军夫妻俩感激万分，因为若换了是银行贷款，至少也得两个月的时间才能拿到钱，其中还需要办理各种审核手续。而典当行的方便就在这里，风险当然也同时存在。

我当时却并不觉得什么风险，只是认为自己结交了个"神人"，觉得章铁军有点像牟其中的做派，尤其是亚明地区的旧房改造项目，那绝对是一套完美的"空手道"，关键是利己还利人。而出于对章铁军的好印象，我还在他的要求下，首次下调了利率，并且还可以月息后付，这都是之前从没有过的做法。

很快，贷款三个月的期限就到了。一日，蒋春红跑来典当行，说公司资金周转出问题了，还需要续当两个月，这次先把十二万的利息交上。我见她诚心诚意的样子，利息也给了，便同意了合同可以延续两个月，我顺便问道："蒋总，章大哥近况如何？"蒋春红叹了口气，说："唉，他现在像着了魔似的，整天和那帮台湾人混在一起研究那个大佛，我从你这里拿的钱都拿给他们了，前前后后，这个项目我们已经出了八百多万了，可现在就只看见一个沙盘和石膏造型，他又不肯放弃，真是愁人！"

"章大哥已经花了这么多钱了？他不是说这项目让全国佛教协会集资来做吗？"我好奇地问道。

"那些协会来了一批又一批的人，来到这儿一看，我们好像比他们还有钱，一待就是十天半个月，吃喝住用全是我们的，完了拍拍屁股就走，我是一分钱也没看见啊。"

"那你可得劝劝大哥，别被人骗了？"我提醒道。

"董老弟，我劝了，他也不听，结果我们一起上班就天天吵，回家还吵，实在没法儿一起待了，我就和他在业务上分开。章铁军以前投资了一个私立高中，我现在就负责管理集团的学校。"

"好吧，蒋总，那您保重，替我们几个给大哥带好吧！"清官难断家务事，我也只能安慰她几句。

看着长发披肩的大美女蒋春红心事重重地走了，我不免心有感触，这章铁军修建最高坐佛的项目是前途渺茫，困难重重啊！而像牟其中这样的人，都是严重的理想主义者，兼严重的浪漫主义情怀，要么大成，要么大败，是没有中间性的。

又过了两个月，蒋春红再次打电话过来，说这段时间钱太紧张了，还得续当，问利息能否到下个月一并送来？我再次答应了。可是到了下个月，已经过期三个月了，章铁军还是一拖再拖。我只得不断打电话给章铁军和蒋春红，电话里，他们二人总是非常客气，但是说到利息，就是毫无结果，更不用说赎当了，这逼得刚子只好上门去催，好不容易他们才补交了两个月的利息，一共八万块。

时间总是过得飞快，转眼，章铁军的贷款期已经到了第八个月，利息又欠了三个月了，连本带利一百十六万，这是典当行开业以来从来没有过的事，我嗅到了某种危险的气息，决定不能再等了，必须主动出击。

我让大军开车带上我和刚子去找章铁军，想要当面跟他说道说道。谁知，到了开发公司，一看之下，我的心就凉了，这往日繁忙的办公室里竟然空荡荡的，没几个人。一打听，说放假了，章老板也一个多月没来了。我上到二楼，只见章铁军的办公室大门也上了锁，布满灰尘，像是很久没有开过的样子，我再到隔壁那个曾经放置大佛沙盘的屋子门前，透过门缝往里看，也是空空如也，大佛也不知去向。我心里一沉，一种不祥的感觉涌上心头。我拿起电话拨给章铁军，语音提示，已关机。无奈，再打给蒋春红，电话通了，她说，章铁军在家养病呢！我问了地址，决定晚上去家里找他。

当天晚上 8 点钟，我们三人开车找到了章铁军家，这是位于沈河区大南街的一处商品房小区，章铁军买下一栋楼的顶楼两户，然后打通，面积变成了三百平方米，很是宽敞。我和刚子上去，大军在车里等着，看到我们深夜拜访，章铁军打开门时，有些紧张，他看起来很是憔悴，比第一次见面时那种意气风发的样子完全判若两人，他穿着厚厚的睡衣，说话有气无力的样子，带着颤音。

我们坐在客厅的沙发上，四个人突然都沉默下来，不知如何开口，最后还是章铁军先说了起来，"你们到我家来，我知道是欠你们利息了。春红，是多少钱？"

蒋春红闻听，回答说："有四个月没付了，十六万！"

"哦，这时间过得真是飞快啊！"章铁军呐呐地说道，"和你们开始打交道还是去年十月份，现在都是今年夏天了！唉，实在抱歉啊，我这资金链断了，那个大佛项目也被迫停了，连地产公司都付不出工资了。"他神情黯然地低下头，半晌，又抬起头说，"不过，我最近正在处理几套房子，等有钱了，我马上把典当的房子都赎回去，两位兄弟，你们再等一个月吧，给大哥点时间？"

他眼里透着恳求，满脸期待地看着我。

我心下一软，又环顾四周，看着他家里豪华的装修、昂贵的电器，心里想着，嗨，这烂船还有三千钉呢，瘦死的骆驼比马大，那就再等一个月吧。

从章铁军家里出来，已经是晚上10点多了，我们三个人找了一个街头烧烤，烤串加啤酒，想放松一下心情，毕竟这章铁军是见到了，也答应了会拿钱赎回房子的。几杯酒下肚，哥几个不免聊起这一年多的典当行业务，想想，真是不易啊！

过了二十天，蒋春红突然打电话约我，语气十分着急，挂了电话，她就急匆匆地来到了典当行。一见面她就哭了起来，"该死的章铁军带个女人跑了，估计现在已经到美国了，他把我给甩了！""啊！"我惊愕地看着她，似乎看出了我的疑惑，她解释道，"我和章铁军没有登记，我们都是二婚。哎，难怪他对结婚登记的事儿一直推脱，原来，竟然在外面还有个女人，真是气死我了！"蒋春红一把鼻涕一把泪地哭诉着，"前天他拿到了卖学校的三百万，我就一直替你们要钱，我说，董总他们三个人才二十来岁，一直破例帮我们，我们不能没有良心啊！他这才勉强硬挤出二十万，喏，这是支票。"说着，她抹了抹眼泪，打开皮包拿出一张支票，上面已经写好了二十万元的数目，开票单位是东明国际学校。"董老弟，我非常认同你们几个人，你们这才叫干事业，这章铁军人前人后完全是两个人，我和他过日子也是怕了，对了，你赶紧存上这支票，目前账户头上肯定还有钱。"

我赶紧招呼小赵过来，告诉她赶快拿支票去存银行。我心里却是被蒋春红的一席话给弄蒙了，一转念，连忙问道："那我的本金不会出问题吧，大头都在这儿呢？"

"董老弟，这可不好说啊，这章铁军什么事情都办得出来，你赶快去抵押的房子那里看看，有没有重复抵押的情况，如果有，你赶紧想办法先办房证，章铁军这一跑，各方债主都会涌上来的，到那时，你的损失可就大了！我现在正在和新买家办学校的移交手续，办完了，我得去南方躲躲，沈阳我也待不了了。"说完，蒋总站起身抹着眼泪就走了。这大姐可真够意思！我看着她的背影不禁心生感慨，这章铁军跑了还给我们争取了二十万，她本可以一走了之的，却还顾及我们这段时间的相处之情，她才是个"爷们"啊！

可是，事情来不及让我多想了，我立即起身，一边召集刚子和大军迅速赶回公司，一边让李辰准备好与亚明公司的所有手续，一切妥当，我们四人便迅速赶往亚明地产公司。到了那里，我们依据合同上的房号一家家摸排，结果令我们十分震惊，典当的五处房产，一家已经是营业中的中行储蓄所，一家是个小烧烤店，一家是个足疗店，还有一家是工程队的占用房，据说是因为章铁军欠了材料费二十万，人家强占的，只有最后一处是空的，玻璃门紧闭。我让刚子以律师的名义问一下，是否都有手续？是否办了房证？结论是，他们和我们一样，都有或抵押或买卖手续，这明显是章铁军在把房产典当后，又要了把瞒天过海、一女多嫁的诈骗手段，这也算是他的"空手道"吧？我不禁又气又急，几个人恨得牙根紧咬，眼看着这一百万本金是要打水漂了！

19. 艰难取胜

我们气急败坏地回到亚明开发公司办公室，发现这里已经聚集了一些商户，其中就包括我们打听的那几家人，显然，他们也起了疑心，想到这里来问个究竟。可是整个开发公司就只有一个留守大爷在那里闲坐着，他说已经很久没有见到章董事长了，公司里凡是被叫个经理的也都不见踪影。

"是不是章老板跑路了，他还欠我的材料钱呢！"突然，人群中有人叫了起来，紧接着更多的人叫嚣起来，"是啊，他还欠我发票呢？""听他们员工说，都好几个月没开工资了。""我听说章老板被台湾人骗走了好几千万……"我们几个在一旁听得心惊肉跳，看样子，这章铁军是崩盘了，我们还是马上去章铁军家里看看吧，想到这里，我跟他俩使了个眼色，悄悄退出人群，出门就开车往沈河区赶。到了章铁军家，敲了半天，没有动静，我们只得又下楼去问门房，一打听，原来章铁军居然在一周之前就搬家了，现在房子是空的。显然，一切都是预谋好的，他们一家早就远走高飞了，只留下了我们这一堆债权人自己去争了。

我心中很是懊恼，我一个警察家庭出生的孩子，从三四岁起就在老爸工作的派出所进进出出，看过太多的犯人，也见过警察处理犯人那种正义凛然的样子，如今却在生意面前丧失了警惕，让道貌岸然的沈建华、吕老大、雷爷、故意死当的汽车贩子还有章铁军，这些骗子和混混们有机可乘，自己却让父母担心，让跟我创业的同事们也一起遭受损失！

我越想越不是滋味，转身就往回走，手里握紧了拳头，心想，我一定得想办法把损失找回来，让章铁军付出应有的代价！

回到公司，我让大家先回去，自己坐在办公室里苦思冥想，突然，我脑海里蹦出了一个人，那是早年在房产局实习时认识的坤哥，他为人向来热情，业务熟练，朋友很多，实习期间他很喜欢我，给我很多指点。对，我得找找他，看看有什么办法！

我立刻站起来，拨通了坤哥的电话，说想约他出来吃饭聊聊，"阿嚏！阿嚏！"电话那头，坤哥使劲地打着喷嚏，"哎哟，玉哲啊，我这正感冒呢，咱改天吧！"我一听就有些着急，"坤哥，唉，我直说了吧，老弟遇到大麻烦了，有个开发商在我这里典当房产，可是他'一女多嫁'，现在人跑路了，我现在即将面临一百万的损失啊！""什么？一百万，这么大金额？"坤哥沙哑的声音里充满惊诧。

"是的，一百万，我被皇姑区的章铁军给骗了，把抵押给我的房子又卖给了别人！"我的声音里有些苦涩。

"老弟，告诉我地方，我马上去找你！"坤哥哑着嗓子，语气坚决地说。

不一会儿，坤哥就到了我们约好的饭店包间，他紧紧裹着一件厚外套，面容憔悴，鼻子大概因为总擤鼻涕，弄得红红的。

我赶紧给他倒了杯热水，让他坐在沙发上，他认真听我将整个事件说完，想了片刻，分析说："我看，这章铁军跑路的消息很快就会在债权人中传开，现在也不知道他到底欠了多少钱，把房子卖了多少家，我们只有马上先办房产证，拿到房证就不怕了，到时候即使一时半会儿收不到房子，毕竟资产还是在的，我现在马上就找房产局的朋友帮忙。"说完，他将身上的外套搂得更紧一点，定了定神，拿起了电话："喂，云龙老弟，老哥这儿有些重要事情要和你商量啊，今晚，不管多晚，你都要过来一趟，越快越好啊！"

电话里传来答复声，"好的，大哥，我这儿再有半小时就结束了，完了我马上过去找你。"

大约半个小时后，云龙就到了，"咳咳，"坤哥捂着嘴咳了几声，说道，"云龙，这是玉哲，像我亲老弟一样的，四年前在市房产局吴拴禄那里实习过，这几位是刚子、张勇，都是玉哲的同学，他们三人一起都在华山典当行。他们这回遇到困难了，亚明房地产公司的章铁军把抵押给他的房子又偷偷地卖给别人了，现在人还跑路了，连本带利这哥几个得遭受一百多万的损失啊！我给他们出主意，赶紧给房证先办了，这不，找你来就这事儿。"

这云龙三十多岁，中等身材，体型微胖，他听完坤哥的话，脸色凝重起来，向我们微微凑近身子，低声说道："坤哥，玉哲，这事儿我还真知道，昨天我们科接待了一拨外地法院来的，要查封亚明开发公司的房产，金额还比较大，可我们目前正在上微机系统，没法儿让他们查，就让他们后天再来办理。这样的话，明天下午，那法院的人还会来调查亚明公司的剩余房产，应该是有人告他了。嗨，我没想到，你们也摊上这事儿了！得，既然坤哥说话了，我来想想办法，你们手续带来了吗？"

我连忙回头让张勇把手续拿给他，云龙接过去，打开档案袋，仔细看了看，抬头问道："房子现在是什么情况？"

"我们去调查过了，五套房子，四套被占用，都说自己有手续，还有一套是空的。"我回答他。

云龙点点头，"这亚明公司开发的棚户区问题非常多，一直就让人头疼，之前就已经有人反应过他们卖重房子的事，一开始，我们也疏忽大意，发错过证，但那时房源多，找了章铁军，问题就都解决了。但现在，这章铁军怕是捂不住盖子了，只要我们一上微机系统一查，这'一女多嫁'的事儿肯定曝光！"

我一听更着急了，一时间竟不知如何是好，一旁的坤哥努力打起精神，哑着嗓子接过话茬，"既然问题这么严重，章铁军也跑路了，云龙，你看看，最快多长时间能办好房证，咱们得赶在外地法院封房之前啊！"

云龙闻听，思索片刻，说："这样吧，张勇和刚子，你们一会儿就和我回房产局，我让办证的内勤也立刻赶到局里，今晚我们加班把所有手续准备好，明早9点我就去找主管局长签批，签完就领证！"

我一激动，腾地就站了起来，可还没等我说话，"咳咳……"旁边的坤哥咳了两声，也一下子站了起来，身上的外套滑了下去都没察觉，他拿起一杯啤酒，对着云龙说:"云龙，大恩不言谢啊，我代表这哥几个，敬你一杯!"我们也赶紧抓起桌上的酒杯，连连称谢。

当晚，严重感冒的坤哥先回家休息了，云龙带着我们一起去了房产局产权科，连夜填表、登记，准备好了所有材料，一直忙到午夜，才从房产局分开。

坐在车上，凉风吹来，我抬头看看夜空，心中五味杂陈，一个章铁军搅得一干人等人仰马翻，这究竟是谁的责任呢?

次日上午9点，张勇的电话就打进来了，他告诉我五本房证都拿到了，而且都已经登录进电脑系统，任何法院都不能查封我们的房子了，我一颗心才总算放下了一些。

但是，这事儿还没完，华山典当行虽然暂时解除了危机，但是，拿到了房证，却不一定能拿到房产，只能表示典当行的权益归属，而那些已经占了几处房子的人也是受害者，我不能跟他们争，因而，我们典当行的损失可能性依然存在。

于是，我想到了章铁军的住宅，马不停蹄地开始实施另一个计划。我决定向沈阳市公安局经侦支队报案，请求法律支持。与我接洽的支队两名干警，一位是年龄较大的罗警官，另一位是不到三十岁的杨警官，在他们的协助下，"沈阳华山典当行被骗案"开始进入立案审查。杨警官与我年龄相仿，很快我们就熟络起来，他说:"我从刑警调到经侦半年了，我查阅了支队里办过的一百个卷宗，发现被骗能要回来钱的案件只有两个，百分之二的成功率。董总，你可不要抱太大希望啊!"

我平静地说:"杨警官，不管成功概率有多低我都不会放弃，而且，我有信心，我就是属于那个百分之二的案例，我肯定会让章铁军受到惩罚。"

老罗警官见我信誓旦旦的样子，不由地乐了，"章铁军，听这名字就不好对付，能骗了那么多人，绝不是善类啊!"

"我父亲是个老公安，我最恨的就是骗子。这次章铁军骗了这么多人，我一定要讨个公道，希望两位警官大哥能够配合我!"

"呵，原来是公安家属，行，我们就配合你，让你成为那个百分之二!你说吧，怎么配合?"罗警官很是欣赏地说。

我说出了我的计划，"这章铁军跑路有一周了，他家的住宅已经搬空，兵贵神速，我想请你们明天就去查封章铁军的住宅！"

"查封需要办手续，"老罗听罢，回答说，"按规矩，昨天才立的案，明天就去查封，通常手续没那么快！"

"可是如果我们封晚了，这个诈骗案就白立了，您二位也无功而返了！"

罗警官略有所思地看着我期盼的眼神，沉默片刻，终于开口对杨警官说："宇明，那就辛苦你一下，明天上班你就去拿封条，我呢写个报告找领导批，咱们明天中午前就给它封上！""太好了！"我高兴地几乎跳起来，上前一把就握住了罗警官的手。

次日中午11点，我开车拉着两位警官，带着封条，来到章铁军家门口。典当行的另一伙人，大军、刚子和张勇则已经在章铁军家楼门口守候多时，他们还找来了开锁匠。章铁军在四层楼口安装了一个巨型厚铁门，开锁匠忙得满头大汗，费了半天劲，才将它打开。开锁匠说："这家人买的是最好的锁，这比平时开锁可是多费了一倍时间啊！"两位警官走进已是空空如也的房子，四处看着，嘴里不停地说着："太豪华了！太奢侈了！"

我们迅速将所有房门换上了新锁，每间屋子都贴上了封条，封条上写着"沈阳市公安局经济侦查支队"，并加盖了公章，这代表这套房产已被查封。大家忙活了一个小时，我终于彻底放心了，"走！"我大喊一声，"中午去潮州城好好庆祝一下！"一行人风风火火地离开了。

三个月后，法院判定我们属于被骗方，市公安局经侦支队把章铁军家的房产返还给了典当行，随后，我们出售了该房产，挽回了大部分损失。至于那已经到手的五处房产，虽然房产证已经拿到，但是，我还是决定留给其他被骗的人，只将唯一一处空房卖了三十万，算是弥补了损失。而章铁军的故事至此也就告一段落了。

20. 益华贷款

到1997年的3月时，华山典当行开业已有两年，在沈阳同行中也小有名气了。其原因是在当时沈阳的各家典当行中，能够一次性放款一百万以上的很少，我们就是这少数的几家之一，资金比较充足；再有，就是因为我们信誉好，乐于助人，所以口碑就很好，到后来我们很少再打广告，都是朋友们口口相传，或者合作过的客户再介绍客户来。

一天，一个过去合作过的朋友就介绍了一位叫蒋涛的人来到了典当行。

此人不到四十的样子，方脸膛，微胖，穿着当时最时髦的长西装，里面一件花衬衫，手上明晃晃的一块劳力士金表，像个暴发户。他一进来就引起了我的注意，因为他身上的气息就像我从小在父亲的警局看到的那些人那样，带着强烈的社会气，满身的烟味。

我做了自我介绍，问道："你好，您是益华房产的蒋总吧？您想办什么业务？"

蒋涛一昂脑袋，说："我们公司开发了一处楼盘，在沈河区南塔鞋城附近，工程马上竣工了，但是还差政府的配套费，钱不够了，想跟你们典当行借一百万应急，四个月就行。"

"你们有什么资产可以抵押？"我继续问道。

"我们只有盖好的三栋商品楼房，大部分都已经卖掉了，我想用一批还没卖的房子抵押给你，等到房屋竣工后，买房客户会补齐房款，我资金回笼，就把房子再赎回去。"

我叫来刚子和张勇，对他们说："这是老客户王天阳介绍的沈阳益华房产公司的蒋总，他想用开发的房产抵押贷款一百万，我们现在就去看看现房。"

说完，大家就分头出发了。很快，我们就到了一处建筑工地，见到三栋已经竣工的居民楼，建筑外观很有设计感。蒋涛带我们来到售楼处，让销售人员拿来售楼台账，告诉我们这些房子的单价和总价。我仔细看了看，对蒋涛说："你准备几套销售金额总计在两百万的房子，我们马上去看看，看完我们就回典当行商量能否办理，随后再通知你。"

"好！"蒋涛答应一声，就让工作人员找出几套房子，带我们去看。

这个小区在当地的位置稍微有些偏僻，没有临街网点，规模也偏小，总住户大概在一百户，房型只有一百二十平方米和一百五十平方米两种，售价在每平方米两千两百元至两千五百元之间，整个小区正在收尾，五一可以入住。目前，益华房产能够提供六套商品房，手续和前文说的章铁军当时典当的情况一样，有合同、发票、准住单，最多再写个保证书。而当时，章铁军的业务也还没出风险，我觉得这种用以买房名义给开发商贷款的形式非常便捷，因此，在同一时期办理的房产抵押业务皆如此。殊不知，当时的开发商都是背景深厚、信用很差的人，他们都是钻了当时房产法律手续不完备的空子，清楚我们这样的典当行账上趴着资金急于放款挣钱的心理。而这些隐藏的风险却给典当行的生存带来了巨大的危机，今天我回头再想，觉得自己那时每一次给出的百万放款的行径都如同在悬崖边上行走一般……

看完蒋涛的房子，我坚持同意放款给他，我的理由自认为很站得住脚，一是朋友介绍的，他说蒋涛原来也是房产局下属开发公司的经理，由于我对房产局的人和事都有着难以割舍的深厚感情，主观上就愿意和这样的人合作；二是，蒋涛的工地马上就要完工了，房子也盖得非常好，他应该不会舍得将房子以半价落到典当行手里，因此不可能不还款。

刚子和张勇却觉得蒋涛这个人很匪气，万一还不上贷款，再拖欠利息，不是很好要回来，不同意放款给他。

但是，他俩最后也没拧过我，我对刚子说："明天，你和张勇就去和益华办手续，尽快放款！"就这样，蒋涛如愿以偿地拿到了一百万。

时光飞逝，四个月很快就过去了，蒋涛的还款日期也到了，连本带息一百二十万元，可是，一切却如刚子他们预料的那样，蒋涛开始一拖再拖，既不赎当，也不付利息。刚子和张勇去了售楼处两次，却发现售楼处已经关门了，附近的人说，蒋涛被调回了总公司。

七月底的一天，张勇找到了益华房产总公司的办公地点，一眼就见蒋涛正与一群流里流气的人在打麻将，他头也不抬地对张勇说："明天你们来吧，我今天没空！"隔天，张勇又去了，他却不见踪影，刚子陪着张勇又接连去了几天，可是蒋涛要么不在，要么就是继续打麻将，还钱付息的事根本提都不提。

刚子和张勇气得没办法，我只好自己打电话过去，蒋涛也一改之前的态度，直截了当地说："小董，公司没钱给你们，等着吧！"

我耐着性子对他说："蒋总，要不，你给个期限，我可以给你展期。但是，你把利息得交上吧？我们这是小公司，不容易啊！"

"现在就是没钱，给不了利息，期限我也不好说！"说完不等我回答，就挂了电话。

我心中气极，别无他法，只得召集刚子、大军、张勇和新来的向东一起来商量对策,我们这是遇上了流氓开发商啊,耍赖不想还钱,怎么办?

"咱们明天就去收房子,看看老蒋的反应再说!"刚子建议道。

"我看老蒋是个社会人,我们去收房子,他很可能派流氓地痞来阻挠,我们都是普通老百姓,肯定会吃亏啊!"张勇一脸担心地说。

"我让四明大哥带一些兄弟们在附近隐蔽,如果老蒋带人来,我们就跟他们干!"大军说的四明大哥是他的好朋友,为人行侠仗义,颇有些江湖大哥的风范。

我将他们的意见综合了一下说:"明天先去项目看看情况,应该居民都入住了,咱们先把抵押的房子弄清楚,悄悄地换上新锁,然后贴上华山典当行的封条,看看老蒋什么反应。大军,你明天让四明带一些兄弟过来保护我们,但是,尽量不要发生冲突。"大家商量停当,便各自回去准备了。

次日中午,我们一共开了四辆车前往益华小区,刚子和大军一组,张勇和向东一组去找抵押的房源,我和四明的兄弟们在小区外面的马路边等候。大概过了二十分钟,两组人马全都怒气冲冲地回到我们车旁,原来,他们发现那些被抵押的房子都被占了,有的正在装修,有的已经入住,竟然没有一套是空的,蒋涛早就把抵押的房子全都卖掉了,但是却没有通知典当行。

我气得直跺脚,拿起电话就给蒋涛打了过去,对方一接却又马上挂断了,我又拿来四明的电话打过去,蒋涛接了,"老蒋,我是典当行的董经理,我在益华小区,我问你,你抵押给我们的房子怎么都住上人了?"

"是啊,都卖了啊!我们缺钱啊!"蒋涛油腔滑调地回答我。

"老蒋,既然房子都卖了,也该还我们钱了吧?拖这么久,不还钱,也不付利息,你这是公然的诈骗啊!我可以报案抓你的。"我气呼呼地说。

蒋涛一听,声音也大了起来,"小董,你们一个小小的典当行算啥,老子现在没钱还你,有钱也不给,也没有房子给你,你愿意去哪里告就告!想玩玩社会我也奉陪,一帮小兔崽子还翻了天!"说完又把电话挂了。大军和四明在一旁听见,气得撸起袖子就要去找老蒋,准备狠狠揍他一顿,我一把拉住他们,"冷静冷静,我们还是回公司商量商量!"

而在我打电话之时,张勇却在一旁和小区的看门大爷聊起天来,大爷告诉他,蒋涛自己也住在这个小区,就在2号楼402,我暗暗记下了这个信息,就和大家一起回到了公司。

这一回，典当行由于我的失误，又一次陷入了危机，这蒋涛是个茅坑里的石头又臭又硬，他关系硬，告他告不倒；社会上狐朋狗友又多，打架肯定也打不过。无奈之下，我只得打电话给典当行的法律顾问于律师，请他尽快到典当行商量对策。"玉哲，我看，咱们还是请房产局的坤哥来想想办法吧？"张勇的话提醒了我，是啊，这坤哥，年长我十五岁，我们认识有五年了，机敏智慧，社会朋友多，一般难事难不倒他。

坤哥接到电话，很快就到了。一见面，他看我满嘴的火疱，一脸的愁容，十分诧异，我就连珠炮似的向他述说了这段时间与益华房产公司的事。"是啊，一百万，可不是个小数目，这在一般老百姓心中就是笔巨款啊！这在一个开发公司中就能运作一个小地产项目了。"坤哥感慨地拍拍我肩膀，"玉哲，你别急啊，我给你分析分析。"他不慌不忙地就说开了，"这个老蒋肯定有公检法背景，否则也不敢说你愿意到哪里告状都行！还有，他是我们房产局出去的，我也听说过这人，听说他结拜了一位沈阳市大名鼎鼎的社会大哥，所以老牛了，谁都不放在眼里！""那怎么办？"听他这么一说，我心里更着急了。

"别急啊，咱起诉报案不行，玩社会也斗不过他，但是我可以找电视台的好兄弟田华帮忙啊！"坤哥有些得意地对我说。

"电视台？"我迷惑不解地看着他。"呵呵，这田华现在是市电视台《新闻视点》的主任，你瞧好吧，咱们今晚请他出来吃饭说说，你就明白了！"说完，坤哥就拨通了田华的电话。

晚上，田华如约而至。他是个细高个，文质彬彬的，一副谦谦学者的模样。饭桌上，坤哥向田华介绍了我的情况，接着对我说："玉哲啊，你别看田华像个书生的样子，可是骨子里头疾恶如仇，他发誓要用中央台的《焦点访谈》那样的节目形式为老百姓伸张正义，结果，他还干成了。所以，他主办的这个节目半年以来，是市电视台收视率最高的，老百姓都很喜欢啊！"田华听着坤哥的介绍，又看看我愁眉苦脸的样子，哈哈大笑，说："坤哥，我正要找这样的好素材找不到呢。我有经验，老蒋这种人最怕的就是老百姓，现在他把抵押给你的房子又卖给别人，拿了钱又不还，不讲信用啊！我们可以去采访购房者，告诉他们，这些房子早已经卖给典当行了，你们被骗了，现场直播，老百姓知道买房受了骗,肯定得闹起来,老蒋和他的后台老板肯定会就服软,到那时,他肯定会来找你们的!"

"田华,这可不是儿戏,能办到吗?"坤哥这话显然是替我问的。

"我创办这个视点节目半年多了,啥人都见过了,电视新闻这个武器比法院、公安、检察院、黑社会都快速而有效,有很多沉积多年都解决不了的问题,节目一播出,事情就解决了,我有把握!"田华眼神坚定地说。

听了他俩的对话,我突然觉得自己沉重的心情一下轻松了许多,眼前仿佛出现了曙光,我开始期待明天快点到来。

21. 新闻视点

第二天,按照田华的部署,我们开始安排人员蹲守在益华小区,目的是让我们找出小区每天人流量最大的时间段。

张勇在那里盯了两天,最后确认是每日的 17:30 到 18:00 的人最多,那正是居民们的下班时间。田华选定了周四的晚上采取行动,"周五前,那老蒋肯定会来找你,周六、周日两日是你们的协商时间,我的手机周四晚上会关机,如果你们协商成了,这事儿就拉倒,如果不成我下周二就将视频播出,这直接就能让益华房产公司倒闭,我估计老蒋和他上级不敢冒险!"田华继续将一应事宜向我交代了一番,我便开始紧锣密鼓地与田华进行着秘密准备,没承想,气坏了的大军却自己采取了行动。他知道了蒋涛的地址,就接连几天在半夜 12 点去了他家,在楼下的门外按下对讲门铃,蒋涛一接,大军就说:"典当行的钱不还,天天半夜就有人来敲门,你别想睡好觉!"深更半夜的,蒋涛身边也没保护的,家里还有老婆和孩子,他也有些害怕。但是令大军苦恼的是,去了三天了,蒋涛却还是没有还钱的动静,跑去一看,原来这老蒋加派了看门人员,半夜加锁一层大门,自己和家人进出还由保镖接送,也不自己开车了。我制止了大军的行动,告诉他这样不行,还会打草惊蛇,几天后我会请电视台的田华出马帮忙。大军半信半疑的,"我这样都搞不定他,记者能对付老蒋这种流氓?""嗯,少安勿躁!"我安慰他。

周四下午 4 点钟,行动开始了,田华开来两台贴着电视台蓝色标识的大吉普车，车身上"新闻视点"四个大字格外醒目。我们派了四部轿车在益华小区两百米外的路边与电视台车汇合，公司员工八个人全到了，加上四明带的八名兄弟，电视台的七个人，一共二十三人参加行动。田华召集所有人过来开会，部署行动，"还有半小时，17:15 咱们统一行动，两辆电视台的车会直接开到小区院子正中间，你们，第一组记者加摄像，就在车子旁边负责访问下班回来的住户，董总，你们的人就对大家说'这个小区很多房子都抵押给典当行了，你们的手续是假的'，让各个住户回家取手续，引起围观；你们，第二组记者加摄像，带典当行员工，去把典当的房子重复再卖的那几家住户走访一下，出示典当行的手续和封条，强调说，让里面的住户明天就搬走，住户不同意，就让他们拿出手续来跟典当行手续对比，看看谁的时间更早！这样，老蒋的诈骗证据就确凿了。我们采访时间一共四十分钟，18 点前结束。今晚，你们典当行的人要表现出马上要收房的强势状态。你们这里，几位负责安全的兄弟，派四个人在院子里，保护好第一组采访人员，防止开发公司的人来闹事，剩下的人守在小区门口，防止一切其他车辆堵住大门口的通道，做好咱们顺利撤离的准备，大家记住了，千万不能发生肢体冲突！好了，开工！"田华此时像个部兵打仗的将军，连说带比画的，令大家不觉热血沸腾。

所有人听完指令迅速回车准备，田华在路旁趁空给我点了支烟，自己也抽了一口，对我说，"玉哲老弟，坤哥对我有恩，又把你的事情当成了自己的事儿一样重视，他说你信实可靠，与人为善，却被人骗成这样，我也是看不过去啊！但是依我的经验，这个老蒋背后肯定有条大鱼呢，你得做好准备，既然正面开战了，既要坚持把钱要回来又得注意保护自己。"

"田哥，我绝不会退缩也会小心的，这对我们典当行是生死攸关的大事，你这样帮我，也不知怎么报答？"我十分感动地说，"但是我倒是担心会给你带来风险啊！"

"不用担心，我可以自我保护，老蒋这种人就得有人收拾！"田华手一挥，瘦瘦的身形竟然很有力量，"我也不需要你什么报答，都是我应该做的！上车吧，我们去小区督战，今晚一定是场大戏啊！"田华有些兴奋地往车里走去。

17:15 分，益华小区的居民们发现有两辆电视台的大吉普车停在了本就不大的小区正中间，电视台的采访队伍举着各种设备，兵分两路走进了人群中。

一时间，小区居民们骚动起来，楼上楼下都是看热闹的，而刚刚下班回家的人更是络绎不绝，他们也都好奇地聚拢过来，想看看到底发生了什么？人群围成了一圈，李辰和大军在中间举着房产各类手续的复印件对居民们说，"看见没？这个小区很多房子在卖给你们之前都在典当行做了抵押，你们买的房子将来是办不了产权证的，你们被骗了！"人群一片哗然，有个老人哭叫起来，"我这二十七万的房子，都是借了亲戚朋友的钱，如果房子没了，我还怎么活啊？"说着，当场就要晕倒。其他人一看这情形，纷纷回家取来房产手续，让记者拍下来，想证明自己的手续是真实的！突然，人群中有人高叫："益华的开发商老蒋不也住在这里吗？马上让他出来，我刚才还看见他媳妇带孩子回来了，走，上他家里问个究竟去！""对，找他去！"楼上许多阳台上都有人在狂喊"找蒋涛！""找蒋涛，今晚必须给我们交代！"田华一看，火候到了，必须马上撤，他拿出手机，招呼二组回来上车。

另一头，刚子和张勇带着记者挨家访问，每一家得知消息，老老小小就炸了锅，他们拿出的房产手续上，时间都比典当行的发票时间要晚，这证明了典当行是有优先产权的，这几家注定要被骗了，住户们一看更加红了眼，声称要把老蒋撕烂了……

晚上6点整，电视台的车子顺利离开了小区，我看见蒋涛带着一帮人远远地站着，并不敢进小区与我们对峙，我想，他应该不是怕我们，而是怕那些红了眼的住户要跟他拼命吧，他的电话肯定都被买房者打爆了。

当晚，我请田哥和他的记者与摄像团队吃饭，"哎呀，真是太过瘾了！""是啊，没想到伸张正义这么开心！"记者们与典当行的同事们仿佛像打了一场胜仗回来，言辞间显得十分激动，"今晚，那个干坏事的老蒋肯定睡不着觉了！"大军最开心，有些手舞足蹈。

坤哥下班也赶了过来，听我讲完行动过程，大呼痛快，举起酒杯就要感谢田华。田华也不客气，端起酒杯，一饮而尽，对我说道："今晚，就只喝这一杯，我们吃完就撤，我马上就要关机，一直到你这边有结果为止，我留个家里电话给你，有情况打这个电话！""好，明白了！"我记下了电话，正要招呼大家继续喝酒，电话却响了起来，我拿起手机一看，"是老蒋！"我叫了一声，"嘘！"田华示意大家别出声，让我接电话，"喂？是哪位？"

22. 神秘白厅长

"我是蒋涛,兄弟,对不起啊,都是我混蛋,"蒋涛的声音从电话那头传了过来,听上去十分懊恼,"你看,咱们能不能马上见一面,我有话跟你说。"

"我在和朋友喝酒,没时间,明天你带钱到公司来找我吧。"我慢悠悠地回答说。

"好,董总,明天一早我就过去,你看你怎么把电视台都找来了呢?可千万别让他们播呀,我求求你了!"老蒋哀求道。

"这电视台又不是我家开的,我哪儿叫得来,播不播我也管不着啊!"我不客气地说。

"唉,董总,明天见面我再跟你说,我也只是个打工的,益华房产也不是我的啊,一定先别播啊!"老蒋苦苦哀求。

"明天见面再说吧!"我快速地挂了电话,心中只觉得长长地出了口恶气。

田华看着我,笑了:"明天,你就知道这背后的大鱼是谁了!"说完他站起身,"得,我和兄弟们先撤了,等你的好消息啊!""好,明天联系!"我将他们送出了饭店。

第二天一大早,蒋涛不到8点就到了典当行。8点半,我也到了,一进门,就见他迎了上来,"董总,我已经等了你快一个小时了。"我并不理会他,自顾自走上楼,他垂头丧气地在后面跟着,进到办公室,他突然就要跪下,我手一拦,"老蒋,别这样,你可是背后有大名鼎鼎的社会大哥的人,黑白两道通吃,我可受不起这个,有什么话,说吧!"

他站起身,哭丧着脸说:"我还什么黑白通吃啊,昨晚,我一宿都没睡,小区买房者都来我家闹事,还有人直接就去找我老大,大半夜的,老大把我叫出去,臭骂我一顿,说这事干得缺德!我是有口难辨啊,他要给我拨款,我能一女二嫁吗?还有,之前你们那个大军经理,老去半夜敲我门,吓得我老婆都带孩子回娘家住了!董总,以往都是我做得不对,你大人不计小人过,跟电视台的说说,千万不能播出去啊!不然,我和老大全都完了!"

我看着他哭丧着的脸,心中的怒气却还未消,"老蒋,我们典当行的兄弟们对你怎么样你自己说!我们用最快速度帮你拿到钱,而你到期了不付款不说，电话也不接，到公司找你，你在那里打麻将也不理我们。我给你打电话，你就说本金利息都不想给，还口出狂言说愿意怎么报案随便，你真牛啊！你不是认识社会大哥吗？不是背后有人吗？我看看他们现在都在哪儿呢？"我一股脑儿地对着他就一阵儿数落，心中总算是痛快了些。

"董总，我是真糊涂啊，以为傍上个大哥就什么都不怕了，你看，这是我工作证，"说着，他从西服内衬口袋里拿出个黑皮工作证递给我。我接过去一看，这竟是辽宁省安全厅特派员的工作证，照片是老蒋的。"我过去能这么做，都是我这老板给我撑腰，"蒋涛对着工作证努努嘴，"可是现在我也明白了，这条路走不通，好事没我份，坏事全是我的，这样胆战心惊地过日子真没劲，这次你们华山典当行借款这件事我给你办好，我就离开益华开发，离开安全厅！"

我看着他像个泄了气的皮球，蔫了，倒也平了心气儿，问道："那利息怎么给？本金怎么还？"

"董总，明天上午10点，益华的老大白老板要亲自在商贸饭店见你，具体还款的事他会和你谈，你看行吗？"

我心里正想会会这个神秘的白老板呢，便一口答应了，"那好吧，明天我准时到！"蒋涛见我答应了，对我抱了抱拳，还对着我鞠了一躬，转身悻悻地走了。

星期六上午10点，我带着大军和刚子来到了商贸饭店，见老蒋正和一个近六十岁胖乎乎的秃顶老者在一个角落里坐着。那老者圆圆的脑袋，带着一副金丝边眼睛，胖得几乎看不见脖子。我们走过去，老蒋把我介绍给老者，然后又对我介绍说："这是白老板。"白老板一双肥厚的大手伸过来，主动和我握手，笑眯眯地说："董总，我们两个人可以单独说说话吗？"

我回答一句，"没问题！"就让刚子和大军去远处的座位上等我。蒋涛也主动避让到另一侧的座椅上，我和白老板单独面对面坐了下来，他招呼服务员过来点了一壶西湖龙井，我们就进入了话题。

白老板先说道："我先自我介绍一下吧，我是省安全厅的副厅长白国彰，沈阳益华房产是我厅投资的企业，平时都是蒋涛在前面管理，我听他说，拿了你们典当行的一百万借款，欠了好几个月的利息，结果惹出了很多不愉快的事，前天你们把电视台也给找来了，唉，这事情可就闹大了！我说，董总啊，你还年轻，人生路途还很长远，别为这点儿小事儿误了前程。不就是想要回典当行的钱吗，你说说，都什么条件？"

这白厅长也许是职业的关系，对人说话自有一种强势的威压感，我强压住内心的紧张，淡淡地说："哦，原来益华的老大是您这位安全厅的白厅长，失敬了！我们典当行做事很规矩也很愿意帮助人，但是老蒋做事太嚣张也太不讲理了，欠钱不说，还一房多卖，我们多次找他都没用，还说黑道白道都不怕，我们没办法只好请电视台做个客观报道，益华这已经涉嫌诈骗了，而且也害了老百姓，这《新闻视点》栏目就是为老百姓伸张正义的。""嗯！"白厅长喉咙里重重地发出一个声音，满眼怒意地看了另一侧的蒋涛一眼。"当然，我们典当行的目的还是要收回贷款，如果益华还不出钱，那就给抵押的那几套房子。"我尽力保持着平稳的语气继续说道。

"抵押给典当行的房子已经卖了，这确实是蒋涛做得不对，我可以还钱给你们，你说个数吧。"白厅长缓缓地说道。

"益华欠我们的本金是一百万，二十万利息，为这件事我们花销也不少，就算十万的补偿吧，一共一百三十万，我要求马上付清，电视台那边，我会要求他们不要播放。"

"好，董总，我同意你的方案，"白厅长点了点头，"你们确实为追这笔钱花费不少，得给你补偿。我现在给你开张三十万的支票，你可以随时存，同时再给你开一张一百万的支票，你十五天后存。你给我点时间筹集资金，目前，益华的资金确实比较紧张啊。"

我听他说完，喝了一口面前的龙井茶，脑子里飞快地思索着，随后，我放下茶杯，对他说道："白厅长，您是大领导，益华的后台老板，说话肯定一言九鼎，既然您这么说了，我同意，但是蒋涛这个人我不想再跟他打交道了，我想直接跟您联系，我可以等您半个月。"

白厅长闻听，胖乎乎的脸上露出了笑容，"呵呵，小董，今天见到你，我很钦佩你这么年轻就干这么大的事业啊！为人也很正直，今后会前途无量的。这样吧，我留个电话给你，你直接联系我，今后安全部门有事也可以找我，我非常愿意帮忙。"

说完，他向远处的老蒋打了个招呼，老蒋会意，走过来拿出支票夹，按照白厅长的指示，填好支票交给我。我拿了支票，便起身和白厅长握手告别。

　　与白厅长分手后，我立刻打电话给田华，告诉他这边发生的一切，他说："不出所料，台里领导也一直找我，他们知道我采访了益华房产公司，因为上面已经有人带过话去，让我们慎重播出。我的回话是群众买房受了骗，咱们电视台必须给个公正说法。现在，正僵持在这里，等你的谈判结果呢。现在行了，我估计这个白厅长会履约的，我可以开手机了！"

　　益华事件，至此终于有了个结果，却也让我们担心了很久，毕竟在20世纪90年代，每一家开发商背后都有层层深厚的关系网和利益往来，我开办的华山典当行给这样的开发商贷款，就像在鳄鱼出没的河道中行驶的小船，你就是一万分的小心，依然会遇到这些鳄鱼的突袭，一不留神就船翻人亡。

第八章

华山论剑（四）

23. 初识车毅

在我经营典当行的七年时间里，人来人往，林林总总，无论与他们交往的结局如何，无论是喜是悲，大多数人都只是个小小的过客，但是有一个人却始终令我印象深刻，他从华山典当行开业两个月开始就与我打交道，一直到 2002 年典当行转让，始终都有资产在典当行里。他典当的东西之多，给典当行带来的利息收入之大，是其他客户所无法比拟的。即便是 2000 年，他因债务危机爆发，远走美国，在典当行还有两套他父母的房产在做抵押，他去美国始终未归，他父母就常常到典当行来偿还利息。2003 年我去洛杉矶考察，我们终于见面了。此后，我每年都到洛杉矶去看他，他在那里非常落魄，尝试着去做各种工作，却依然入不敷出，总是向我和去美国的朋友借点小钱。2009 年 2 月份，他突然从拉斯维加斯打电话过来，告诉我一桩震惊美国和中国的华人旅游大巴在亚利桑那州翻车的事故，这次事故还上了当时中央电视台的新闻联播，造成七死七重伤的惨剧。他说这个司机就是和他合办的旅行社的合伙人，现在合伙人死了，这回彻底破产了，求我再帮他一次，而那竟是他最后一次联系我了。我认识他十几年，见证了他的人生从最巅峰之时一路走下来，最后滑入深渊的全过程。这也是 20 世纪 90 年代，中国那批先富起来的企业家们的一个群体缩影，他们没有可以带头的榜样可以学习，只能是摸着石头过河，常常就在大浪来时翻了船，而和他同时代的名噪一时的沈阳飞龙公司的姜伟、东宇集团的庄宇阳都是这样一个人生曲线。

这里，我想讲的故事主人翁就是他，20 世纪 90 年代沈阳义泰实业总公司的董事长，沈阳人称"石油大亨"的车毅。

1995 年 6 月，当我辞职干典当行的时候，我在沈阳合作银行的师傅崔敬已经调到了沈阳合作银行宾馆当总经理，同时，自己还开办了一家实业公司经营木材生意。在我创业初期之时，崔哥隔两三天就会过来帮我解决一些麻烦事，他是转业干部出身，沈阳市的战友比较多，税务、公检法、政府部门等都有他的战友，他介绍了很多人给我认识。崔敬的爱人在一家民企上班当会计，我经常在和他们两口子相聚的时候，听她讲工作的这家义泰实业总公司和老板车毅的传奇故事。当时，义泰的主业是石油生产与销售，行业内人称老板车毅是"石油大亨"或者"石油大王"，同时他还投资了一千万美金的游艇狩猎俱乐部等众多产业。车毅创业比较早，实力雄厚，敢想敢干，平易近人，崔嫂说有机会就向车毅引荐我。

1995年8月的一天，沈阳城最热的三伏天，我正坐在大班台前无聊地翻着报纸，崔敬的电话就进来了，语气有些急促，"玉哲啊，中午有事没？你嫂子刚刚来电话说，车毅中午约我们去他公司认识一下，在公司餐厅一起午餐。"

"真的，太好了！"我一骨碌站了起来，"崔哥，我有空。没空也去，谢谢嫂子给我创造了认识大企业家的机会！"

"那行，一会儿我带司机去接你，中午肯定得喝点酒。"

不一会儿，我就坐着崔敬的车来到了和平区北四马路31号，义泰实业总公司的办公地。这是一处独立带院子的二层办公楼，院子里最中间的位置上停着两部黑色的豪华美国车，一部是林肯城市；另一部是皮顶的凯迪拉克菲林特伍德，两台车都是黑色黑牌，车身五米以上，并排停在门前，在烈日的照耀下熠熠生辉，它在向来访者展示公司实力的同时，也说明了美国独资企业的背景。当时，沈阳市这种美式超豪华车不是很多，每部车购买的价格都在百万以上。院子里还停有其他奔驰、奥迪、丰田、本田等很多名车，相比之下，我和崔敬开的尼桑公爵王顿时显得寒酸起来。

我们一进门，崔嫂就迎了出来，她带我们来到二楼车毅的办公室外的小客厅坐下，外面天气十分炎热，这里的空调开得让人很是凉爽。崔嫂让我们等会儿，说车总房间有客人。等了十几分钟后，车毅送客人出来了，崔嫂见状，就上前跟他说我们来了，车毅十分客气地和我们一一握手，又看看手表说："哟，已经中午12点了，咱们直接去餐厅吧，边吃边聊。"

我们三人跟着车毅走下楼来到餐厅的一个专用单间，这里布置得并不豪华，显得质朴而干净，但是茶具、酒具和餐具都非常讲究。崔嫂说，这里是车总中午宴请客人的地方。

等大家都落了座，崔嫂先开了口："车总，这是我老公崔敬，在沈阳合作银行工作，这是他的徒弟董玉哲，小董原来也在沈阳合作银行，在人事处、证券公司都干过，非常有头脑，给合作行创造了不少利润，他二十四岁就从银行辞职了，现在开办了一家典当行，刚开业生意就非常好。我跟小董总提起您，说您啊，事业做得好，干的全是上亿元的大买卖，但是为人却很随和，小董刚刚自己开始干事业，很希望能认识您这样成功的企业家啊！"

车毅认真地听完，微微一笑，说："老崔和小董都是沈阳合作银行的？那太巧了，我公司隔壁就是圆路支行，行长德伟跟我关系很好，给我贷款有三年了。姜会计你管钱的知道，我们在和平区有很多液化气站，每天收的现金都存圆路支行了，早知道你们认识，我就把德伟行长请来了。"

"德伟原来是合作行人事处的干部，我和小董也在人事处干过，都非常熟悉。"崔敬接过话说道。

就这样，我们初次见面的陌生感因为提到合作行的德伟而被打破了，我仔细观察着车毅，见这人大约四十出头，面相温和，体态匀称，一看就是很注意保养的样子；他话不多，吃饭也慢条斯理的，时不时停下筷子，像是在凝神思考着什么。吃饭间隙，车毅三言两语就把自己企业介绍了一下，却对我的典当业务很感兴趣，他问我："董经理，你们典当行的资金来源是什么？目前的资金实力是多少？"

我说："我办这个典当行是跟天辰集团的张辉合作的，他给我提供的经营资金，我现在有一千万资金的放款能力。"

车毅点点头，"嗯，实力可以啊，在沈阳的典当行中算是名列前茅的。那你们主要做什么业务呢？"

"我重点做单笔典当金额大的业务，像是汽车、房地产、生产物资这类的。我也是刚开始干，经验太少，还要请车总多多指教。"

"不敢当啊，真是后生可畏。我想，今后我们打交道的机会很多，也会有业务做的。"车毅语气温和地说着，"但是有一点，姜会计、老崔和小董，我和你们典当行合作这件事你们三个必须保密，也不能告诉圆路支行的德伟，这传出去对我个人和公司的名誉会有不利影响。不瞒你们说，我在1994年9月投资的沈阳帕威尔国际游艇狩猎俱乐部有限公司，注册资本是一千零六十万美元,目前是沈阳市最大的外资项目,书记市长天天盯着,我们主业里像石油这些产业赚的利润和流动资金都砸到这里面了。这个项目已经开工,施工期很短,资金很紧张,所以,过几天我公司申请的银行贷款如果不能按期下来,我会找你做一些短期融资。"

我听了心里非常高兴,因为我正在为典当行找不到大宗业务而犯愁,没想到眼前就出现了一位实力这么雄厚的大客户,今后的合作前景一定非常好。我激动地表态说:"车总,您放心,典当行有责任为客户保密,绝不会从我这里泄漏半点信息的。我能够与您合作非常高兴,您有事随时找我,我会以最快的速度放款。"

就这样,我和当时大名鼎鼎的石油大亨车毅就认识了。后来,崔嫂陆陆续续地告诉了我车毅的发家史和义泰公司的实力,大体是这样的:20世纪80年代末期,依托沈阳于洪区造化乡英守村村集体的资金支持,车毅和父亲一起在村里办起了炼油厂,生产和销售汽油、柴油和沥青;1992年12月车毅成立了沈阳北方石化销售公司和辽宁省石油燃料销售公司,这时,他开始不仅仅销售自己工厂的产品,还代理了很多国有企业的石油产品;1993年1月4日沈阳市明珠炼油厂成立了,车毅当上了厂长,工厂也从集体企业落到了车毅家族的名下。至此,车毅全盘掌握了石油的生产、销售、代理、存储、加油站、液化气站等全链条的能源业务,到1994年时,义泰实业总公司实现了利润五千万元,在全国民营企业中名列前茅,车毅个人也因此达到了人生巅峰。可是,随着资本的不断增长,个人名气也越来越大,每天找车毅谈合作、要投资的人就络绎不绝,车毅开始了多元化投资,首先是投资一千万美元的游艇狩猎项目在沈阳辽中县启动,紧接着是投资了一个相当于五千万人民币的新西兰地产项目;此外,他还在沈阳中街投资两千万与他人合资建设一个四星级酒店,目前项目已经开始装修。可是,正是这些项目,瞬间就让车毅的钱袋子瘪了下去,过去发家的石油化工产业的利润远远不够投资的支出,车毅只得开始向各家银行寻求贷款,可是,每一笔费尽力气的贷款刚到账,就迅速被各个项目瓜分掉,大批临时招募的项目经理借着投资、买材料、搞政府关系的理由中饱私囊,并且贪得无厌,到1995年中期,车毅的资金就一直处在紧绷状态。

24. 凯迪拉克弗雷特伍德

认识车毅一周后的一天,他打电话给我,"董总,我想用一辆凯迪拉克轿车抵押借款五十万元,你能马上办理吗?"

"车总,是我第一次到您公司时,看到门口停着的那辆车吗?"我问他。

"正是那辆,我平时自己开'林肯城市',这台凯迪拉克伍德是刚刚从美国定制的顶配款,花了一百十万元人民币,主要是为接送客户用的,可是我现在急用现金,如果你们现在可以办理,我马上自己开过去。"车毅回答我。

"那您来吧,我去银行取五十万元现金。"我很干脆地回答他。

一个小时后,车毅自己开着那辆黑色的凯迪拉克停到了典当行的小院子里,车头刚一进来的刹那,整个小院就仿佛被强光照耀一样,显得光彩夺目起来。我见状,赶紧起身叫了大军、刚子和李辰一起迎了出去,传说中的石油大亨亲自来了,大家都很兴奋。

连路过的行人也忍不住停了下来走近车前,前前后后地看着,脸上都露出无比惊叹的神色。

车毅开来的这款车全名叫凯迪拉克弗雷特伍德,是 20 世纪 90 年代最令国人惊叹的一款车,那时,它所带来的眼球效应丝毫不低于现在的劳斯莱斯、宾利等超豪华轿车。自从去了车毅公司后,我就一直羡慕车毅拥有的这台美式豪车,还偷偷地找汽贸公司的专家做了一些功课,知道这款车被称为"皇帝座驾",是在那个年代,体现美国汽车文化和制造工艺处于巅峰状态的代表作品。车身长超五点七米,宽两米,轴距超三米,空间非常宽敞;V8 发动机的引擎动力很足,这也是凯迪拉克弗雷特伍德品牌成名的主要原因,但是油耗很大,城市油耗超每百公里二十五升,好在车毅是石油大亨,有的是汽油,他要的就是霸气和场面。

车毅让我坐上副驾驶,我招呼大军和刚子、李辰他们上了后座,车里极尽豪华感,座椅犹如大沙发一般。车毅非常自豪地向我们展示了这台车的各种内饰和功能,包括车载化妆镜、可调节的灯光、自动大灯延时、巡航定速、电动调节座椅、座椅加热等,说着说着,他突然沉默下来,随即叹口气说:"董总,你看这仪表盘,才跑了八千公里啊,要不是急用钱,我是真不舍得放你这里，你可得给我好好保管它，它就是我的心头肉啊！唉，走吧，我们去办理业务！"我舒服地享受着车里的一切，都有点不想下车了，自然也更加明白他的心情。

但是，让我没想到的是，自那以后，车毅就几乎每月都来我这里一两趟，每次都从我这里拿走借款，他把我的典当行简直当成了存车场和第二个小金库，他频繁地存车、取钱，最多的时候竟当了二十部车，成了华山典当行最大的汽车典当客户……

言回正传，李辰很快就写完了当票，车毅小心翼翼将它放到钱包里，便一连串地嘱咐大军，如何遥控开锁，开车的时候要注意什么，还让我们一定要给车盖上罩衣，不能让外人看见车牌。我连忙说道："车总，您放心吧，你看好公里数，将来提车的时候，连十公里也不会差的，我们不动它。"

"好，唉……"车毅的神情有些黯然，"哦，董总，还有各位小弟小妹，典当这事就拜托大家保密了！"说完拱拱手，提着一个装满五十万元现金的大兜子出门打车走了。

车毅首次典当车的五十万元借款，一个月的利息是二点五万元，一个月到期时，他却又开来了一辆新款奥迪A6，他一进门就说："董总，你看看这个车能借多少钱？"我连忙对一旁的大军说："你去评估一下吧。"大军拿起车毅的车钥匙到外面去试车，遛了一圈回来，车钥匙往桌上一扔，对我说："这车可以给到二十五万。"我刚要回复车毅，他却先开了口，"你看这样行不行，你按三十万抵押，扣掉两个月凯迪拉克那车的利息五万，然后，我拿走二十五万，怎么样？"我看着车毅十分焦急的样子，想着他毕竟是个超级企业家，应该不会死当的，便同意了，心中却又有些好奇，不由地问他道："车总，你两部豪车都是刚买的，还没开多久就典当了，不太可惜了吗？"

"唉，董总，一言难尽，我那个狩猎场几百号工人在干活，东北的施工季节到10月底就结束了，工程耽误不得，就得赶紧给工地上的工人发工资，我在你这里拿钱最快，也幸亏在我资金充裕的时候，集团买了这几十部轿车，现在才能典当应急，让经理们换开一些低档次的车没什么的，我自己也有车开。董总，麻烦你给我多准备些资金，我只相信你！"

"好，没问题，还是车总的实力强！你们集团有多少轿车？"我追问了一句。

"至少六十辆轿车，我所有下属公司的经理都是公司给配的车，最便宜的车都在二十万。"车毅略微扬起头，一脸骄傲的表情。典当行的员工们都听傻了，这车总还真是个大财主啊！

快到12月初的时候，沈阳下了一场初雪，冬天来临了，此时，车毅已经循环在我这里抵押了八部轿车，拿走了典当行两百万的资金，每个月的利息就得十万元。可是，每每到了还利息的时候，车毅就再开一台车来，先顶利息，然后，拿走多出来的钱。这期间，车毅几乎每月来典当行两次，他和典当行的人都非常熟悉了，开新当票，归还旧当票，熟门熟路。可是，直到他的狩猎场在冬季停工了，他没有了现金需求，他银行的贷款才终于批了下来，整整比他预计的晚了半年。这半年里，全靠我这里的典当资金帮他解了燃眉之急。而银行这五千万贷款用的是狩猎场的林地以及设施做的抵押，但是这个项目的投资回报显然是遥遥无期，后来，车毅在这个项目上的损失近一个亿。

有了钱，车毅带着两百万的支票来还了典当行的钱，他重新打量着放在车库里保管的凯迪拉克弗雷特伍德，似乎是在看一个久未谋面的老朋友，他笑着对我说："董总，今晚你带着典当行的所有人跟我去天天渔港吃饭，我得好好跟你们喝一下，感谢你们这些日子的帮助啊！"我也不客气，带着大军他们欣然前往。

然而，车毅却只过了几个月的好日子，到1996年6月的时候，资金又开始转不动了。这回，他如法炮制，典当了十部车，借走了两百万，那辆卡迪拉克车又回来了。这次车毅跟上回也不一样了，他对我说："董总，我们接触快一年了，你们几个小哥们给我留下了非常好的印象。去年，银行答应得好好的贷款，晚了半年才放，害得我捉襟见肘，资金十分紧张，幸亏有你们啊！"停了停，他又接着说，"这部凯迪拉克是我最心爱的车，1994年买来的，也没开多少公里，确实干放在那里也是浪费。我有个提议，董总，车子抵押给你了，我同意借给你自己开，或者找个司机开，我看你也是非常喜欢这台车的。另外，我这边有一些领导总是借我这车做婚礼用车，我也不能告诉他们车子在典当行，所以，每个星期天你派司机出一趟婚车，一般对方都会给个红包，这个红包就给司机了，行吗？"

车毅果然是个精明的商人，我也很是开心，我能开上凯迪拉克弗雷特伍德，是我原先怎么也不敢想的事！那时，我开的是一台凌志 L400 冰灰色轿车，这台车是我从广东九江镇买的，有一位朋友早就看好了，我正犹豫着是否要卖给他，现在，车毅允许让我开凯迪拉克伍德，正好帮我做了个决定，换车！从那天以后，我经常驾驶着大船般的凯迪拉克弗雷特伍德行走于大街小巷，有时还会带司机南去大连、丹东，北上长春、吉林，给我的朋友们带来了超级震撼的效果，也极大地长了自己的面子，我可以非常娴熟地掌握这辆车的驾驶技巧，体验到驾驶它与乘坐豪车的巨大乐趣。后来，在我新成立的海融商贸公司开始代理日本朝日啤酒和百事可乐的时候，司机就经常开着它去机场接送日本和美国客户，每一次，它都让前来的客商对我的实力和背景另眼相看。

其实伍德这款车到 1996 年就停产了，就像是迈克尔杰克逊的老歌，虽然已经淡出了很多人的记忆，但是，爱车如我，经典是永恒的，也正是这辆车激起了我对美国文化的强烈兴趣。2000 年 11 月，我终于踏上了美国的土地，圆了在美国本土的公路上一览凯迪拉克身影的梦。

25. 多元化投资失败

1996 年年底，车毅的资金再次枯竭了，他在我这里每月付出的利息已经在十万元以上了。有一天，他把我叫到他位于河畔花园一个独栋别墅的家里。说起河畔花园，老沈阳人基本都知道，这里是沈阳曾经的豪宅，小区汇聚了众多的艺术家、体育明星、全球知名跨国公司的驻沈代表和驻沈外国使馆人员等名流要人，当年赵本山、那英、王军霞都曾在这里住过。它始建于 1990 年，是华新国际开发商在沈阳开发的第一个高档住宅，也是当时公认的沈阳豪宅第一品牌。"开宝马、坐奔驰、住河畔花园"的广告深入沈阳人心。在 1996 年的时候，还只是开发了三分之一，仅有的十几个独栋别墅更显珍贵。我的好友张辉在这里有两套房子，其中一个当会所，一个自住。1995 年 5 月，我帮张辉赚钱买了一套，所以，我创业后常来这里与张辉商量事情。

车毅的独栋在园区中绝对是当时最稀缺，也是最贵的，购买价格在四百万元以上，他家离张辉的联排别墅很近，步行一百米就到了。我和刚子按照和车毅的约定晚上8点按响了门铃，保姆开了门，迎我们到了客厅里，说车毅正在楼上请中医师按摩，让我们稍等一会儿。半小时后，车毅穿着大睡袍缓缓下楼，他不好意思地说："抱歉，我最近腰病犯了，已经十多天没去公司了，在家做调理，所以，只能约你到家里来。"

"没什么，我们来很方便的，我经常到对面的联排别墅去，有一栋是天辰集团的会所，老板叫张辉，是我好朋友，沈阳大街小巷上的天辰超市就是他开的。我非常喜欢这里的居住环境，车总，您家这里，算是河畔花园的楼王了吧？"我羡慕地问道。"肯定是了，现在建好的十栋独栋，我家面积和总价都是排第一的，去年才装修好搬进来！"车毅不无自豪地回答我。

"车总，住河畔花园就是实力的象征，您是更胜一筹啊！"

"嗨，也就是九三、九四那几年，我们在石油产业上赚了不少钱，在沈阳的个体老板中没有超过我的，当年河畔花园一开盘，我就来挑了个最贵的，四百万现金一次性付款，震惊了售楼处，开发公司的总经理亲自给我办了手续，还邀请我和你嫂子去新加坡旅游。你嫂子带孩子去完回来，就非常羡慕新加坡人的生活，非要办移民，说看不惯沈阳的生活环境了。那时候的日子，真是风生水起啊，可是，这两年……难啊！"车毅说着，刚有些舒展的眉头又锁了起来，"唉，也怨我胃口太大，什么都想干，弄得缺人又缺钱，要是我一门心思只做石油生意，现在日子得多滋润啊！"他越说越是沮丧，我赶忙安慰他，"车总，车到山前必有路，一切都会好的！""是啊，后悔也没用，只能继续坚持了！今天我找你来，是想说，我欠你们典当行的利息钱我现在是拿不出现金来了，但是我东陵区有一个农村别墅，是我爸三年前盖的，离你们典当行不远，你明天去看看，如果你看好了，就做个价卖给你，把利息结清，然后再换回两部车，年底还得拿它们去顶账。"

"啊？车总，我刚刚创业，实力一般，也不需要别墅啊！"我有些为难。

"董总，你们小哥几个这两年典当行干得多好啊，肯定需要一个自己接待朋友的地方。我那个别墅六百平方米，全是精装修，我所有的家具都留给你们，你们什么事都不用操心。"车毅耐心地说服我。

"好吧……车总，"我拗不过他，只好说，"那我们哥几个先去看看吧。"

"那好，我马上安排！"车毅高兴地拿起电话，安排了一个人明天上午10

点到典当行来找我们，带我们一起过去看房子。

次日，我们来到离我们典当行车程半个小时的一个村庄。没想到，这里居然隐藏着一处封闭的四周都是高墙铁网的大院子。气派的电动铁门缓缓拉开，里面竟然别有洞天，花园里亭台楼阁，喷泉涌动，一池碧水在阳光下闪闪发光，周围花圃里的玫瑰与百合花丛围绕着整个花园，被修剪出整齐而美丽的图案。二层小洋楼典雅而气派，走进楼内，全套的实木家具，十分考究，一看就是个可以接待大人物的私密会所。这个别墅，除了地点是在一个土里土气的村庄之外，里面确实是车毅下了巨大的功夫和投资的。可是，我又想了想，目前典当行的资金已经被几个房产大户占用，都欠着利息，还有涉嫌诈骗的、有黑道的，弄得我也是焦头烂额，典当行账面资金也接近枯竭，如果拿下车毅的别墅，至少还要一百万左右现金，这样我们的业务就要停摆了。然而，车毅的困难也摆在面前，他还是需要人帮他一把。于是，我和车毅商量，这个别墅只能作价六十万，抵押给典当行，扣掉欠息，我们再给他退两台轿车，这样典当行拿到一栋抵押别墅置换了两台车和欠我们的利息，车毅也可以暂时渡过现金的难关。车毅同意了。

不久，这个东陵别墅因为一直空着，车毅就把钥匙交给我，让典当行随便使用，我就把这里变成了员工周末聚会和接待外地朋友吃住的地方。

我和车毅合作以来，我开上了豪华的凯迪拉克伍德，用上了高墙大院的别墅作会所，朋友们都对我刮目相看。

1996—1998年期间，是我干典当行最困难的两年时间，一千万元的典当资金几乎都被不良客户欺骗占用，我不得不常常拼尽全力去与这些人斗智斗勇，经常整夜在外面追债。只有车毅一直是最讲信誉的客户，他跟我合作的几年也是我最放心的客户，渐渐地，我们也成了朋友。

到了1999年，他债务崩盘之际，就将凯迪拉克伍德以四十万元的价格卖给我，他平时开的林肯车和他太太的本田跑车也拿来抵账，河畔花园的别墅也卖了，搬到了河畔花园里一处便宜的公寓。他对外的债务达到了惊人的两个亿，只是，那时候他还是很乐观，因为他坚信他在辽中县的狩猎场还有一万亩林地的产权，价值两亿。可惜，贷款到期，银行将狩猎场查封了，走上了拍卖程序，车毅一分钱也拿不回来。

他的石油帝国也因为中国石油产业合并重组为中石油、中石化两大国有企业，逼迫民营企业退出这个领域，原本赚钱的业务也变成了负资产。他庞大的万吨油库、四列油品运输的火车都闲置下来，明珠炼油厂也因为环保的整治，关了门。然而，他的噩梦还不仅于此，他在新西兰的五千万投资，成全了他派去的亲戚，那亲戚移民到了新西兰，摇身一变自己成了大老板，根本不承认钱是车毅投的，把车毅气得半死，五千万就这样打了水漂。另一个投资项目——亚泰大酒店的投资，也因为与合作方闹得不愉快，两千万回收无望。

这些项目，令车毅赔光了个人老本，还亏进去1亿多元的银行贷款，可谓四面楚歌。

当年，最先起诉车毅的银行就是我的原单位沈阳合作银行，后来改名叫盛京银行。车毅因为欠沈阳合作银行的资金过亿，是银行的第一大欠款户，银行就组织了一个由公安人员参与的追债小组进驻义泰实业总公司，明面上是说帮助车毅去要欠款，实则是怕车毅跑了，他去哪里出差，银行的人都跟着，车毅十分难堪却又无可奈何。

一个曾经无比辉煌的企业家就这样跌落神坛，沈阳合作银行的行动，也引起了各路债主的不安。车毅无奈，只得做好了跑路的准备。

2000年年初的一天，再无资产抵押的车毅拿着父母家的房子来典当，说要用六十万，我诚恳地对车毅说："车总，我们接触五年了，你的为人没的说，你现在的境况我听合作银行的朋友讲了，已经无力回天，我估计其他债主都在寻找你的任何值钱的资产，到时候你父母的房子肯定是保不住的，如果你相信我，这两套房子就先过户到我商贸公司的名下，利息我给个最优惠的，这样别人不会查封你了。"

我很清楚，此刻，显然是他的至暗时刻。我知道他父母这套房子最少能值一百万，如果其他债主到典当行来轮后查封，他父母亲就会流浪街头。

见我伸出了援手，跟他一起来的父母老泪纵横，他父亲说："早年我和车毅在英守村一起创办炼油厂，虽然艰苦，但是没有外债；后来我们代理各家地炼厂产品，一年能卖上亿元，每天都现金有收，日子过得很舒心。自从他被人忽悠当了什么企业家，什么委员的，又要配合政府大搞招商引资，麻烦就越来越多。你说建狩猎场，到新西兰投资，盖大酒店，没有一样是车毅熟悉的，结果，从车毅这里发了财成为百万富翁的不下几十人，可是债务却都扔给了车毅，这几年车毅的外债有两个多亿啊，这还让我们老人活不！"车毅的眼睛也红了，"爹，别说了，走到这步都是我自己决定的，欠两个多亿我现在也不怕了，想抓我判我都行，我认了！"我听着他们父子的话，不由得阵阵心酸，一个曾经站在塔尖的企业家，最终的结局就是这样的吗？

办完手续，车毅带着两位老者准备离去了，看着他们转过身的背影，我想起了初次遇见车毅的样子，那时，他还是那么神采飞扬，如今，他不过四十出头，却看上去竟然与他父亲年纪相仿……突然，我好像惊醒一般，大喊一声："车总，等一下，我让司机小张送你们回去吧，别打车了。"车毅回过头，紧紧握住我的手，眼睛红红的，似有话说，却一句话都没说出口，随即他转过身，最后一次坐上了已经不属于他的那辆凯迪拉克，飞驰而去。

这是我在国内见他的最后一面。之后的一周，义泰公司的债主们果然都逼上门去，却都没找到车毅。那时，车毅已经到了一个没有债主的新世界——洛杉矶，他在那里公开地向所有债主表达了歉意，说自己已经尽力了，对不起大家。

就在车毅跑路美国的那一年前后，沈阳发生了震惊国内的慕马大案，慕马案的重要涉案人员，除了沈阳市政府的一二把手（沈阳市原市委副书记、市长慕绥新，沈阳市原市委常委、常务副市长马向东），还牵扯出了包括财政局局长、国资局局长、法院院长、检察院检察长等一百多名领导干部，涉及党政、司法、经济管理等多个单位。涉及受贿等违法违纪行为的处以上官员达四百多人，收缴扣押赃款、非法所得两亿多人民币。该案在沈阳引起空前反响，也一度使沈阳的政治经济社会发展遭受重创。该案涉及领导干部之多，涉案金额之大，后果之严重，均为建国以来罕见。据说，沈阳慕马大案前后，沈阳的企业家出现了集体出逃的现象，大批人留在美国、加拿大不敢回来，我认识的车毅、张辉、庄宇阳都是这个时候走的。有人说，河畔花园一半以上的业主都移民了洛杉矶。

26. 洛杉矶相遇

车毅去美国洛杉矶开始了新生活，但是，他带去的钱很快就花光了。他只能让在国内的父母和大姨姐宣姐继续来典当行办理一些抵押业务，然后由宣姐换成美元再汇给他。

后来，车毅的父母筹集了六十万，背着车毅还给了典当行，但是房证上的产权人却没有变更。

他父母来的那天的情景，我至今记忆犹新。他父亲说："董总，你和车毅是好朋友，他们两口子现在在洛杉矶也是勉强度日，我和老伴的住宅他肯定没钱赎回去了，所以我借了点钱，今天就把欠你们的钱连本带利都还了，把房证拿回去。但是，我也不敢改名，等什么时候可以卖房子的时候麻烦你配合我一下！""好！"我答应下来，心中依然心酸不已，他们也让我想起了张辉独居的老母亲。张辉流亡美国后，就常嘱咐我替他去看望母亲，因此，我每个月都会去看望她，他年迈的母亲曾对我说："现在，我虽然住在河畔花园这样的好地方，但是周围没有一个熟悉的朋友，实在是感到非常孤独。我两个儿子都去了美国，虽然电话可以天天打，但怎么也不如在一起生活啊！他们倒也想让我去国外，但是，我都这一把老骨头了，还去那么远的地方干吗，我是死也得死在自己的家乡！"老人家的话语萦绕在我的耳边，眼前浮现出很多人的身影，车毅、张辉、庄宇阳、姜伟……这些企业家曾经都是意气风发的时代宠儿，如今却是这样的结局。古人说，父母在，不远行，他们却因为生意失败，不得不跑去异国他乡，不仅不能孝敬父母，还连累他们跟着遭殃。在我记忆中，他们都是认真干事儿的能人，没有花天酒地，也没有赌博吸毒，几乎是全副身心、没日没夜地工作，可最后，不是跑路就是锒铛入狱，这究竟是为什么呢……

"董总……"车父叫了我一声，把我的思绪拉了回来。我看向他，近年来，车毅父母脸上的皱纹越来越深了，他们手里紧攥着一个存折，正一脸希冀地看着我，我心下不忍，叫来了公司新来的接待员张丽娜，问道："车大叔应该还多少本利？"丽娜飞快地按着计算器，回答我说："董事长，本金六十万，利息三万六，一共六十三万六。"我转头对车毅父母说："车大叔，车毅对我帮助很大，我和你们相处也有两年了，我知道你们为了车毅已经倾其所有，今天这三万六千的利息我就给你们免了，我也不会告诉车毅的，你们拿六十万就行了。"

话音刚落，车毅父母立刻从座位上站了起来，眼里闪动着泪花，我的眼睛也湿润了，我们三人的手自然地握在了一起，车父说："车毅这辈子就认识了你一个好人，我们都这么惨了，你还帮助我们，没有落井下石，唉，我都不知道说什么好了。"车母忍不住老泪纵横，"我们上辈子造了什么孽，老天这么惩罚我们家！"我无言以对，只好默默地陪他们又坐了一会儿。

当天，我送别了车毅父母，之后也没有跟车毅讲这些事，在我心里，只希望他们一切都会好起来，不用再到典当行来典当物品了。

2003年4月，我终于要去洛杉矶见车毅了，同行的还有我的合作伙伴恒玉一家人，当我在出发前将这个消息打电话告诉车毅时，他高兴地快哭了，我可是第一个去美国看他的人啊！而此行除了看看车毅，我还要见见张辉和他的哥哥张军以及宁波的陈亮。这陈亮是我母亲老师的儿子，大我一岁，我们十岁以前每年都在沈阳见面，自1988年他们家搬到了宁波，就变成了我每年受母亲委托去看望他们一家人。陈亮大学毕业分配到宁波五矿贸易公司，2000年辞职到了美国。到了洛杉矶，我们先在酒店倒了两天时差后约好了张军，准备当晚到他家，来个沈阳人在洛杉矶的聚会。

晚上，车毅到酒店来接我们，他开来的是一部白色的佳美，这种车在美国是最便宜的代步车。他在车上看见我，盯住我看了几秒钟，有一种莫名的情绪在他眼中闪动。他迅速停下车，快步走向了我。走近身边，他满是感慨地使劲拍了一下我肩膀，随后，我们紧紧地拥抱在一起。三年多未见，如今再见却恍如昨日。

我将恒玉介绍给他，说这是我拍卖行和不良资产生意的合作伙伴，也介绍了曾经辉煌无比的车老板。三人上了车，我问道："老车，洛杉矶阳光明媚，无忧无虑，你过得不错吧？"老车苦笑着说："兄弟，可别挖苦我了，这里赚钱可是比登天还难啊，我快五十的人了，英语又不会，只能干点零活糊口，你和恒玉现在都是大老板了，可别瞧不起我啊！""怎么会啊！"我连忙回答他，心里却明白，车毅在这里根本没什么收入，生活支出大多是靠宣姐定期给他汇款的。

大家转换了话题，聊起了拉斯维加斯，气氛变得活跃起来，很快就到了张军家里。

张军在华人聚居区租了个小二楼，一楼分组给另一户吉林来的人，楼上则自己用，面积大约有一百平方米。听说我带来的都是沈阳哥们，张军就像过节一样高兴，他从下午就开始准备酒菜，屋子里也让她女朋友苗苗重新打扫了一遍。

晚上6点，陈亮也从公司赶了过来。张军准备了四瓶五粮液，还有两箱啤酒，我们围坐在饭桌前，苗苗在厨房里忙活。渐渐地，桌子上就摆满了东北家常菜，有在附近东北菜馆订的，也有张军亲自下厨炒的，桌边是五个沈阳出生的男子汉，满桌子的东北乡音。

我首先站起来说："在遥远的太平洋对面，就是我们共同的家乡辽宁，大海是相通的，洛杉矶和沈阳的感情也是相通的。我们在座的都出生在沈阳，喝的是大伙房水库的水，吃的是黑土地的粮食，也都在沈阳最难的90年代国企倒闭的下岗潮中奋力拼搏过。今天，不管我们混成什么样，可贵的是我们可以相聚在天使之城洛杉矶，我们都是一辈子的好朋友，为我们的友谊，干杯！""干！""干杯！"众人被我说得激动起来，一仰脖就喝了一大杯白酒。

张军作为请客的地主，也站起来说："我是沈阳机床厂下岗的工程师，国内无用武之地，我弟张辉让我来美国，说这里赚钱多，我就来了。可是我不会英语，只能在华人区找活干，东北人干装修公司和搬家公司的多，我现在也带了几个人干装修，挣钱是比国内多，但是，在洛杉矶花钱用的都是美元，也攒不下什么钱。但是，今天，看到玉哲和恒玉来了，我真是太高兴了，也很荣幸认识车毅和陈亮，在国外能认识几个老乡，不容易啊！我们干一杯。"

我对张军说的情况有些了解，在21世纪初期，人们争先恐后地到美国来，使得一张美国签证的黑市价格达到了二十万人民币。因为沈阳有美国领馆，服务东三省，沈阳周边的铁岭、抚顺、鞍山等城市就受益最多。那几年，先后来美国打工的辽宁人有几十万人，这些人对外都说自己是沈阳的，可是到了这里，因为语言，他们就只能在洛杉矶和纽约的华人区打工，有些人甚至一辈子都没出过China Town的一个街区。

紧接着，车毅也站了起来，他的表情有些凝重，"今天，是我来到美国最开心的日子，我最好的朋友玉哲来洛杉矶看我了，还有他的合作伙伴恒玉。张军和陈亮，我们今后在洛杉矶就多多往来。我知道玉哲要来洛杉矶，心情就一直处于兴奋当中，过去，他给了我很多帮助，我从他身上学习到了很多东西，如果我当年具备玉哲的智慧，不可能走到今天这个结局，千里迢迢跑到这里来，还拖累了父母，多亏玉哲帮我关照他们。我和爱人太瑶是2000年来的，我干了不少零活，也只能维持个温饱，玉哲没有看不起我，还来看我，今天，我要一醉方休，玉哲，我敬你！"说着他一口喝干了杯中的酒，有些颤抖地举着空酒杯向我示意，我连忙站起身，陪了一杯。

轮到陈亮了，他似乎也被其他人的情绪感染了，倒满一杯白酒，说道："该我敬酒了，今天，我是被玉哲邀请来的，我和玉哲从三岁就在一起玩了。2000年我从宁波五矿辞职来美国，以为可以做点大生意，结果是钱都花完了，也没有做成什么。现在我也学乖了，开始打工。我现在在一家4S店卖悍马车，成绩还不错。我敬大家一杯酒，欢迎玉哲和恒玉，希望我们在洛杉矶的朋友多多相聚！"大家自然也是一口喝干了杯中酒。

最后，恒玉也站了起来，他说："这次我带太太跟玉哲来美国，主要是想见识一下美国的风土人情，跟玉哲合作两年多了，我们企业的效益不错，借此机会也算休息了。在路上，玉哲把各位的情况都介绍了，都是了不起的人物，做生意总是有成有败的，只要坚持、不放弃，就能重新站起来。玉哲是个重情重义的人，他的朋友也是我的朋友，你们在国内有任何事情都可以找我，我会全力以赴的。""好样的！"大家听他说完，大叫着，又是一口干。

如此一圈下来，一瓶五粮液就喝完了，车毅和陈亮是开车来的，干脆说今晚不走了，要喝个痛痛快快的。这一下，第二瓶五粮液又打开了，我们继续开怀畅饮。

车毅可能很久没有这样喝酒了，频频举杯，他是心情压抑得太久了，见到我就像见了亲人。没一会儿他就喝多了，说话都带着哭腔，"我在国内曾经何等威风啊，他们都叫我'石油大亨'，可是到了美国就是一个失业者、失败者，连个地都扫不好！经常被老板骂！我这个腰病也总是要犯，唉，我是到美国找罪受啊！"他一边说着，一边直抹眼泪，我心里十分难受，只得安慰他说："老车，你一定能挺过去的。来，我们喝酒，今晚不醉不休！"

那一晚，我们将张军买来的酒全都喝了，所有人在他家里烂醉如泥。

第二天，看着车毅的困境，恒玉不忍地说："玉哲，我们不是要开车去盐湖城玩吗？你让老车给我们开车吧，我们走的时候给他五千美金算辛苦费，你看如何？"我当即就同意了，"好啊，这样我们可以名正言顺地给他一笔收入，顺便也带老车散散心。"

2003年4月20—24日，我和恒玉一家人，车毅和我另一个美国朋友悍东，租了一台面包车，开启了洛杉矶—拉斯维加斯—大峡谷—盐湖城的自驾之旅。一路上美国西部的奇异风光深深吸引了我们，在这样的广阔天地间，我们感觉那种时时被金钱所束缚的心灵得到了充分的释放。和车毅打交道的八年里，我们始终就是围绕着本金、利息纠缠不清，到底是谁欠谁的，终究也是说不清楚，说是朋友其实更像生意上的伙伴。而我们此次结伴美国西部的旷野之行，却亲如真正的兄弟，那时，我真希望世界再无债权与债务的枷锁存在，也希望看到国内的企业家能够打起精神，有一个更好的生活状态。

可是，旅程结束，我们每一个人又回到了现实中，金钱的魅影继续如影随形。2009年，车毅最后一次联系我向我借钱救急，但是因为他闯的祸太大了，我当时也陷入了危机，心有余而力不足。而自那以后，我和车毅就失去了联系。

27. 典当行大会

1999年的6月，华山典当行接到了中国社会科学院发来的一份会议邀请函，上面写着：兹定于1999年9.17—9.20，于大连东方酒店举办首届全国典当行大会，会议将邀请主管部门、专家学者、知名典当行代表发言，共同探讨行业发展大计。我认真看了看这份邀请函，里面有四家典当行代表将要做大会主题发言，分别是新中国第一家典当行——成都市华茂典当服务商行、上海资深的恒通典当行、北京历史悠久的阜昌典当行和海南省勇于创新的金元典当行。这几家典当行在全国都是首屈一指的大典当行，我相信参加大会一定能学到很多东西，当即决定报名参加。

转而，又一想，怎么就没有东北地区的典当行代表发言呢？这样好像缺少点什么。我想起自己从1995年6月份正式创业办典当行起，四年多来，经历了多少风风雨雨和惊涛骇浪啊！我在典当行付出的精力和心血是我在其他行业的十倍，也学到了一生都可以用的宝贵经验。我还想起在1996年年底，我创业最为困难的时候，我刚从欧洲回来，大脑一片茫然，我对典当行的经营已经心生恐惧时，写下的《1996年访问欧洲随想》中一篇文章：

> 做一个成功的企业家，你所知要走的是一条充满艰辛、痛苦，要经历数次生与死的较量和心灵情感折磨的道路。你所管理的企业也要面临各种人为因素造成的迎头痛击，而因为你管理水平的不足也使企业处于处处被动的局面。为了企业的发展，脚下已无回头路可走，大家都在注视着你，压迫着你，你只有放弃一切杂念，苦苦冥思，四处求学，磕头作揖去寻找企业的突破点和发展方向。
>
> 为了企业在未来的竞争中站稳脚跟，从现在开始，你应该全身心地投入到这场企业发展的战斗中去。这场战役你知道它的残酷性、危险性和代价性，可是，只能成功，方有明天，失败将被淘汰出局！
>
> 此时此刻，我心潮澎湃，西欧之行使我眼界大开，从表及里所知发达国家如何发达，自以为高大的我和我们是如何有天壤之别。学、学、学的思想在脑中激烈回荡着，抓紧时间，抓紧生命提高自己的思维层次、知识水平、语言能力，寻找一切机会，不惜一切代价去发掘对我们企业有用的东西。拼！拼！拼！顶住一切来自各方面的牛鬼蛇神，让它们见鬼去吧！
>
> 你还年轻，所经历的风雨才刚刚开始，要学牟其中先生那样几进监狱依然大义凛然地走向成功之路；要学曾宪梓先生那样胸怀天下，放眼未来。你心目中感到自豪的是你的朋友，而家人也都在为你年轻时取得的成绩骄傲，你在他们夸起你时你有多么自豪。可是此时，你知道别人在夸你时你是心虚的。
>
> 现在所处是腹背受敌，内外夹击之际，但你非常自信，非常自信

你会取得成功。

  在这夜深人静，你独自伏在案头，眼泪不自觉地流淌下来，虽然你知道男儿有泪不轻弹，但泪水已止不住。

1996 年 11 月 9 日深夜于彩塔家中

  我内心里感激思想和文字的力量，它激励着我，不屈不挠地去学习和奋斗。现在，华山典当行每月有五百万的放款额，一年有六千万的交易金额，占了沈阳类似业务的一半以上。我特别想跟全国的同行交流，把这些宝贵的经验传递出去，让同行们从我的分享中获益。这次大会，无疑是一次机会，我应该抓住它。想到这里，我拿出一张 A4 纸，开始总结四年来的经验和教训。

  第一部分：受骗或损失案例

  1. 右舵豪华凌志 400 跑车，手续假的，沈阳市限制右舵车上牌，损失十三万元。

  2. 白色林肯、铁灰色凌志 L400 手续是假的，车贩子直接从佛山九江镇卖车给我们，合计损失十五万元。

  3. 高价抵押两台无牌照俄罗斯进口的载重货车太拖拉，为了变现成立了储运公司，最后通过抵债房子才转手，损失两年的资金利息二十万元。

  4. 车毅的 1994 年新款凯迪拉克伍德车，因为 1996 年这款车停产，另一方面非常费油，配件又贵，迅速被市场抛弃，从一百万元降到四十万元卖不掉，1999 年只能通过易货处理。

  5. 还有一台加长凯迪拉克伍德，因为这类车太招风，拥有这种车的人被认为是黑道上的，逐渐被人抛弃，死当后非常难处理，1999 年抵债到了外地。

  6. 两部中国顶级的国产雷诺防弹运钞车，单价过百万，死当后每台六十万元，因为小众无人问津，最后也以抵债处理，损失二十万元。

  7. 程云发在满洲里海关倒卖俄罗斯进口车出事，我被牵连损失三十万，教训是，人情关系介绍也要手续齐全，不能明知他倒车违法，还借他资金。

  8. 汽车发电机抵押贷款，自己没有这方面经验，只是委托一个自称经验丰富的人评估，结果抵押的东西是温州那边的副厂次品，被骗子钻了空子，损失五万元。

9. 黎明公司与沈建华抵押房产业务，抵押的房产位于停业大厦的其中一层，不管多少钱都很难变现，完全受大厦的命运摆布；沈建华涉嫌诈骗银行贷款，沈阳市公安局侦办，我方储运公司遭到牵连调查，前后带来的麻烦事情持续一年多，本金虽然保住了，但是，教训极为深刻。

10. 沈阳一线黑道大哥吕燕峰抵押房产发票业务，本身发票抵押风险巨大，为了急于做业务，冒险贷款，还有对客户完全一次见面就做业务，没有背景调查，最后被迫向黑道公司索要典当款，忍受了巨大的心理压力，想尽了各种办法，结局虽然是好的，但是，相当危险，教训深刻。

11. 沈阳老炮雷家友用娱乐城顶楼抵押业务，这个业务犯的错误和黎明公司的类似，抵押的房产看上去价值足够大，但是，变现困难，这栋大楼的主人老雷又是天不怕地不怕的老炮，没人敢买这个资产，资金非常容易死在那里。最后，用了苦肉计，讨好雷爷，通过房产置换解决了问题，一路操作惊心动魄，教训深刻。

12. 沈阳亚明地产公司章铁军抵押房产业务，发票抵押，管理不及时，等到发现一女多嫁时，很多房产都装修经营了，清退困难，老章跑路美国，为了索回抵押房产迅速办理房证，这边向公安局报案查扣老章住宅，一路担惊受怕，同样教训深刻。

13. 益华开发公司发票抵押，一女二嫁业务，关系介绍，疏于对公司背景的调查，结果与安全部门开设的公司发生了纠葛，对方黑白两道都不怕，最后通过电视台一个好大哥才想出办法制服对手，耗尽心血，历经坎坷，教训深刻。

14. 沈阳迅达公司重油抵押业务，合作看管库区，抵押一百万元重油，对方买通我方看库人员，一夜之间库存只剩下二十万元，造成巨大风险损失。此后，对方亮出沈阳市刑警支队的后台，我们只能放弃几个月的利息收入，通过一些关系才把本金拿回，不熟悉的业务不能碰，有公检法背景的公司不能打交道，还是教训深刻。

15. 还有一些小的三十万以下的典当业务同样后期处理起来费人费力费钱，一算账都是赔本的业务。如新城子区的养鸡大户老罗当厂房、东陵区朝鲜族老金当门市、沈阳的常永莉当裘皮、沈阳的白雪峰当吉祥号车牌、赌徒姚广胜当金表、本溪王利亚当钢材提货单……

我越写越多，这四年的心酸路跃然纸上，一幕幕的追款场景也历历在目，典当行接触的各色人等，音容笑貌就像万花筒一般浮现在我眼前，因为有了典当行的生意，我们展开了钱物的争夺，手段的争夺，背景的争夺，人性的争夺，最后是心力的较量。

创业初期，我损失了很多钱，交了昂贵的学费；中期，我逐渐战胜了对手，拿回了我的本金和利息；最后，第三年以后，我将死当的东西通过易货与抵债的方式让它成倍增值，我终于掌握了典当行的玩法。还是父亲说过的那句话，狭路相逢勇者胜，勇者相逢智者胜。

看着满满的几页纸，我自信满满地拿起了桌子上的电话，给会务组的张部长打了过去。

"你好，社科院典当行大会会务组吗？我是沈阳华山典当行的董事长董玉哲，我想找张部长了解一些情况。"

"我就是张部长，你有什么事情，请说。"

"张部长好，我接到开会的邀请函了，我单位决定报名参加，不过，我看首届全国典当行大会在大连召开，怎么没有东北地区的典当行发言呢？"

"董总你好，我们在全国各地走访过程中还没有看到东北地区有突出业绩的典当行，东北地区在全国行业中属于落后地区，所以就没有安排大会发言。"

"张部长，我过去干过银行、证券业务，1995年开始从事典当行，我有一些经验教训想在大会上分享，不知能否安排一下。"

"董总，你才干四年，在行业中还是太年轻了，资历也不够啊！你看，这次发言的海南金元典当行王远征总经理，那是博士出身，1992年从事典当业；那个北京的阜昌典当从清朝康熙年间就有了，他们对古董典当经验丰富；那个上海的恒通典当行在上海豫园地区，一天百笔小贷业务啊！我们这次发言的嘉宾都是这个标准，非常严格。"

"张部长，一会儿，我将我的发言提纲给你传真过去，你和领导看一下，我想汇报的题目是《典当行业的教训与死当品处理》，另外，我还可以赞助一万元给大会，怎么样？"

"董总，我们这次大会经费都已经落实好了，感谢你的支持，我们开会通知已经发出去了，大会排期非常满，很难挤出时间给你，不过，你的发言稿我们可以在大会上发放，请你给予理解。"

"我还是先传一下我的发言稿给你，你看看，我也坚持我的意见，我觉得我自己的亲身经历一定能给同行们带来更多的启迪。"

"那好吧，董总这么坚持，我会和大会主席社科院王所长再沟通一次你的提议的。"挂了电话，我就将刚写好的内容，传真了过去，就等回复了。

28. 震撼发言

过了三天，张部长打来电话，说让我和大会主席王所长通个话，我内心很是激动，这证明，我的发言稿已经引起了领导的重视。

"董总，我现在将电话给中国社科院金融研究所的王所长，他是本次全国首届典当行大会的主席。"

"好的，张部长，我非常感谢有机会和王主席通话！"我兴奋地说道。

"小董同志，我是社科院王所长，"电话那头传来了一个沉稳的声音，"我看了你的发言稿很受触动，我们社科院金融所去年在全国调研了五十家典当行，却还没有发现你这样经营典当行的，说明我们的工作还有遗漏，在典当行的业务中，死当品的处理是行业普遍的弱项，尤其近年来出现的房产、汽车抵押过程中被骗的法律纠纷非常多。也非常棘手，一些典当行因为一笔业务的损失就遭遇倒闭的也很多，你的经营过程中没有回避损失，没有退缩，想了各种非常规的办法处理死当品，一次次挽回了资金损失，我看了非常感动，所以，我想和你核实一下，这些业务案例都是你亲自参与的吗？"

"王所长，感谢您的认同，我保证每一笔业务在汇报中没有一点虚假，每一笔业务都是我亲身经历，每一个死当品的抵债、易货都有据可查，都有证明人。"我很开心，看来这个王所长是个行家。

"太好了，我答应你，给你安排大会的主题发言，也希望你做好充足准备，让所有与会同行都有触动，我们大连见吧！""好的，大连见，我肯定认真准备！"

就这样，主委会同意了我的请求，全国各地同行业的人将汇聚美丽的大连,而我将在那里作主题发言。我遵守我的承诺,作为一个辽宁人,一尽地主之谊,赞助一万元。通完电话,我立即安排会计付款,沈阳华山典当行成为了名正言顺的大会赞助单位。

20世纪90年代末的大连,就是北方的香港,被称为"北方明珠"。那里环境绝佳,冬无严寒,夏无酷暑,市容干净、洋气,城市建设比青岛、厦门、珠海还要早十年,是全国人民心中的最佳旅游城市。因此,首届全国典当行大会选在大连,更是吸引了全国一百五十家典当行的董事长与总经理们,可谓盛况空前。

会议第一天是社科院专家、人民银行主管部门领导、地方政府领导和知名典当行的经验介绍;第二天是乘坐大巴车考察大连两家典当行和星海广场观光;第三天上午分组交流,下午是大会闭幕发言和两个活动仪式。我是候补发言,给我安排在了最后一天下午的14:00—15:00,最后是社科院全国典当行业白皮书发布仪式和成立全国典当行业董事长联谊会,所以,最后一天下午参会的代表更多,大家也通过两天的相处,都熟悉起来了。

下午两点前,代表们都陆续进场完毕,主持人张部长宣布,由我做此次大会的最后一个演讲,题目是《典当行的风险经营及对策》。

代表们一看,这上场的怎么是一个长相年轻、身材单薄的后辈小子,显然是因为赞助单位才来做压轴发言的,不免很不以为然,都窃窃私语起来。

我在台上感到了台下的不安情绪,一眼扫过去,却见到了前排大会主席王所长坦然自若的表情,他冲我点点头,送来信任与鼓励的目光。

我立刻定了定神,挺了挺腰,简单开了个头,就充满自信地说起来。第一个案例就是关于右舵凌志跑车,我自顾自说着,完全无视底下的反应,接近这段故事的尾声时,我扫视了一眼台下,整个会场竟然鸦雀无声,所有人都认真地注视着台上,神情似乎陷入了思考。我有些得意,心想,终于引起你们重视了。接着,我又开始讲自己到九江镇调查走私车市场、深入虎穴的故事,从那以后我开始顺利地开展汽车典当业务,上当受骗的情况很少再发生,华山典当行的汽车典当业务也成为沈阳市最大的一家,那时,平均在库车辆三十部,上到劳斯莱斯、奔驰600、加长凯迪拉克、各种跑车,还有工程车、泵车等都在其中。讲到这里,台下就有人开始带头鼓掌,最后全场发出了雷鸣般的掌声。我停顿了一下，点头示意感谢，继续滔滔不绝地讲述如何对付黑道大哥吕燕峰、老炮雷家友、假日本人沈建华、空想家章铁军和安全厅企业益华地产的故事。台下的同行们，跟随着惊心动魄的故事情节听得津津有味，每当我有勇有谋地战胜这些"牛鬼蛇神"的时候，台下就鼓掌为我喝彩，最后，掌声一浪高过一浪，很多人居然开始擦拭眼泪。显然，作为同行，他们也经历了太多与我相同的委屈和无奈，感同身受之下不禁为我的胜利叫好，也想起了自己的心酸。

我知道，台下的这些同行们在20世纪90年代法制不健全的环境中做典当业务，都有着无尽的愤怒、懊悔和无助，很多业务都是旷日持久地在法院和公安局里打来打去，却依然拿不回典当资金，无奈之下他们大多都选择了放弃，打落牙齿往肚子里吞，表面上却还要装得光鲜亮丽。

我在台上说，典当行并不是一个外人认为的高利贷高收益的行业，实际上，它风险巨大，我们必须时时小心翼翼，控制风险，必须学得更快，跑在骗子前面，才能避免损失。话音刚落，台下又是一阵掌声。

最后，我开始讲如何处理死当品，让典当行快速回笼资金，获取更高收益。我说起自己身处沈阳的大背景下，如何运用易货的手段，变废为宝，解除危机的故事。比如，用死当的车辆易货煤炭，拿煤炭到冶炼厂换铜，最后，在上海有色金属交易所现货卖出，拿到现金。用这条渠道，我处理了六台高档死当车，额外获利六十万。再比如，死当的车跟水泥厂换水泥，水泥供应给地产商，地产商给我房子，我组建了一支售楼队伍专门卖房快速变现，这个渠道，我处理了几部大型工程车，获利四十多万。此外，对于死当的房产，可以换车、换钢材、换艺术品，总之，在易货中避免了直接卖车要么价格太低，要么没人要的问题。

我说完每一件处理的案例，下面就是一片掌声。我悄悄算了一下，平均五分钟一次。就这样，我在一个小时内如数家珍、淋漓酣畅地讲完，台下的同行听得极为过瘾，当我准备下台的时候，全场起立，报以最热烈的掌声，这个掌声是这三天大会开始以来发出的最为热烈的声音。后来，有人跟我说，他们身边很多人的手都拍疼了。我还看见王所长首先站了起来，冲我竖起大拇指，使劲儿地点头。

至于我，则在这个大会上，将这四年来的辛酸苦痛一股脑儿地喷涌而出，我也在心里为我自己鼓掌，因为我一直在努力，即便在最艰难的时候也没有放弃。如今，我已经掌握了典当行的运作技巧，可以在任何人、任何业务面前昂起头来。

而尽管典当行给我带来了如此之多的痛苦经历，但是，它是最古老的银行，是个人唯一可以拥有金融牌照的特种金融行业，面对痴迷于金融魅力与理想的人来说，典当行是我成长历程中不可或缺的经历，经历过这一切的磨难，并且战胜它，才让我依然可以骄傲地继续以一个金融业的从业人员而自居。

29. 退出典当行业

典当行自1987年开始，由中国人民银行负责监管。1996年4月，中国人民银行颁发《典当行管理暂行办法》，明确了央行与公安部联合对典当业进行监管。典当行业得到了初步规范。在人民银行监管期间，全国典当行数量从三千家降低至一千家。到了1997年4月—10月，沈阳市人民银行联合沈阳市工商局、公安局对沈阳市典当行进行了清理整顿，被关闭的典当行有十几家，而这个时候，华山典当行的牌照却越发值钱。

2000年6月起，由原国家经济贸易委员会负责再次整顿典当行业。2001年，原国家经贸委颁布实施《典当行管理办法》，旨在放宽政策，促进典当业发展。《办法》简化了审批程序，减少了典当行的审批环节，取消了股本结构限制，降低了典当行注册资本的最低限额，允许负债经营和设立分支机构，全国营业的典当行业数量又增长至八千家，但是，在我眼里，典当行失去了金融牌照，光芒不再。

从典当行业政策脉络来看，典当行业监管经历了多个部门：人民银行—国家经贸委—商务部—银保监会。

我在2000年典当行从人民银行移交给经贸委管理的时候，就感觉它的金融分量已经今非昔比，沈阳市在那时一下子新办了不少新户，这对于痴迷于金融业的我来说，对典当行业务的热情便逐渐减弱，开始转向了正在兴起的拍卖行，并投入了大量精力。

此后，海融集团的外墙上挂了两块牌匾：华山典当行和中金拍卖行。

2002年，我将华山典当行转让，表哥大军则自立门户，成立了沈阳诚恩典当行。华山典当行的初期创业人员刚子，干满一年后回到原单位上班去了，李辰工作三年后回家照顾父母去了，会计兼出纳赵日红则在2000年移民新西兰，其他后来的人都转到海融集团拍卖行和地产公司上班。而一段令我难忘的华山典当行的经营历史，也就此画上了一个我认为还算完美的句号。

跋

2022年3月14日，因为业务的关系我从上海到了北戴河。刚待几天，上海就因疫情而遭遇全城封控，我也因此被困在了北戴河1898公共艺术馆。

突然有了大把时间，我能做点什么呢？我想起了十年前就计划要写的这本书，一直以来，我都没有一段合适的时间来写，如今，倒是天赐良机了！

说干就干，我立刻开始动笔，这一写，就是四十天。从3月17日动笔到4月23日收笔，竟已有二十三万三千字，而无巧不成书，这一天，又恰是世界读书日，倒也十分应景。

此书主要记录的是1989年我大学时期到2002年创办典当行期间上学、工作、创业的林林种种。通过写这本书，我又想起了沈阳电大的伍凤斌老师，他曾是我们的校团委书记，他对我人生成长的教育，可谓弥足珍贵。还有经济系的副主任王大义教授和辅导员庞城老师，作为一个在大学时总是有很多古怪想法的学生，我并没有被他们否定而是总被真诚地对待和支持，这实在是人生一大幸事。

这次写作也让我想起了我的商业启蒙师父刘兴宏先生，在1986—1992年，我和他之间发生了很多故事，始终无人知晓。有人问过我，说你上大学期间怎么就有这么多个商业想法呢？其实，那都是来源于他对我的训练和教导，只是，师父一直嘱咐我，千万不要把他说出来，他不希望任何人知道他。时隔三十年之后，我再次找到了他，他现在常住吉林省延边附近，当写到有关他的章节时，我特别怀念他，当我打电话告诉他我正在写一本自传，其中有写他的内容时，他告诉我，现在可以写我们之间的事了，但他没有微信，说等见面时再拜读。他的嗓门依然洪亮，令我更加怀念起我们相处的那些日子，刘兴宏先生是我人生中第一个商业导师，他就是我心目中的"鬼谷子"。

在写书的四十天里，亦是我一个从外求到内求的心理变化过程。一直以来，我们利用各种交通工具拼命奔跑，奔跑速度越来越快，以至于为了单纯追求速度，而忽略了身边的风景，甚至忘记了奔跑的初心。

就像高铁，它速度非常快，是我认为目前最优秀的一个交通工具，但是它一定得在轨道上，这缘于它巨大的投资和完善的技术。我们每个人也都想奔跑得很快，可是我们条件有限，奔跑快了非常容易跌倒。这就是我从1989年经商开始一直到今天，我身边的企业家每五六年就有一批人消失的原因。可以说非常可惜，他们本身都有很好的商业头脑和远大抱负，但是为什么这些人都会消失在这个潮起潮落的时代之中呢？我想，那应该不是商道上的问题，而是正义的问题，我觉得正义应该是一个跨年代、跨时代，不受时间约束而始终被长期认可的道德典范。急功近利的短视行为让企业家不能放眼到未来十年、二十年乃至百年，更不用说，让自己安静、宁静、平静下来，思考商道之中与正义有关的可以安身立命的长久之计，而商道的未来一定是趋向正义的状态。

值得一提的是，这本《商道正义》写作于钟爱的北戴河1898咖啡馆，这里有别具一格的西洋家俱与现代油画陪伴，有美妙的咖啡与老古董留声机发出的几百年前的声音，更有离咖啡馆不远的大海和北戴河强大的负氧离子，这些外在因素让艰苦的写作得以一气呵成，也将一小段"貌不惊人"却意味深长的个人成长史展现世人——是为纪念，献给同龄人也是同路人；是为感恩，是为道一声情义无价！

董玉哲于深圳
2022年12月12日